现代人力资源管理及其新发展

李　霞　著

吉林摄影出版社
·长春·

图书在版编目（CIP）数据

现代人力资源管理及其新发展/李霞著. -- 长春：
吉林摄影出版社，2022.8
ISBN 978-7-5498-5488-2

Ⅰ. ①现... Ⅱ. ①李... Ⅲ. ①人力资源管理-研究
Ⅳ. ①F243

中国版本图书馆 CIP 数据核字（2022）第 166650 号

现代人力资源管理及其新发展
XIANDAI RENLI ZIYUAN GUANLI JI QI XINFAZHAN

著　　者：李　霞
出 版 人：车　强
责任编辑：罗　晗
封面设计：刘　华
开　　本：787mm×1092mm　1/16
字　　数：350 千字
印　　张：14.5
版　　次：2022 年 8 月第 1 版
印　　次：2024 年 1 月第 2 次印刷

出　　版：吉林摄影出版社
发　　行：吉林摄影出版社
地　　址：长春市净月高新技术产业开发区福祉大路 5788 号
邮编：130118
网　　址：www. jlsycbs. net
电　　话：总编办 0431—81629821
发行科 0431—81629829
印　　刷：北京市兴怀印刷厂

ISBN：978-7-5498-5488-2　　　　**定　　价**：48.00 元

内容简介

本书针对人力资源管理理论与实务展开研究，介绍了人力资源管理理论的重要性及意义以及创新发展趋势，需要注意的重点以及在研究过程中存在的难点，从人力资源战略管理与规划、人力资源培训与开发、人力资源绩效管理、人力资源薪酬管理以及人力资源发展需求预测、构建与人力资源需求相匹配的教育培养体系等多方面进行了系统阐述。本书着眼于企业实际情况，在介绍理论的同时，注重管理实践与创新，资料新颖，内容详实。

前言

在21世纪的今天，人力资源已经成为企业最重要的资源之一，人力资源管理已经成为企业最重要的管理职能之一。我国的企业现代化管理起步比较晚，尚未成熟就遇上了全球化、信息化与WTO（世界贸易组织）的大潮，这既是历史性的机遇，同时也对企业提出了全新的挑战。企业若想在与跨国公司的竞争中胜出，并持续发展，就必须高度重视管理，尤其是人力资源管理。另一方面，人力资源管理自20世纪90年代初期引入我国，经过二十多年的发展，已经取得了长足的进步，但人力资源管理在学科体系建设、人才培养与人力资源管理实践等方面还不是很成熟，需要在总结我国企业人力资源管理的实践经验，借鉴人力资源管理理论的基础上，创建有中国特色的人力资源管理体系，推动国内企业的稳健成长。本书的写作立足当下时代背景，一方面以理论结合实践，在应用中突出实用性；另一方面笔者根据自身的实践经验和研究成果，结合人力资源在各时期发展与演变的规律，从全新视角对其进行探索。

在全球化与互联网时代背景下，我国企业要想在竞争中取胜，并获得持续发展，就必须高度重视人力资源的管理。

科学管理是促进科技飞速发展、经济稳定增长、社会健康运行的关键，而在一切管理中，人力资源管理是管理的核心和关键。世界各国的竞争，归根到底是人力资源的竞争。人力资源是第一资源，是世界上所有资源中最宝贵、最有潜力、最有价值的资源，是企业生产经营中最为关键的生产要素。企业的生产经营和发展壮大，起决定作用的不是资金、技术和设备，而是企业的人力资源。

本书的特点如下：

一、专业的科学性和前沿性。本书是根据人力资源管理专业的相关知识严格筛选编写的，书中的基本概念、基本理论和技术方法，是经过实践检验科学可行的。书中介绍了战略人力资源管理、平衡计分卡、胜任力模型等成果，体现了专业的前沿性。

二、内容的专业性和针对性。本书所介绍的有关人力资源管理的基本概念、基本理论和基本技术，体现了人力资源管理专业的基础知识和基本技能。

在全书的撰写过程中，作者参考和借鉴了大量国内外相关专著、论文等理论研究成果，在此，向其作者致以诚挚的谢意。

由于作者水平有限，虽数易其稿，但书中难免仍存在错讹之处，敬请广大同仁指正，并提供建设性建议，使本书能够日臻完善。

作　者

2022 年 2 月

目录

第一章　人力资源管理概述

企业内部各种类型的员工都有，人力资源管理者应因人而异，比如让富有创新精神者从事市场开发工作，把墨守成规、坚持原则者安排在质量监督岗位等，最大限度地发挥他们的潜能。从这个意义上说，没有无能的员工，只有无能的人力资源管理者。

第一节　人力资源

一、人力资源的含义

（一）资源

按照逻辑从属关系，人力资源属于资源（Resource）这一大的范畴，是资源的一种具体形式。因此，在解释人力资源的含义之前，有必要先对资源进行简要的说明。

《辞海》把资源解释为“生产资料或生活资料等的来源”。资源是人类赖以生存的物质基础，从不同的角度有不同的解释。从经济学的角度来看，资源是指能给人们带来新的使用价值和价值的客观存在物，泛指社会财富的源泉。自人类出现以来，财富的来源无外乎两类：一类是来自自然界的物质，可以称之为自然资源，如森林、矿藏、河流、草地等；另一类就是来自人类自身的知识和体力，可以称之为人力资源。在相当长的时期里，自然资源一直是财富形成的主要来源，但是随着科学技术的突飞猛进，人力资源对财富形成的贡献越来越大，并逐渐占据了主导地位。

从财富创造的角度来看，资源是指为了创造物质财富而投入生产过程的一切要素。法国经济学家萨伊认为，土地、劳动、资本是构成资源的三要素。马克思认为，生产要素包括劳动对象、劳动资料和劳动者，而劳动对象和劳动资料又构成了生产资料，因此，“不论生产的社会形式如何，劳动者和生产资料始终是生产的要素”。而著名经济学家熊彼特认为，除了土地、劳动、资本这三种要素之外，还应该加上企业家精神。随着社会的发展，信息技术的应用越来越广泛，其作用也越来越大，现在很多经济学家认为生产要素中还应该再加上信息技术。目前，伴随着知识经济的兴起，知识在价值创造中的作用日益凸显，因此也有人认为应当把知识作为一种生产要素单独加以看待。

（二）人力资源

"人力资源"的概念最早出现于1954年彼得·德鲁克的《管理的实践》一书中。彼得·德鲁克认为，人力资源拥有当前其他资源所没有的素质，即"协调能力、融合能力、判断力和想象力"。管理者们可以利用其他资源，但是人力资源只能自我利用——"人对自己是否工作绝对拥有完全的自主权"。彼得·德鲁克关于"人力资源"概念的提出，人事管理理论和实践的发展以及后工业时代中员工管理的不适应，使人事管理开始向人力资源管理转变。这种转变正如彼得·德鲁克在其著作中所说的："传统的人事管理正在成为过去，一场新的以人力资源管理开发为主调的人事革命正在到来。"

20世纪60年代以后，美国经济学家西奥多·舒尔茨和加里·贝克尔提出了现代人力资本理论，这个理论认为，人力资本是体现在具有劳动能力（现实或潜在）的人身上的、以劳动者的数量和质量（即知识、技能、经验、体质与健康）表示的资本，它是通过投资而形成的。人力资本理论的提出，使人力资源的概念更加广泛地深入人心，英国经济学家哈比森在《作为国民财富的人力资源》中写道："人力资源是国民财富的最终基础。资本和自然资源是被动的生产要素。人是积累资本，开发自然资源，建立社会、经济和政治并推动国家向前发展的主动力量。显而易见，一个国家如果不能发展人们的知识和技能，就不能发展任何新的东西。"从此，对人力资源的研究越来越多。到目前为止，对于人力资源的含义，学者给出了多种不同的解释。根据研究的角度，可以将这些定义分为以下两大类。

第一类主要是从能力的角度来解释人力资源的含义，可以称为人力资源的"能力观"，持这种观点的人占了较大的比例。代表性的观点有以下几种。

（1）张德认为，所谓人力资源，是指能够推动整个经济和社会发展的劳动者的能力，即处在劳动年龄的已直接投入建设和尚未投入建设的人口的能力[①]。

（2）赵继新等人认为，人力资源是一个国家、经济部门或组织所能够开发和

① 张德. 人力资源开发与管理 第2版［M］. 北京：清华大学出版社，2001.

利用的，用来提供产品和服务、创造价值、实现相关目标的，所有以人为载体的脑力和体力的综合[①]。

（3）朱舟认为，所谓人力资源，是指包含在人体内的一种生产能力，它是表现在劳动者的身上，以劳动者的数量和质量表示的资源，对经济起着生产性的作用，并且是企业经营中最活跃、最积极的生产要素[②]。

（4）萧鸣政等人认为，所谓人力资源，是指劳动过程中可以直接投入的体力、智力、心力的总和及其形成的基础素质，包括知识、技能、经验、品性与态度等身心素质[③]。

第二类主要是从人的角度来解释人力资源的含义，可以称为人力资源的“人员观”。代表性的观点有以下几种。

（1）陆国泰认为，人力资源是指一定社会区域内所有具有劳动能力的适龄劳动人口和超过劳动年龄的人口的总和[④]。

（2）张景亮等人认为，人力资源包括企业内部成员及外部的顾客等人员，即可以为企业提供直接或潜在服务及有利于企业实现预期经营效益的人员的总和[⑤]。

（3）陈远敦、陈全明认为，人力资源是指能够推动社会和经济发展的具有智力和体力劳动能力的人员的总称[⑥]。

综合国内外专家学者的研究，可以认为，人力资源是指那些体能、技能、智能健全，能够以各种有益于社会的脑力劳动和体力劳动创造财富，从而推动经济社会发展的人的总和。

二、人力资源的数量和质量

作为一种资源，人力资源同样也具有量的规定性和质的规定性。由于人力资源是依附于人的劳动能力，和劳动者密不可分，因此可以用劳动者的数量和质量来反映人力资源的数量和质量。

---

① 赵继新，魏秀丽，郑强国．人力资源管理［M］．北京：北京交通大学出版社，2020.

② 朱舟．人力资源管理教程［M］．上海：上海财经大学出版社，2009.

③ 萧鸣政．人力资源管理［M］．北京：中央广播电视大学出版社，2001.

④ 陆国泰，《人力资源管理》编委会．人力资源管理 核心学案 自学考试新教材 行政管理专业［M］．北京：航空工业出版社，2005.

⑤ 张景亮．新时代背景下企业人力资源管理研究［M］．长春：吉林科学技术出版社，2020.

⑥ 陈远敦，陈全明．人力资源开发与管理［M］．北京：中国统计出版社，2001.

（一）人力资源的数量

1. 人力资源数量的计量

对于企业而言，人力资源的数量一般来说就是其员工的数量。

对于国家而言，人力资源的数量可以从现实人力资源数量和潜在人力资源数量两个方面来计量。潜在人力资源的数量，可依据一个国家具有劳动能力的人口数量加以计量。为此，各国都根据其国情对人口进行劳动年龄的划分，中国现行的劳动年龄规定是：男性16～60岁，女性16～55岁。在劳动年龄上下限之间的人口称为“劳动适龄人口”，小于劳动年龄下限的称为“未成年人口”，大于劳动年龄上限的称为“老年人口”，一般认为这两类人口不具有劳动能力。

但是在现实中，劳动适龄人口内部存在一些丧失劳动能力的病残人口。此外，还存在一些因为各种原因暂时不能参加社会劳动的人口，如在校就读的学生。在劳动适龄人口之外，也存在一些具有劳动能力，正在从事社会劳动的人口，如我们经常看到的退休返聘人员。在计量人力资源时，对上述两种情况都应当加以考虑，这也是划分现实人力资源与潜在人力资源的依据。

按照上述思路，可以对中国的人口构成进行以下的划分。

（1）处于劳动能力之内、正在从事社会劳动的人口，它占据人力资源的大部分，可称为“适龄就业人口”。

（2）尚未达到劳动年龄、已经从事社会劳动的人口，即“未成年就业人口”。

（3）已经超过劳动年龄、继续从事社会劳动的人口，即“老年劳动者”或“老年就业者”。

以上三部分构成就业人口的总体，以往被称为劳动力人口。

（4）处于劳动年龄之内，具有劳动能力并要求参加社会劳动的人口，这部分可以称为“待业人口”，它与前三部分一起构成经济活动人口，即现实人力资源。

（5）处于劳动年龄之内、正在从事学习的人口，即“求学人口”。

（6）处于劳动年龄之内、正在从事家务劳动的人口。

（7）处于劳动年龄之内、正在军队服役的人口。

（8）处于劳动年龄之内的其他人口。

2. 影响人力资源数量的因素

由上面的分析可以看出，人力资源的数量受到很多因素的影响，概括起来主要有以下几个方面。

（1）人口的总量。人力资源属于人口的一部分，因此人口的总量会影响到人力资源的数量。人口的总量由人口基数和自然增长率两个因素决定，自然增长率又取决于出生率和死亡率，用公式表示如下：

人口总量＝人口基数×［1＋（出生率－死亡率）］

（2）人口的年龄结构。人口的年龄结构也会对人力资源的数量产生影响，相同的人口总量下，不同的年龄结构会使人力资源的数量有所不同。劳动适龄人口在人口总量中所占的比重比较大时，人力资源的数量相对会比较多；相反，人力资源的数量相对会比较少。

（二）人力资源的质量

人力资源是人所具有的智力和体力的总和，因此劳动者的素质就直接决定了人力资源的质量。人力资源质量的最直观表现是，人力资源或劳动要素的体质水平、文化水平、专业技术水平以及心理素质水平、道德情操水平等。此外，也可以用每百万人口中接受高等教育的人数、小学教育普及率、中学教育普及率、专业人员占全体劳动者比重等经济社会统计常用指标来表示。

劳动者的素质由体能素质和智能素质构成。就劳动者的体能素质而言，又有先天的体质和后天的体质之分；智能素质包括经验知识和科技知识两个方面，而科技知识又可分为通用知识和专业知识两个部分，此外，劳动者的积极性和心理素质是劳动者发挥其体力和脑力的重要条件。

与人力资源的数量相比，其质量方面更重要。人力资源的数量能反映出可以推动物质资源的人的规模，人力资源的质量则反映可以推动哪种类型、哪种复杂程度和多大数量的物质资源。一般来说，复杂的劳动只能由高质量的人力资源来从事，简单劳动则可以由低质量的人力资源从事。经济越发展，技术越现代化，对于人力资源的质量要求越高，现代化的生产体系要求人力资源具有极高的质量水平。

三、人力资源与相关概念

（一）人力资源和人口资源、人才资源

人口资源是指一个国家或地区所拥有的人口总量。它是一个最基本的资源，一切人力资源、人才资源皆产生于这个最基本的资源中，主要表现为人口的数量。

人才资源是指一个国家或地区中具有较多科学知识、较强劳动技能，在价值创造过程中起关键或重要作用的那部分人。人才资源是人力资源的一部分，即优质的人力资源。

应当说，人力资源、人口资源和人才资源这三个概念的本质有所不同，人口资源和人才资源的本质是人，而人力资源的本质则是智力和体力，从本质上来讲它们之间并没有什么可比性。就人口资源和人才资源来说，它们关注的重点也不同，人口资源更多的是一种数量概念，而人才资源更多的是一种质量概念。

在数量上，人口资源是最多的，它是人力资源形成的数量基础，人口资源中具备一定智力资本和体能的那部分才是人力资源；而人才资源又是人力资源的一部分，是人力资源中质量较高的那部分，是具有特殊智力资本和体能的人力资源，也是数量最少的。

在比例上，人才资源是最小的，它是从人力资源中产生的；而人力资源又是从人口资源中产生的。

（二）人力资源和人力资本

"人力资源"和"人力资本"也是容易混淆的两个概念，很多人甚至将它们通用，其实这两个概念是有一定区别的。

1. 资本和人力资本

"资本"一词，语义上有三种解释：一是指掌握在资本家手里的生产资料和来雇用工人的货币；二是指经营工商业的本钱；三是指谋取利益的凭借物。马克思则认为，资本是指那些能够带来剩余价值的价值。

对于人力资本（Human Capital）的含义，被称为"人力资本之父"的西奥多·舒尔茨认为，人力资本是劳动者身上所具备的两种能力，一种能力是通过先天遗传获得的，是由个人与生俱来的基因决定的；另一种能力是后天获得的，由个人经过努力学习而形成。人力资本这种体现在具有劳动能力（现实或潜在）的人身上的、以劳动者数量和质量（即知识、技能、经验、体质与健康）表示的资本，是需要通过投资才能够获得的。

2. 人力资源和人力资本的关系

人力资源和人力资本是既有联系又有区别的两个概念。应该说，人力资源和人力资本都是以人为基础而产生的概念，研究的对象都是人所具有的脑力和体力，从这一点看两者是一致的。而且，现代人力资源理论大都是以人力资本理论为根据的，人力资本理论是人力资源理论的重点内容和基础部分，人力资源经济活动及其收益的核算是基于人力资本理论进行的，两者都是在研究人力作为生产要素在经济增长和经济发展中的重要作用时产生的。

虽然这两个概念有着紧密的联系，但它们之间还是存在一定的区别。

首先，在与社会财富和社会价值的关系上，两者是不同的。人力资本是由投资形成的，强调以某种代价获得的能力或技能的价值，投资的代价可在提高生产力过程中以更大的收益收回。因此劳动者将自己拥有的脑力和体力投入生产过程中参与价值创造，就要据此来获取相应的劳动报酬和经济利益，它与社会价值的关系应当说是一种由因索果的关系。而人力资源则不同，作为一种资源，劳动者拥有的脑力和体力对价值的创造起了重要的贡献作用。人力资源强调人力作为生产要素在生产过程中的生产、创造能力，它在生产过程中可以创造产品、创造财富，促进经济发展。它与社会价值的关系应当说是一种由果溯因的关系。

其次，两者研究问题的角度和关注的重点也不同。人力资本是通过投资形成的存在于人体中的资本形式，是形成人的脑力和体力的物质资本在人身上的价值凝结，是从成本收益的角度来研究人在经济增长中的作用。它强调投资付出的代价及其收回，考虑投资成本带来多少价值，研究的是价值增值的速度和幅度，关注的重点是收益问题，即投资能否带来收益以及带来多少收益的问题。人力资源则不同，它将人作为财富的来源来看待，是从投入产出的角度来研究人对经济发展的作用，关注的重点是产出问题，即人力资源对经济发展的贡献有多大，对经济发展的推动力有多强。

最后，人力资源和人力资本的计量形式不同。众所周知，资源是存量的概念，而资本则兼有存量和流量的概念，人力资源和人力资本也同样如此。人力资源是指一定时间、一定空间内人所具有的对价值创造起贡献作用并且能够被组织所利用的体力和脑力的总和。而人力资本，如果从生产活动的角度看，往往是与流量核算相联系的，表现为经验的不断积累、技能的不断增进、产出量的不断变化和体能的不断损耗；如果从投资活动的角度看，又与存量核算相联系，表现为投入教育培训、迁移和健康等方面的资本在人身上的凝结。

四、人力资源的特点

（一）主观能动性

主观能动性是指人力资源体力和智力的融合不仅具有主动性，而且还具有不断拓展的潜力。主观能动性表明人具有意识，知道活动的目的，因此可以有效地对自身活动做出选择，也表明人在各种活动中处于主体地位，可以支配其他一切资源。此外，人力资源的主观能动性还表明它具有自我开发性。在生产过程中，人一方面要发生自身损耗，另一方面则通过自身的合理行为，使自身的损耗得到弥补、更新和发展；其他资源则没有这种特性。最后，人力资源在各种活动中是可以被激励的，也就是说可通过提高人的劳动能力和劳动动机来提高劳动效率。

（二）时效性

人力资源的时效性是指人力资源要在一定的时间段内开发，超过这一时期，可能就会荒废和退化。人具有生产劳动的能力，但是随着年龄的增长和环境的变化，这种能力就会随之发生变化。人在每个年龄段的工作能力都会有所差异，不及时使用和开发就会失去其固有的作用和能力。人的生命是有限的，劳动技能会发生衰退，智力、知识和思维也会发生转变。

（三）增值性

与自然资源相比，人力资源具有明显的增值性。一般来说，自然资源是不会增值的，只会因为不断地消耗而逐渐“贬值”。人力资源则不同，人力资源是人所具有的脑力和体力，对单个人来说，他的体力不会因为使用而消失，只会因为使用而不断增强，当然这种增强是有一个限度的；他的知识、经验和技能也不会因为使用而消失，相反会因为不断地使用而更有价值。也就是说，在一定的范围内，人力资源是不断增值的，创造的价值会越来越多。

（四）两重性

人力资源既是投资的结果，又能创造财富，具有既是生产者又是消费者的两重性。人力资源投资的程度决定了人力资源的质量。研究表明，对人力资源的投资无论是对社会还是对个人所带来的收益要远远大于对其他资源的投资所产生的收益。

（五）社会性

自然资源具有完全的自然属性，不会因为所处的时代、社会不同而有所变化，比如，古代的黄金和现代的黄金是一样的，中国的黄金和南非的黄金也没有什么本质的区别。人力资源则不同，人所具有的体力和脑力明显受到时代和社会因素的影响，从而具有社会属性。

五、人力资源的作用

（一）人力资源是财富形成的关键要素

人力资源构成社会经济运动的基本前提。从宏观的角度看，人力资源不仅在经济管理中必不可少，而且是组合、运用其他各种资源的主体。也就是说，人力资源是能够推动和促进各种资源实现配置的特殊资源。因此，人力资源成为最重要和最宝贵的资源。它不仅与自然资源一起构成了财富的源泉，而且在财富的形成过程中发挥着关键作用。

社会财富由对人类的物质生活和文化生活具有使用价值的产品构成，因此自然资源不能直接形成财富，还必须有一个转化的过程，人力资源在这个转化过程中起到了重要的作用。人们将自己的脑力和体力通过各种方式转移到自然资源上，改变了自然资源的状态，使自然资源转变为各种形式的社会财富，在这一过程中，人力资源的价值也得以转移和体现。应该说，没有人力资源的作用，社会财富就无法形成。

（二）人力资源是经济发展的主要力量

人力资源不仅决定着财富的形成，而且是推动经济发展的主要力量。随着科学技术的不断发展，知识技能的不断提高，人力资源对价值创造的贡献度越来越大，社会经济发展对人力资源的依赖程度也越来越重。

（三）人力资源是企业的首要资源

在现代社会中，企业是构成社会经济系统的细胞单元，是社会经济活动中最基本的经济单位，是价值创造最主要的组织形式。企业的出现，是生产力发展的结果，而它反过来又极大地提高了生产力的水平。

通过以上分析可以得知，无论是对社会还是对企业而言，人力资源都发挥着极其重要的作用，因此必须创造各种有利的条件以保证其作用得到充分发挥，从而实现财富的不断增加、经济的不断发展和企业的不断壮大。

第二节　人力资源管理

一、人力资源管理的含义

人力资源管理这一概念，是在 1954 年德鲁克提出人力资源的概念之后出现的。1958 年，怀特·巴克（Wright Bakke）出版了《人力资源管理功能》一书，首次将人力资源管理作为管理的普通职能加以论述。此后，随着人力资源管理理论和实践的不断发展，国内外产生了人力资源管理的各种流派，他们从不同的侧面对人力资源管理的概念进行了阐释。

人力资源管理是指为了达到组织的总体目标，运用现代科学的技术方法，通过对组织的人和事的管理，协调好人与事的关系，处理好人与人之间的矛盾，充分发挥人的潜能，对人力资源进行获取、开发、整合和调控的过程。人力资源管理包括人力资源规划、人员招聘与培训、薪酬体系的制订及绩效考核等方面。

二、人力资源管理的功能

尽管人力资源管理的功能和职能在形式上可能有些相似，但两者在本质上是不同的。人力资源管理的功能指人力资源管理自身应该具备或者发挥的作用，而人力资源管理的职能则是指它所要承担或履行的一系列活动，人力资源管理的功能是通过它的职能来实现的。确切地说，人力资源管理的功能是指人力资源管理自身所具备或应该具备的作用，这种作用并不是相对于其他事物而言的，而是具有一定的独立性，反映了人力资源管理自身的属性。人力资源管理的功能主要体现在四个方面：吸纳、维持、开发、激励。

吸纳功能主要是指吸引优秀的人才加入本企业；维持功能是指让已经加入的员工继续留在本企业；开发功能是指让员工保持能够满足当前及未来工作需要的技能；激励功能则是指让员工在现有的工作岗位上创造出优良的绩效。

就这四项功能之间的相互关系而言，吸纳功能是基础，它为其他功能的实现提供了条件，不将人员吸引到企业中来，其他功能就失去了发挥作用的对象；激励功能是核心，是其他功能发挥作用的最终目的，如果不能激励员工创造出优良的绩效，其他功能的实现就失去了意义；开发功能是手段，只有让员工掌握了相应的工作技能，激励功能的实现才会具备客观条件，否则就会导致员工“心有余而力不足”；维持功能是保障，只有将吸纳的人员保留在企业中，开发和激励功能才会有稳定的对象，其作用才可能持久。

在企业的实践过程中，人力资源管理的这四项功能通常被概括为“选、育、用、留”四个字。“选”就相当于吸纳功能，要为企业挑选出合格的人力资源；“育”就相当于开发功能，要不断地培育员工，使其工作能力不断提高；“用”就相当于激励功能，要最大限度地使用已有的人力资源，为企业的价值创造做出贡献；“留”就相当于维持功能，要采用各种办法将优秀的人力资源保留在企业中。

三、人力资源管理的目标

人力资源管理目标是指企业人力资源管理需要完成的职责和需要达到的绩效。人力资源管理既要考虑组织目标的实现，又要考虑员工个人的发展，强调在实现组织目标的同时实现个人的全面发展。人力资源管理目标包括全体管理人员在人力资源管理方面的目标任务与专门的人力资源部门的目标任务。具体来说，这些目标任务主要有以下几个方面。

（一）获取并保持适合组织发展的人力资源

人才是企业最重要的资源。在日益激烈的商业竞争中，拥有比对手更优秀、更忠诚、更有主动性与创造力的人才，是构建企业差异竞争战略优势的宝贵因素。然而，人才资源始终是稀缺资源，随着社会的发展，人才的竞争也会越来越激烈。人力资源管理工作的首要目标就是为组织获取符合其发展需要的数量和质量的劳动力和各种专业技术人员，这是开展其他工作的基础。很多企业在吸引人才方面都不惜重金，投入巨大。

（二）保持人力资源队伍的稳定性

保持人力资源队伍的稳定性是人力资源管理的又一重要目标。近些年来，企业的人才流失率节节攀升。人才的流失不但会影响企业的正常运营，还会增加企业开支，降低工作效率。保持人才最主要的是提高员工的工资和福利，提供安全且舒适的工作环境和未来的发展空间，同时要加强对员工的关怀及情感上的联系。

（三）提高组织效率或经营绩效，不断获取新的竞争优势

组织效率或经营绩效与员工有着直接的联系。加强人力资源管理的目标就是通过提升员工技能、规范员工行为以及鼓励创新等方式改进员工的绩效，从而提

高组织效率或经营绩效。

（四）塑造良好的企业形象

企业形象是指人们通过企业的各种标识和行为的认知而建立起来的对企业的总体印象。企业形象是企业精神文化的一种外在表现形式，是社会公众在与企业接触交往过程中所感受到的总体印象。这种印象是通过人体的感官传递获得的。

（五）培育和创造优秀的组织文化

组织文化由其价值观、信念、仪式、标识、行为准则等组成。企业员工受组织文化的影响，同时也能反作用于组织文化。例如，高层管理人员的综合素质、行为举止要与组织文化保持相对的一致，这样才能使文化得以传播与发展；否则，组织文化会在高层管理人员的影响下慢慢发生变化，并演变成新的组织文化类型。全体员工认可组织文化本身的精髓，文化才能发展，否则，组织文化可能会发生变化，要么员工改变了组织文化，要么组织文化导致人员流失、运营艰难、企业倒闭。因此，优秀的组织文化对员工产生的是积极向上的正面影响，而不合理的组织文化对组织产生的是负面影响，有时甚至是致命的影响。

四、人力资源管理的原则

人力资源管理的最终目的是要做到人尽其才，才尽其用，人事相宜，最大限度地发挥人力资源的作用，使组织的总目标得以最好的实现。如何实现科学合理的配置，是人力资源管理长期以来亟待解决的一个重要问题。如何才能对企业人力资源进行有效合理的配置呢？我们认为必须遵循以下的原则。

（一）能级对应原则

合理的人力资源配置应使人力资源的整体功能加强，这就要求人的能力与岗位要求相对应。企业岗位有层次和种类之分，处于不同的能级水平。每个人也都具有不同水平的能力，在纵向上处于不同的能级位置。

（二）权变原则

人的发展受先天素质的影响，更受后天实践的制约。后天形成的能力不仅与本人的努力程度有关，也与实践的环境有关，人的感情、行为及素质也是多变的。因此，人的能力的发展是不平衡的，其个性也是多样化的。每个人都有自己的长处和短处，有其总体的能级水准，同时也有自己的专业特长及工作爱好。

（三）动态调整原则

动态调整原则是指当人员或岗位要求发生变化的时候，要适时地对人员配备进行调整，以保证始终使合适的人工作在合适的岗位上。岗位或岗位要求是在不断变化的，人也是在不断变化的，人对岗位的适应也有一个认识与实践的过程。由于种种原因，能级不对应，用非所长等情形时常发生。

（四）普选人才原则

现在企业的竞争，已不再是一国之内的同行竞争，许多国际巨头并不排斥引入必要的外部人才。当确实需要从外部招聘人才时，就不能“画地为牢”，局限于企业内部。

五、人力资源管理人员的胜任力

根据人力资源管理者在企业中所扮演的角色和起到的作用，一位合格的人力资源从业人员须拥有相应的素质、专业知识和其他领域的知识。

（一）具备的素质

1. 培养人才

培养人才是人力资源管理人员所应具备的关键素质之一。它具体体现为，人力资源管理人员要成为“教练员”，就必须能够制订并宣讲人力资源的政策和制度，帮助各级主管承担激发下属潜能、培养人才和贯彻执行人力资源制度的责任。在面向员工的时候，能成为“咨询师”，为员工答疑解惑。

2. 影响力

影响力主要体现在与员工建立彼此信任并达成共识的基础上，成为员工利益的代言人；同时作为人力资源管理领域的专家，依赖专业权威性影响与推动企业的变革，发挥人力资源管理对企业运营实践的支持作用等方面。

3. 人际理解力

如果人力资源管理人员无法敏感地倾听与理解员工的需求，无法基于企业与员工的需要提供人力资源的产品与服务，那么人力资源管理的价值就无法体现。

4. 客户服务

客户服务素质是建立在人际理解力基础上的，具体表现在倾听并积极响应客户（包括内部员工与外部客户）提出的问题与需求，并就此提供一系列的人力资源产品与服务，从而获得客户的肯定。

5. 团队合作

团队从一定意义上说也可以看成一种培养与开发人才的有效方式。同时为促进人力资源管理部门履行其对企业经营决策的支持以及员工价值管理的职责，团队合作提供了沟通、分享与支持的平台。

（二）专业知识

1. 人力资源战略与企业文化

根据企业的发展规划，诊断企业现有人力资源状况，结合企业经营发展战略，对未来的人力资源需要和供给状况进行分析及估计，把人力资源战略与企业文化紧密地结合起来。

2. 组织结构设计

根据企业战略目标、资源状况、现有的核心流程以及同行企业的最佳实践模式，设计出适合本企业的组织结构。

3. 流程分析与流程再造

流程是组织内部从供应商到客户的价值增长过程。流程的有效性与效率将直接影响到组织的有效性、效率与客户满意度。

4. 工作分析

工作分析是人力资源管理的一项传统的核心职能与基础性工作。一份好的职位说明书无疑是一幅精确的“企业地图”，指导着人力资源方方面面的工作。

5. 基于战略的绩效管理

绩效问题是任何公司都面临的长期挑战，人力资源从业者必须掌握绩效管理与绩效目标分解的工具和方法、绩效制度设计与基本操作、绩效目标设定与分解等相关知识。

6. 全面薪酬战略体系

考虑薪酬的不同要素该如何正确组合才能有效地发挥薪酬的作用。薪酬管理是有效支持公司的战略发展和提升公司价值的方法和工具。

7. 能力管理

建立素质模型，将素质模型应用到人力资源管理的不同领域，从而真正将人力资源管理回归到建构组织能力和人力资源开发利用上。

8. 招聘

制订人才选择战略，进行准确的工作分析和胜任特征分析，有效地进行人力资源分析与规划，对应聘者的专业技能及综合能力进行评估，对招聘成本进行评估。

9. 培训体系的建立与管理

培训是促成“以人为本”的企业文化的重要手段，制订有效的年度培训计划是人力资源管理人员面临的严峻挑战。

（三）其他领域的知识

企业在选择人力资源管理人员时，一般比较注重对候选人所掌握的专业知识进行考察。但是，人力资源管理人员要参与企业的战略决策，要与总经理和其他业务部门沟通，仅仅具备人力资源方面的专业知识显然是远远不够的。他还必须掌握其他领域的知识，这样才能符合新时期一个合格的人力资源管理人员的要求，成为企业的战略合作伙伴和企业的人力资源管理领域的技术专家。相关知识包括组织行为学、心理学、项目管理、经济学、统计学、市场营销学、财务管理学、生产管理学、战略学、相关法律法规等。

六、人力资源管理的模式

人力资源管理模式在人力资源管理活动中扮演着十分重要的角色。关于人力资源管理模式的理论，目前国内外并无一致定论。国内外的专家学者从不同的角度提出了自己的观点，这些理论大多是结合各国的实际情况和当时的特定环境提出的。

(一) 西方的人力资源管理模式①

西方的人力资源管理模式主要有哈佛模式、盖斯特模式与斯托瑞模式三种，同时也存在战略性人力资源管理模式、基于胜任力的人力资源管理模式等。

1. 哈佛模式

1984年，哈佛商学院的迈克尔·比尔、伯特·斯佩克特、保罗·劳伦斯、奎茵·米尔斯和理查德·沃尔顿五位学者在共同出版的《人本管理》一书中，首次提出了“哈佛模式”。哈佛模式包含了管理情景、利益相关者、人力资源效果、长期影响几种制约因素。同年，德万纳等人在《战略人力资源管理框架》一文中，提出了所谓的人力资源管理圈的人力资源管理模式。该模式强调集合筛选、绩效评估、开发和激励等四项关键的人力资源管理要素，强调人力资源管理内部政策必须具有一致性，让人们认识到人力资源管理活动的性质和意义；并说明了人力资源管理各要素相互作用的原理。但是，该模式没有对不同主体的利益、情景因素以及管理的战略选择做出相关详细分析和说明。

2. 盖斯特模式

盖斯特模式因英国学者盖斯特提出而得名。1987年，盖斯特在《人力资源管理与产业关系》一文中提出了盖斯特模式。该模式强调，传统的人事管理与现代的人力资源管理具有很大的区别。其主要包含四个部分：人力资源管理政策、人力资源管理结果、组织结果以及系统整合。该模式与哈佛模式在一定程度上有相似性，都注重人力资源管理与组织战略的结合，具有较浓的一元化色彩，都认为组织获得高绩效的关键是雇员的忠诚，其共同的缺点就在于现实性比较差，许多假设是不现实的。

3. 斯托瑞模式

斯托瑞模式所要表达的是理想的人力资源管理模式。该模式与盖斯特模式一样，也是通过对比人力资源管理与人事管理来体现的。斯托瑞模式由四个部分构成：信念和假设、战略方面、直线管理、关键杠杆。

4. 战略性人力资源管理模式

美国学者罗纳德·舒勒于1992年在他的论文《战略人力资源管理：将员工与企业的战略需求联系起来》中提出了战略性人力资源管理模式。该模式强调人力资源管理实践必须与企业战略相结合，以期获得竞争优势，重视人力资源管理实践对企业整体绩效的影响。该模式将人力资源管理的理念、政策、项目、实践和过程等五项内容通过企业的各个层级有机地融合为一个整体，从而使人力资源

① 李英，班博，盖勇. 国际人力资源管理［M］. 济南：山东人民出版社，2004.

管理实践活动与企业战略结合起来，所以又称“5P”模式。强调人力资源管理人员参与制订企业战略发展计划是该模式的最大特征。该模式认为企业领导层在制订企业战略时，还必须考虑企业的人力资源战略，否则的话，就很难保证企业人力资源战略的最终有效性，从而也无法保证企业战略的有效实施。

5. 基于胜任力的人力资源管理模式

基于胜任力的人力资源管理模式是由戴维·D. 杜波依斯、威廉·J. 罗思韦尔、德博拉·乔·金·斯特恩等人提出来的。该模式旨在规划和实施客户驱动，必须具备九大步骤：第一步，使组织战略目标和人力资源客户需要得到确认；第二步，进行科学的环境扫描；第三步，清晰呈现与人力资源客户有利害关系的部门；第四步，使组织的战略目标与人力资源客户的需求保持一致；第五步，促使人力资源客户认可组织的项目目标；第六步，科学地布置下一步的工作；第七步，提出能够指导项目实施的项目管理方案；第八步，积极实施项目管理方案；第九步，进行总结性和过程性的评估。

（二）国内关于人力资源管理模式的研究综述

我国的学者对人力资源管理模式的研究大体上可以归纳为三个层面，以下就是对这三个层面的研究进行的简要综述。

1. 宏观层次（即国家层面）的人力资源管理模式

对不同国家的人力资源管理模式的研究是这个层面的主要研究内容。基于不同价值观念的必然选择，所得出的结论大同小异，是宏观层次的人力资源管理模式的最大特征。

2. 中观层次（即企业层面）的人力资源管理模式

企业层面是我国学者研究人力资源管理模式最集中的地方。于衍平提出的科技人力资源管理与激励模式，即强调人力资源管理各种活动之间的相互关联性，认为其主要由积极的激励过程和维护激励的环境两方面构成。林泽炎提出的中小企业人力资源管理的“3P”模式，即强调由岗位职责、工作绩效考核、工资分配等方面来规范中小企业人力资源管理。

3. 微观层次的人力资源管理模式

实际上，这个模式应该只能算是人力资源管理方法或者技巧。比如荆全忠等人提出的“JIT”（Just In Time）人力资源管理模式。“JIT”就是准时生产制，但是该模式并没有太大的创新点，只是运用了“JIT”的理念和方法而已。陈晓波提出的内核外圈型人力资源管理模式，认为应该将员工划分为内核员工和外圈员工，其划分的依据主要是人力资源的独特性、人力资源成长性以及人力资源和组织战略的相关性三个维度，并强调对不同的员工类型采取不同的管理方式。

（三）其他的管理模式

1.“抽屉式”管理

在现代管理理论中，它也叫作“职务分析”。“抽屉式”管理是一个通俗形象的管理术语，形容在每个管理人员办公室的抽屉里，都有一个明确的职务工作规范，在管理工作中，既不能有职无权，更不能有权无责，必须职、责、权、利相互结合。

企业进行“抽屉式”管理有以下五个步骤：第一步，建立一个由企业各个部门组成的职务分析小组；第二步，正确处理企业内部集权与分权关系；第三步，围绕企业的总体目标，层层分解，逐级落实职责权限范围；第四步，编写“职务说明”“职务规格”，制订对每个职务工作的要求准则；第五步，必须充分考虑考核制度与奖罚制度的结合。

2. “危机式”管理

美国企业界认为，如果经营者不能很好地与员工沟通，不能向员工表明危机确实存在，那么他很快就会失去信誉，因而也会失去效率和效益。美国技术公司总裁威廉·伟思认识到，全世界已变成一个竞争的战场，全球电信业正在变革中发挥重要作用。因此，他启用两名大胆改革的高级管理人员为副董事长，免去五名倾向于循序渐进改革的高级人员职务；在职工中广泛宣传某些企业忽视产品质量、成本上升等问题，导致失去用户的危机，他要全体员工知道，如果技术公司不把产品质量、生产成本及用户时刻放在突出位置，公司的“末日”就会来临。

3. “合拢式”管理

“合拢”表示管理必须强调个人和整体的配合、创作整体和个体的高度和谐。具体特点是：①既有整体性，又有个体性，企业每个成员对公司有使命感，“我就是公司”是“合拢式”管理中的一句响亮口号；②自我组织性，放手让下属做决策，自己管理自己；③波动性，现代管理必须实行灵活经营策略，在波动中进步和革新；④相辅相成，要促使不同的看法、做法相互补充交流，使一种情况下的缺点变成另一种情况下的优点；⑤个体分散和整体协调性，一个组织中单位、小组、个人都是整体中的个体，个体都有分散性、独创性，通过协调形成整体的形象；⑥韵律性，企业与个人之间形成融洽和谐、充满活力的气氛，激发人们的内驱力和自豪感。

4. “走动式”管理

“走动式”管理主要是指企业主管体察民意，了解实情，与部属打成一片，共创业绩。它的优势在于：①主管动，下属也跟着动；②投资小，收益大，“走动式”管理并不需要太多的资金和技术，就可能提高企业的生产力；③看得见的管理，最高主管能够到达生产第一线，与工人见面、交谈，希望员工能够认识他，对他提意见，甚至与他争辩是非；④现场管理；⑤“得人心者昌”。

七、人力资源管理与传统人事管理的区别

人事管理的起源可以追溯到非常久远的年代，对人和事的管理是伴随组织的

出现而产生的。现代意义上的人事管理是伴随工业革命的产生而发展起来的，并且从美国的人事管理演变而来。20 世纪 70 年代后，人力资源在组织中所起的作用越来越大。传统的人事管理已经不适用，它从管理的观念、模式、内容、方法等全方位向人力资源转变。从 20 世纪 80 年代开始，西方人本主义管理的理念与模式逐步凸显出来。人本主义管理，就是以人为中心的管理。人本主义管理被作为组织的第一资源，现代人力资源管理便应运而生。现代人力资源管理与传统的人事管理的差别已经不仅是名词的转变，两者在性质上有着本质的转变。

现代人力资源管理与传统人事管理的主要区别如下。

（1）管理的视角不同。传统的人事管理视人力为成本，而现代人力资源管理不仅认为人是一种成本，而且视人力为四大资源中的第一资源，通过科学管理可以升值和增值。

（2）管理的重点不同。传统的人事管理只强调人与事的配合，而现代人力资源管理更注重共事人之间人际关系的和谐与协调，特别是劳资关系和专业技术人员间的协调。

（3）管理的层次不同。传统的人事管理一般都处于执行层，而现代人力资源管理一般都是进入决策层的，人事活动的功能多元化。

（4）管理的广度不同。传统的人事管理只注重管好自有人员，而现代人力资源管理不仅要管好自有人员，还必须对组织现今和未来各种人力资源的要求进行科学的预测和规划。

（5）管理的深度不同。传统的人事管理只注重用好职工的显能，发挥人的固有能力，而现代人力资源管理则注重开发职工的潜能，以不断激发其工作动机。

（6）管理的形态不同。传统的人事管理一般都采用高度专业化的个体静态管理，而现代人力资源管理则采用灵活多样的整体动态管理，给职工创造施展自身才华的机会和环境。

（7）管理的方式不同。传统人事管理的方法机械单一，而现代人力资源管理的方法则灵活多样，是科学理性与人文精神在现代管理理论中有机结合的典范。

（8）管理部门的性质不同。传统的人事管理部门属于非生产、非效益部门，而现代人力资源管理部门逐渐成为生产和效益部门。

八、人力资源管理的内容

企业的人力资源管理，是指企业对于人力资源的一系列管理活动。这些活动主要包括企业人力资源规划、薪酬管理、人员招聘与配置、员工培训管理、绩效管理、劳动关系管理等，即企业运用现代管理方法，对人力资源的获取（选人）、开发（育人）、利用（用人）和保持（留人）等方面所进行的计划、组织、指挥、控制和协调等一系列活动。人力资源管理可简单概括为“选、育、用、留”，最终达到实现企业和员工共同发展目标的一种管理行为。

在选才方面，首先要制订企业的人力资源管理规划。然后，在人力资源管理规划的指导下，通过合适的方式和渠道来招聘与甄选员工，进行人力资源的供需平衡。将合适的人配置在适合的岗位上，同时将人才信息纳入人力资源管理信息系统。

在育才方面，建立学习型组织，健全终身培训的体制。通过员工培训管理，使员工不断更新知识，积累不同的经验，帮助他们提高知识水平、增进技能，以便在今后的企业经营活动中能适应企业发展的需要。对企业今后发展所需要的中坚力量，企业要进行培训，使之成为人力资本。

在用才方面，当企业的人力资源管理工作进行到一定的阶段，就必须对多层次员工的工作绩效进行评估考核，纠正他们工作中的失误，肯定他们工作中的成绩，并就员工下一阶段的工作达成上下级的共识，以便于员工形成下一轮的工作计划。在企业与员工互相匹配发展的过程中，要不断地沟通，解决冲突，消除两者共同发展的障碍，形成互为动力的综合发展途径。

在留才方面，对于企业来说，辛辛苦苦培育的员工不能留在企业里工作，将是一大损失。对员工的及时激励至关重要，其中包括薪酬方面的激励、福利方面的激励和精神等其他方面的激励。企业与员工需要长期相互了解，才能达成默契，对优秀员工，企业要加大激励的力度，使其心甘情愿留在公司，为实现公司的目标而努力工作。

最后，根据人力资源系统的整体运作情况，企业修正或者重新制订自身的人力资源发展战略和人力资源计划，为下一阶段人力资源管理活动奠定基础。

第三节　人力资源管理的产生与发展

一、人力资源管理在西方的产生与发展

对人力资源管理在西方的产生与发展，不同的学者划分出了不同的阶段。结合不同学者的划分方法，可以将人力资源管理在西方的产生与发展划分为六个阶段。

（一）萌芽阶段

人力资源管理的前身被称为人事管理，人事管理是伴随着 18 世纪后期的工业革命而产生的。工业革命有三大特征，即机器设备的发展，人与机器的联系，需要雇用大量人员的工厂的建立。这场革命导致了两个现象：一是劳动专业化的提高；二是工人生产能力的提高，工厂生产的产品剧增。劳动分工已成为工业革命强有力的共同呼声。由于劳动分工思想的提出，个体劳动在工厂中消失，工人

的协同劳动成为主体，因此对工人的管理问题就逐渐凸显出来。这一阶段，在工人的管理方面产生了各种朴素的管理思想，例如，在劳动分工的基础上对每个工人的工作职责进行界定，实行具有激励性的工资制度，推行员工福利制度，对工人的工作业绩进行考核等。这些管理思想基本上以经验为主，并没有形成科学的理论，但是奠定了人力资源管理的雏形。

（二）初步建立阶段

初步建立阶段，即科学管理时代，时间大致从 20 世纪初至 1930 年。

科学管理思想的出现宣告了管理时代的到来，管理从经验阶段步入科学阶段，这在管理思想发展史上有着划时代的意义。在泰勒提出科学管理思想一段时间后，企业中开始出现人事部门，该部门负责企业员工的雇用、挑选和安置工作，标志着人力资源管理的初步建立。

（三）反省阶段

反省阶段，即人际关系时代，时间大致从 20 世纪 30 年代到第二次世界大战结束。

从 1924 年开始到 1932 年结束的霍桑试验引发了人们对科学管理思想的反思，将员工视为“经济人”的假设受到了现实的挑战。霍桑试验发现了人际关系在提高劳动生产率中的重要性，揭示了对人性的尊重、人的需要的满足、人与人的相互作用以及归属意识等对工作绩效的影响。人际关系理论开创了管理中重视人的因素的时代，是西方管理思想发展史上的一个里程碑。这一理论同时也开创了人力资源管理发展的新阶段，设置专门的培训主管、强调对员工的关心和理解以及增强员工和管理者之间的沟通等人事管理的新方法被很多企业采用，人事管理人员负责设计和实施这些方案，人事管理的职能得到了极大的丰富。

（四）发展阶段

发展阶段，即行为科学时代，从 20 世纪 50 年代到 20 世纪 70 年代。

从 20 世纪 50 年代开始，人际关系的人事管理方法也逐渐受到挑战，“愉快的工人是生产率高的工人”的假说并没有得到事实的证明，组织行为学的方法逐渐兴起。组织行为学是“一个研究领域，它探讨个体、群体以及结构对组织内部行为的影响，目的是应用这些知识改善组织绩效”，它的发展使人事管理对个体的研究与管理扩展到了对群体和组织的整体研究和管理，人力资源管理也从监督制裁到人性激发、从消极惩罚到积极激励、从专制领导到民主领导、从唯我独尊到意见沟通、从权力控制到感情投资，并努力寻求人与工作的结合。“人力资源管理”逐渐成为一个流行的名词。

（五）整合阶段

整合阶段，即权变管理时代，从 20 世纪 70 年代到 20 世纪 80 年代。

在这一阶段，企业的经营环境发生了巨大的变化，各种不确定性因素增加，企业管理不仅要考虑自身的因素，还要考虑外部各种因素的影响。在这种背景下，权变管理理论应运而生，它强调管理的方法和技术要随企业内外环境的变化而变化，应当综合运用各种管理理论而不只是某一种。在这种理论的影响下，人力资源管理也发生了深刻的变化，同样强调针对不同的情况采取不同的管理方式、实施不同的管理措施。

（六）战略阶段

战略阶段，即战略管理时代，从20世纪80年代至今。

进入20世纪80年代以后，西方经济发展过程中一个突出的现象就是兼并，为了适应兼并发展的需要，企业必须制订出明确的发展战略，因而战略管理逐渐成为企业管理的重点，而人力资源管理对企业战略的实现有着重要的支撑作用，所以从战略的角度思考人力资源管理的问题，将其纳入企业战略的范畴已成为人力资源管理的主要特点和发展趋势。

二、人力资源管理在中国的产生与发展

（一）古代人事管理的思想

中国具有五千年文明史，在古代文化典籍之中蕴藏着丰富的人事管理的思想，对于有关人才的重要性、如何选拔人才、如何用好人才等都有过精辟的论述。

（1）有关人才的重要性，有唐太宗的名言“为政之要，惟在得人”。

（2）有关如何选拔人才，汉朝的王符指出“德不称其任，其祸必酷；能不称其位，其殃必大”。强调人员的品行和能力必须与其职位相符，否则会带来严重的后果。

（3）有关如何用好人才，诸葛亮曾说过“古之善将者，养人如养己子，有难，则以身先之；有功，则以身后之；伤者，泣而抚之；死者，哀而葬之；饥者，舍食而食之；寒者，解衣而衣之；智者，礼而录之；勇者，赏而劝之。将能如此，所向必捷矣”[①]。

（二）中国近代人事管理的概况

鸦片战争之后，中国逐步沦为半殖民地半封建社会，这时的人事管理具有两个基本特点：一是带有浓厚的封建色彩，企业大多是家族性质的小型私人企业。许多企业实行包工制度，将工作包给包工头，然后由包工头招收工人，组织生产，进行监督，发放工资。二是学习引进西方资本主义国家的科学管理方法。一些规模较大的企业学习引进了泰勒科学管理的方法，对人员进行比较规范的管理。

---

① 余大吉. 诸葛亮［M］. 北京：军事科学出版社，2007.

（三）中华人民共和国成立以来人力资源管理的发展

中华人民共和国成立以来，中国人力资源管理的发展可分为两大阶段：改革开放前和改革开放后。随着社会主义改造的完成，中国建立起了社会主义制度，同时也确定了计划经济的经济体制，企业是国家所有，企业员工是企业的主人。与经济体制相适，中国实行了“统包统配”的就业制度，企业没有用人的自主权，不能自行招聘所需的人员；人员只进不出，没有形成正常的退出机制；同时在企业内部，对于工人的工作没有考核，工资分配中存在着严重的平均主义，与工作业绩和工作岗位没有任何关系，人事管理还停留在简单的档案管理和资料统计阶段，与现代的人力资源管理相差甚远。

党的十一届三中全会以来，特别是改革开放以后，随着经济体制改革的不断深入，国有企业的劳动人事工作也在不断进步。1979 年，国务院颁发了《关于扩大国营工业企业经营管理自主权的若干规定》（简称《规定》），重新规定了企业人事管理的职责权限范围。《规定》指出：允许企业根据生产需要和精简高效的原则决定自己的机构设置和人员配备；有权根据国家下达的劳动指标招工，进行岗前培训；有权对成绩优异、贡献突出的员工给予奖励；有权对严重违反劳动纪律的员工给予处分，直至辞退。

1988 年 9 月，“国际劳工组织亚洲人力资源开发网、中国人力资源开发研究中心成立暨首届学术研究会”在贵阳召开，这标志着中国人力资源管理理论研究的开始。此后，人力资源开发丛书编委会、光明日报社等单位又举行了人力资源开发理论研讨会，对人力资源管理的基本概念、基本思想进行了探讨，人力资源管理在中国开始传播。1992 年，中国人民大学劳动人事学院将下属的人事管理教研室改名为人力资源管理教研室，将人事管理专业调整为人力资源管理专业，并且在 1993 年招收了首届人力资源管理的本科生，这在中国人力资源管理发展过程中具有里程碑的意义，标志着中国人力资源管理的发展进入了专业化的阶段。1995 年以后，随着 MBA（工商管理硕士）教育的推广，人力资源管理在社会上逐渐得到普及。目前，全国已有 400 多所高校开设了人力资源管理专业，人力资源管理的培养也从本科扩大到硕士研究生与博士研究生。所有这些，都为人力资源管理在中国的发展进行了理论和人才准备。

目前，人力资源管理在中国可以说是机遇与挑战并存，需要人力资源管理的理论工作者和实际工作者共同努力，积极探讨，以不断提高人力资源管理的理论和实践水平。

第二章 人力资源环境分析

在企业发展过程中，人力资源战略与规划是一个十分重要的环节，确保了新企业的健康发展。而且，企业人力资源的环境分析与供求预测又是制订人力资源战略与规划的重要基础。

第一节 人力资源环境分析概述

现代企业生存在复杂而多变的环境当中，不断地与环境之间进行着人员、物质和信息的交换。环境为企业提供生存和发展的一切，同时也可能给企业带来巨大的威胁和挑战，为此企业要适应环境的变化，未雨绸缪，通过对环境的分析，不断地做出相应的调整。同样，作为企业组成分子的人力资源个体，也生活在一个纷繁复杂的环境当中。因此，无论企业还是个体的人都要不断地调整自己以适应环境变化。但环境的变化时常超出我们的想象，要分析人力资源环境，不可能也没有必要对影响环境的所有因素进行详尽的分析，但是针对那些对企业生存和发展起关键作用的环境因素，必须进行系统和科学的考量。

一、人力资源环境分析的含义及特点

人力资源环境分析指对影响人力资源管理活动的各种因素的分析。一般而言，人力资源环境具有差异性、复杂性、动态性以及可预测性四个特点。所谓人力资源环境的差异性，是指企业面临相似的外部环境时，不同企业对环境影响有着不同的认识和反应，这种差异性影响着企业的人力资源战略与规划；人力资源环境的复杂性指企业面临的人力资源外部环境时常变化，而且变化情况复杂，企业不能通过局部来认识整体；人力资源环境的动态性指环境中的各项因素会随着时间的变化而变化，环境变化可分为渐变和突变，企业制订相应战略与规划时必须考虑环境动态因素；人力资源环境的可预测性指大部分环境因素之间相互联系和相互制约，可根据相关因素进行评估。环境变化分为规律性较强和规律性较隐蔽，周期较长和周期较短。那些规律性较强和周期较长的环境可预测性程度更高。

二、人力资源环境分析的原则

进行人力资源的环境分析，要注意以下原则。

（一）客观性原则

环境分析的客观性取决于所收集信息的客观性。环境分析的对象是影响企业生存和发展的内部因素和外部因素。按照人力资源环境分析的步骤，第一步是收集和分析有关信息，如果在第一步取得的信息就失真的话，那么基于此信息制订出的人力资源战略就难保恰当了。

（二）全局性和重点突出性原则

人力资源战略与规划的影响因素来自方方面面，在进行环境分析的时候应该全面考虑，统筹全局。同时，由于不同因素的影响力不同，正确的环境分析是找出关系人力资源管理全局的因素和重点的因素，并对它们进行详细的分析。因此分析人力资源环境，必须坚持全局性和重点突出性原则。

（三）系统性原则

人力资源环境分析的对象是一个大系统，其中各种相互联系、相互制约的外部因素之间、内部因素之间、内外因素之间是相互影响的。这些相互影响的因素在企业系统内的着力点和力度不同，有的相互促进，有的相互抵消，共同构成一个影响人力资源的环境。同时，人力资源环境分析服务的对象即人力资源战略，其管理也具有系统性的特征。因此，在进行人力资源环境分析时，要坚持系统性原则。

（四）发展性原则

虽然人力资源环境分析以过去和现在的相关信息为依据，但其着眼点是实现企业发展战略的目标，实现企业未来的生存和发展。因此，在进行人力资源环境分析时，尤其要重视未来可能影响企业人力资源状况的各种因素及其变化趋势。因此，分析人力资源的环境要用发展的眼光看问题，坚持发展性原则。

三、人力资源环境分析的内容和步骤

（一）人力资源环境分析的内容

企业人力资源环境分析的对象一般可从内外两个角度展开。企业外部环境分析可以分为宏观环境分析和微观环境分析两个层次。所谓的宏观环境，包括政治、经济、社会、文化和技术等方面；微观环境指能够直接影响企业运行的要素，主要指企业所在的产业竞争环境以及股东、顾客、供应商等。企业内部环境由存在于组织内部并影响组织运行的因素构成，具体包括企业的战略、组织结构、企业文化等。

（二）人力资源环境分析的步骤

企业人力资源环境分析一般包括以下三个步骤：

第一步，收集信息。信息包括经济条件、法律法规、政府政策、社会发展、技术创新、文化背景、人口数量和质量、劳动力来源和素质、自然环境状况等。可通过建立情报研究、战略研究等部门安排专门人员收集信息，也可以通过组织外的社会调查、情报研究等专业机构进行信息收集。信息的主要来源包括互联网、广播、电视、杂志、报纸、政府公报、国家法律法规文件等。公司、大学和公共图书馆是主要的信息集散地。通过与供应商、经销商、营销人员、顾客以及竞争对手的交流，也可以获得有价值的情报资料。

第二步，信息的分类、整理和评估。信息收集之后，要开始对所收集的信息进行分类、整理和评估。信息分类、整理可由组织中的专门人员完成。评估工作，可以通过召开由高层、中层、基层管理人员和员工代表参加的座谈会进行，也可以通过邀请组织外的人力资源管理资深专家出席座谈会，或组织专门的研讨会来实现。

第三步，制成关系图。把选择出来的各种影响环境变化的因素制成关系图，分析每个因素对人力资源造成影响的可能性和可控制性。针对最极端的情况和中间状况进行典型分析，并对这些因素给企业人力资源战略管理活动可能造成的综合影响进行分析，充分展现人力资源实践面临的机遇和挑战。

四、人力资源环境分析的意义

随着时代的发展，人力资源管理的内外环境正在发生巨大的变化，如经济全球化、技术变革、劳动力的多样化、顾客需求的变化等。许多问题成了企业瞩目的焦点，如质量、组织的再设计、流程再造、核心能力、培训等。归根结底，在这些问题的背后是一个人力资源问题，如何制订人力资源战略以及进行人力资源规划呢？首先要对人力资源环境进行分析。

人力资源规划的第一步就是对企业内部和外部环境的变化做出评价。人力资源环境分析是企业制订人力资源战略、进行人力资源规划的基础。人力资源环境分析可以与企业在制订企业战略时的环境评价同步进行，也可以只针对人力资源规划而单独进行。其中有两点是确定的：一是人力资源环境分析和企业经营环境分析的内容和方法大体是一致的，只是由于应用目的不同而导致侧重点不同；二是人力资源环境分析可以吸取企业经营环境分析的精华。人力资源环境分析从长期来看，能够帮助企业识别所面临的人力资源方面的挑战，为企业的发展提供人力资源保障。企业唯有适应环境的变化，才能求得自身的生产与发展，所以，人力资源环境分析作为一项基础性工作，对处于变化迅速的动态环境中的企业来说非常重要。

第二节　人力资源环境分析的基本方法

人力资源环境分析的方法有很多种，其中比较常用的分析方法有 PEST 分析法、五因素分析法、SWOT 分析法以及环境不确定性分析。

一、PEST 分析法

PEST 分析法是一种应用广泛的宏观环境的分析方法，包括对政治（Politics)、经济（Economy)、社会（Society）和技术（Technology）这四大类影响企业的主要外部环境因素进行分析，因此简称为 PEST 分析法。

二、五因素分析法

五因素分析法由迈克尔·波特（MichaelE Porter）于 20 世纪 80 年代提出。该方法把主导一个产业的竞争因素划分为五种力量：产业内企业间的竞争、潜在进入者的威胁、供应商的讨价还价实力、用户的讨价还价实力，以及替代品或服务的威胁。每一种力量又由多种要素组合而成。

（一）现有竞争对手的威胁

现有竞争对手的威胁主要是指竞争者的数量与实力、市场的发展速度、固定成本的高低、产品之间的差异以及退出壁垒等。在分析竞争对手对企业的威胁之前，企业必须掌握充分的信息。获知这些信息的途径包括：竞争对手的内部资料、广告、高管的演讲和发言，竞争对手的员工、供应商、客户等。了解这些信息对企业采取相应的战略非常有用。

（二）潜在竞争对手的威胁

潜在竞争对手由于当前没有对企业构成直接威胁，往往容易为企业忽视。但是，这类企业一旦从事与企业相竞争的业务，往往会给企业带来较大冲击。分析潜在对手不能漫无目的，一定要关注最可能成为潜在竞争对手的企业，包括有能力进行前后向整合的供应商和客户，有能力进行并购的大型企业，本行业进入壁垒较低而实力充分的一些企业，等等。潜在竞争对手的威胁取决于以下几个因素。

1. 规模经济

规模经济指随着企业规模的扩大而使单位产品成本降低、收益增加的经济现象。规模经济表现为，在一定时间内产品的单位成本随总产量的增加而降低。规模经济的作用迫使新进入者以较大生产规模进入行业，并冒着被现有企业强烈反击的风险；新进入者也可以凭较小的生产规模进入，但要长期忍受产品成本高的劣势。

2. 原始资本需求壁垒

进入者要进入新的产业时，必须垫付一定的资本。有些行业，例如制药行业和科技行业要求投入大量的资金来建立公司并进行研究和开发，因而与资本投入相关的投资风险会阻碍新公司进入该行业。

3. 产品差异性壁垒

产品差异表明产业内现有的企业在质量、产品性能、品牌、信誉等方面已经树立了良好的形象。这些产品差异化是由于企业在广告、用户服务、产品研究和开发、专业技术人员与设备等方面的差异，或者由于企业具有悠久历史才形成的。进入者要获得这种殊荣，必须在上述方面大量投资，如果进入失败，那么这些投资是收不回来的。

4. 相对费用壁垒

许多工业企业需要有特殊的原材料、专门人员和熟练工人以及高级管理人员，因而会发生较多的交易费用和培训费用。因此，在那些技术性较强的产业中，相对费用壁垒能在很大程度上抑制新企业进入。

5. 行政法规壁垒

国家通过行政手段或以法规的形式限制企业进入特定产业，从而形成行政法规壁垒。比如，政府可能会通过限制执照发放（例如通信和电视广播行业）和限制外资的方式来限制某些公司进入某些行业。

（三）用户的议价能力

用户的议价能力是指用户在购买企业产品的过程中要求更低价格、更高质量和更优服务的行为，是用户和企业交易过程中谈判能力对比的结果。它取决于以下几点。

1. 用户的集中程度

用户的集中程度指用户从企业购买的产品所占企业销售量的比例。如大多数工业的产品用户少而集中，他们的购买数量较大，施加给企业的压力较大。而零售业的产品用户多而分散，从单一购买行为和购买数量看，施加给企业的压力较小。

2. 用户从本产业购买的产品的标准化程度

一般而言，用户定制的产品带有较强的个性化色彩，通常通过小批量生产完成，成本较高；反之，企业的标准化产品由于大批量生产，成本较低。

3. 转变费用

转变费用是指用户从向一个企业购买转为向另一个企业购买时需支付的费用。转变费用大，用户挑选产品的余地就小，施加给企业的压力也小。例如，用户所购买的产品或服务很容易被替代，在市场上充满企业的竞争者，那么用户的转变费用较低，其议价能力就高。

4. 用户掌握的信息

用户对产品的质量、价格、售后服务等方面了解的信息越多，其选择余地就越大，对企业形成的竞争压力也就越大。用户掌握信息的途径包括网络、电视、报纸、其他用户的反馈、广告宣传、上市公司公开信息、企业高层管理者的发言和演讲、企业内部员工等。

（四）供应商的议价能力

供应商，是指那些向行业提供产品或服务的企业、群体或个人，也包括劳动力和资本的供应商。供货商的威胁手段有两种：一是提高供应价格；二是降低供应产品或服务的质量。这些手段可以使下游行业利润下降。如果供应商比较密集，并且从原来的供应商转向另一个供应商所涉及的成本比较高，那么供应商的议价能力一般较强。

许多因素会提高供应商在行业中的议价能力，从而降低公司在行业中的盈利性。这些因素包括：①市场中没有其他替代品。②公司提供的产品或服务独一无二。③供应商数量较少。④供应商的产品对企业而言很重要。⑤企业购买量占供应商总产量比例较低。⑥供应商能够并购企业，实现前向一体化。

（五）替代品的威胁

从广义上来讲，一个产业中的所有企业都在与生产可替代品的其他产业进行竞争。替代品限制了某产业的潜在收益，使产业中的企业能够获利的价格上限受到了一定的限制。替代品指和本产业产品起相同作用的那些产品。产品替代有直接产品替代和间接产品替代（能起到相同的作用）两种表现形式。替代品的威胁取决于：①替代的程度。②价格比。③替代品的盈利能力。从一般意义上说，若替代品具有较大的盈利能力，则会对本产业原有产品形成较大压力。④生产替代品的企业所采取的经营战略。如果生产替代品的企业采取迅速增长、积极发展的战略，则会构成对本产业的威胁。⑤用户的转换费用。若用户改用替代品的转换费用越小，则替代品对本产业产品造成的压力越大。

三、SWOT 分析法

SWOT 四个英文字母分别代表优势（Strength）、劣势（Weakness）、机会（Opportunity）和威胁（Threat）。SWOT 分析实际上就是企业根据这四个要素对自身所处的环境和形势进行深入的分析，以便充分认识、掌握、利用和发挥有利条件和机遇，控制或化解不利因素和威胁，形成独特的能力，以获取竞争优势。

企业内部的优势是相对于竞争对手而言的，表现在许多方面。衡量企业优势和劣势有两个标准：一是资金、产品市场等一些单方面的优势和劣势；二是综合的优势和劣势。可以选择一些因素评价打分，然后根据其重要程度进行加权，取各因素加权数之和来确定企业在比较中是处于优势还是劣势。

企业的外部环境是企业无法控制的。有利的外部环境可能对所有企业都有利，威胁也不仅仅是威胁本企业。因此，在这些情况下还要分析同样的外部环境到底对谁更有利或更不利。当然，企业与竞争对手的外部环境是不可能完全相同的，但许多时候都会有很多共同点，此时对机会与威胁的分析不能忽略企业自身与竞争对手的比较。SWOT 分析的做法是：依据企业的目标分析对企业发展有重大影响的内外部环境因素，继而确定标准，对这些因素进行评分，判定是优势还是劣势，是机会还是威胁；也可逐次打分，然后按因素的重要程度加权求和，以进一步推断优势、劣势的大小及外部环境的情况。

根据 SWOT 分析，在某些领域中，企业可能面临来自竞争者的威胁。在这些领域，企业可能会有些劣势。如果企业在某一领域具有优势并且存在外部机会，就要利用这些机会，它们是企业真正的优势。企业要尽可能采取一切措施将威胁消除掉，并对目前有优势的领域进行监控，以争取在潜在的威胁可能出现之前做好准备。

在进行 SWOT 分析后，企业就可以明确自己的市场地位，有利于企业选择适合自身战略规划的目标。在对企业进行 SWOT 分析时，要注意企业的优劣势是相对于竞争对手和市场而言的，分析内容要围绕企业的使命和目标。如果分析后发现自身优势不足，劣势明显，不足以抓住外部环境的机会，不足以应对外部环境的威胁，企业则需要在人力资源战略与规划中做出修改。

四、环境不确定性分析

有许多环境因素会对企业产生影响，企业必须面对这一现实并处理好环境不确定性的影响，方能保持经营的高效率。不确定性的结果使得决策人很难估计外部环境的变化，从而增加了企业的风险。企业试图通过分析不确定性因素，将许多环境影响减少到使人能够操作的程度。下面首先介绍如何对经营环境进行分类，然后探讨如何采取各种可能的对策以减少不确定性因素的负面作用。

显然，企业面临的环境不尽相同，不同环境所呈现出的不确定性也有高低之分，不确定性的程度可以用下面两个特性来划分：环境的简单或复杂程度、环境的稳定或不稳定（动态）程度。

环境的简单或复杂程度是指那些与企业经营有关的外部因素的多少。在一些复杂的环境情况下，许多种类不同的外部因素会对企业产生牵制和影响。复杂程度可能来自企业面临的环境的多样性（例如在不同国家经营的跨国企业），也可能来自处理环境影响所需知识的多寡。

环境的稳定或不稳定程度是指外部环境变化的速度。某些外部环境因素的变化速度明显超过其他的因素。一般来说，高科技企业（如硅谷的计算机企业）处在极不稳定或多变的环境中，而政府部门则处在比较稳定的环境中。

环境的简单或复杂程度以及稳定或不稳定程度组成了以下四种不确定性程度各不相同的环境状况：

其一，在简单与稳定的状况下，不确定性程度很低。企业面临的环境比较容易理解，变化不大，分析过去环境对现状的影响就有一定的实际意义。

其二，在复杂与稳定的情况下，不确定性有所增加。在外部环境分析过程中需要考虑众多因素。然而，这种情况下的外部因素变化不大，且往往在意料之中，在环境分析中是可以预测的。

其三，在简单与不稳定的情况下，不确定性进一步增加。企业的外部因素很少，然而，这些因素很难预测。

其四，在复杂与不稳定的情况下，不确定性最高。企业面临着众多的外部因素，且变化频繁。当几种因素同时变化时，环境会发生激烈动荡。

那么，企业应如何减少环境不确定性带来的风险呢？从广义上讲，企业可以采用两种一般性战略来减少环境不确定性的程度。例如，企业可以调整或改变自己的行动以适应环境，这种做法我们称之为内部战略；企业也可以试图改变环境以适应企业的需要，这种做法我们称之为外部战略。

第三节 人力资源外部环境分析

许多外部环境因素影响着人力资源管理。这些因素是企业外部环境或内部环境的一部分。本节主要分析和讨论人力资源管理的外部环境，主要指存在于企业周围，影响企业经营活动及其发展的各种客观因素与力量的集合。外部因素包括政治法律、劳动力、合法报酬、社会、工会、股东、竞争、顾客、技术以及经济等。每个因素，无论是单独的还是相互联系在一起的，都会给人力资源经理的工作造成压力。因此，人力资源经理必须经常尽力地识别和考虑这些因素带来的影响。外部环境可以分为外部宏观环境和外部微观环境两个方面。

一、外部宏观环境

（一）政治法律环境

政治法律环境主要是指一个国家或地区的政治制度、体制、国家方针政策以及法律、法规等方面的因素。这些因素常常制约并影响着企业经营行为，尤其是影响企业较长期的投资行为。

从国内来看，政治因素主要涉及国家的方针、政策，它将对企业的生存与发展产生长期深刻的影响。

法律因素是指中央和地方的法规和有关规定，其中与经济法律法规的关系更为密切。经济法律法规是为调整经济活动中的法律关系，发展社会生产力服务的。它规定了企业可以做什么，不可以做什么。合法经营受到法律的保护，非法交易则要受到法律的制裁。近年来，中国经济立法工作的步伐明显加快，先后制订和颁布了一系列经济法律和法规，但与市场经济发展的要求之间还有很大差距，许多方面还存在立法空白。特别是在2001年加入WTO以后，许多法律法规亟待修改和完善。《中华人民共和国劳动法》等法规也对人力资源管理实践产生影响，如《中华人民共和国劳动法》规定各级工会组织作为职工利益的代表，对执行劳动法律、法规的情况进行监督，这既是依法维护职工合法权益的重要体现，也是工会的一项重要权利和应尽的职责。在国有企业，这种监督主要是代表职工参与民主管理和重大问题的决策，对工资分配、保险福利、辞退职工、职工奖惩、合同签订与解除、劳动争议等进行民主监督和劳动关系调解，是职工民主参与、民主管理的重要手段。在非国有企业，主要通过建立产业、地区集体谈判制度，在企业签订集体劳动合同，实施产业、地区和企业监督。认真行使好三方的监督职责，对于维护劳动者合法权益起着十分重要的作用。《中华人民共和国劳动法》也规定了最低工资和社会养老保险等。《中华人民共和国劳动合同法》《中华人民共和国就业促进法》于2008年1月1日正式施行，这对扩大就业，实现劳动力资源的有序流动和合理配置，增强就业的稳定性和提高就业质量，推动中国劳动关系的全面协调发展，都产生了深远的影响。

从国际方面来看，政治因素主要包括其他国家的国体与政体、关税政策、进口控制、外汇与价格控制、国有化政策以及群众利益集团的活动等。国际方面的法律因素主要涉及各国的国内法以及国际公约的有关规定等。中国企业若要到国外投资，兴办企业或与某国企业进行市场交易，必须事先了解该国的政治和法律。

各国政治体制的特点和稳定性不尽相同，法律体系的特点和连贯性也因国而异。有时，商业合同会由于一国内部的政治因素而无法履行。各国的人力资源管理及有关法规在特点和细则方面存在着很大差别。在许多西欧国家，有关工会和就业的法律往往要求给予被解雇职工很高的补偿，这种要求使得企业往往难以减少员工的数量。各国关于平等就业方面的规定也各不相同。在有些国家，政府以法律形式来解决就业歧视和性骚扰等问题，而在其他某些国家，宗教或民族差别使得就业歧视已成为惯例。当企业计划在一国开展业务时，人力资源专业人员应该事先对该国的政治环境进行全面的考察，其中应包括对劳工组织的角色和特点的考察。

（二）经济环境

一个国家的经济，是影响人力资源管理的主要外部环境因素。一般来说，经济繁荣时，不容易招聘到合格的工人；经济衰退时，适用的求职者却很多。例如，在2008年，由于美国金融风暴引起的全球性经济危机大大减缓了世界各国的经济发展速度，许多的大小企业深受其害，纷纷减产。为了缩减开支，在人力资源方面，不少企业大幅减少人力资源预算，调整薪酬，减少甚至暂停对外招聘，乃至大幅裁员，致使市场上存在许多求职者。

经济环境具体是指企业经营过程中所面临的各种外部经济条件，主要包括一个国家或地区的经济特征、消费者收入与支出、物价水平、消费信贷及居民储蓄等宏观因素。

目前，经济方面的各种变化改变了就业和职业模式，其中，最主要的变化是，大量的就业岗位由制造业和农业部门转移到了服务业和电信部门。服务部门的就业岗位通常包括金融服务、医疗保健、运输、零售、快餐和饭店、法律和社会服务、教育、计算机领域等各行各业中的岗位。从增长比例来看，就业岗位增长最快的首推计算机和医疗保健领域。就业与职业变化表明不同规模的企业工作岗位具有不同的增减模式：许多大厂商通过减少其员工数量来削减工作岗位；与此同时，许多小企业却在不断地创造着新的就业机会。

在今后的若干年中，许多提供就业岗位的企业和机构将更加迫切需要受教育程度较高的劳动力。预计需要最新知识的岗位数量的增长速度将大大超过其他类别的岗位。这种趋势意味着，那些低学历的人将日益处于不利的境地，也就是说，他们的就业机会将仅限于报酬很低的服务性岗位。总之，在许多岗位所要求的知识、技能与员工或求职者所拥有的知识、技能之间，将会形成日益拉大的差距。不同的研究和预测均表明，今后，许多产业中的企业对那些受到过足够教育和培训的劳动力的需求将很难得到充分满足。教育和培训日趋重要，因此，企业的人力资源管理部门应继续重视员工的补习教育和职业培训。这意味着需要采用新的培训方法，例如，在培训中，更广泛地使用交互型录像技术和计算机培训系统。面向未来的工作和技能培训不应仅针对经理和专业人员，而应包括所有员工。必须对现有员工及其职业技能情况进行精确的评估。另外还必须对求职者的技能进行准确的甄别。越来越多的雇主须为员工提供补习和读写能力的培训，企业须更加积极地参与学校的各种活动，并帮助学生提高各种技能。

（三）人力资源市场

人力资源市场是企业获取理想的人力资源的重要途径，也是企业人力资源的外部存储仓库，企业可以通过这个储备仓库获得它所需要的人力资源。企业在自身的发展过程中，需要不断从人力资源市场招聘新的人才来补充队伍。而能否在人力资源市场上招聘到合适的人才，或者说市场上是否有企业需要的人才，是企业必须从战略层面上考虑的事情。对人力资源市场进行分析，一般包括劳动力的存量、需求和价格三个方面。

对企业而言，劳动力的存量主要是指企业所需劳动力的市场存量，而人才存量又可从人才数量、人才质量与人才结构等方面分析。不同的行业、不同的企业对劳动力的需求也不相同。如汽车行业，在2000年以前，由于中国汽车行业发展较缓慢，且研发投入较少，因此导致中国汽车研发人才存量严重不足，对一些想搞汽车自主研发的企业来说，难以从市场上招聘到合适的人才，影响了这些企业产品研发战略的实施。

从宏观环境上说，劳动力的需求与价格主要是指市场对某类型劳动力的需求及其价格。劳动力的需求与价格和经济环境相关，更与某行业的发展状况有关。当国家经济持续稳定发展、行业快速发展时，各企业不断扩大生产，人才需求就会随之加大。近些年，由于计算机、网络与通信等行业的快速发展，对相关专业人才的需求大增，人才市场供不应求，价格随之上升。同样，当经济主体发生通货膨胀时，劳动力的价格水平往往也会水涨船高。

（四）自然环境

总的说来，自然环境对企业影响的主要动向是：自然资源日益短缺，能源成本趋于提高，环境污染日益严重，政府对自然资源管理的干预不断加强。所有这些都直接或间接地给企业带来威胁或机会。企业在自身发展的过程中，除了关注利润指标外，还应该尽到自己的社会责任，尤其不能对自然环境造成影响。不注重保护自然环境的企业，会受到媒体、公众、周边社区、环境保护主义者的谴责，企业自身平稳发展自然无从谈起。

（五）科学技术环境

科学技术是第一生产力，企业人力资源的素质和知识结构直接影响企业的科学技术水平和企业对科学技术的应用能力。所以人力资源部门必须密切关注技术的发展动态，适时提高企业员工的素质，改善企业员工的结构，以适应科学技术进步对企业人力资源的要求。

面对日新月异的科技发展，企业人力资源战略管理常用的对策包括：一是培训员工，使之跟上迅速发展的技术要求。培训的对象不仅要包括专业人员，还要包括管理者。因为随着科学技术的进步，在某些领域中，通过人力资源市场招聘合格的员工会变得十分困难。二是调动员工的主观能动性。知识工作者和个人服务工作者的出现，使人力资源战略管理面临挑战。人力资源战略管理的新任务就是如何为这类员工营造一个更有利于他们发挥主动性、积极性来实现创新的人力资本投资环境，使他们愿意不断追求新知识、新技术，努力应用其所取得的新知识，为企业和社会创造高附加值的产品与财富。

（六）社会文化环境

社会文化因素对人力资源管理的影响是间接的、潜在的和持久的，文化的基本要素包括哲学、宗教、语言与文字、文学艺术等，它们共同影响和制约着人们的观念和思维，影响着人们的行为，包括企业员工在工作中的表现和绩效。因此，企业人力资源战略管理必须考虑社会文化对员工的影响，并采取有效的措施加以引导。文化能够影响人们的思维方式和行为方式，不同的文化传统下，人力资源管理的模式也不同。

社会文化对一个地区经济发展的影响是巨大的。同样，在企业的人力资源管理中，社会文化特点也和企业息息相关。比如，商业意识强烈的人文氛围、地区人群适合经商的性格因素等，都对当地的企业有重大的影响。

良好的社会文化在企业中具有示范效应，会由此形成人员素质提高的良性循环。把企业的人力培训成本转移到个人，可以缩短企业培训时间，降低企业的培训成本。所以，积极的社会文化传统能节省企业的人力资源投入。

二、外部微观环境

除非一个组织在它服务的市场上处于特殊的垄断地位，否则其他厂家将会生产相似的产品或提供类似的服务。除了宏观环境外，对企业影响最直接、作用最大的外部环境就是企业所处的产业环境。

进行产业环境分析，首先要弄清楚产业的总体情况与发展趋势，具体包括以下几方面。

（一）国家的产业结构和产业政策

企业在进行产业分析时，应掌握所投资的国家和地区的产业结构和产业政策。从世界范围来看，伴随着一个国家或地区工业化和城市化的进程，第一、第二、第三产业的结构会发生相应的变化：第一、第二产业的比重会逐渐降低，第三产业的比重会不断提高。随着社会经济和科学技术的发展，产业结构演变的基本趋势是，产业由以劳动密集型产业为主向以资金密集型和技术密集型产业为主演变。

（二）产业生命周期

产业的产生、存在和发展，与社会对它所提供的产品和劳务的需求有关。它随着社会对某些产品或劳务的需求的产生而产生，又随着社会对这些产品或劳务的需求的消失或这些产品和劳务被别的产品或劳务完全替代而整体消失。产业的生命周期包括产业的产生、成长、成熟和衰退四个阶段。企业在决定是否进入一个产业时，首先要对该产业有一个基本的判断，弄清楚所要进入的产业是属于新兴产业、成熟产业还是衰退产业。在选择企业时，应尽量选择“朝阳产业”，避免“夕阳产业”。

（三）产业的市场状况

产业面临的市场状况包括以下三方面的内容。

（1）产业所提供产品或服务的供求态势。企业人力资源战略管理部门必须综合考虑产品或服务供求态势的变化，适时对人力资源的投入做出合理安排。

（2）需求分布。一般来说，处于产生、成长阶段的产业，其市场需求呈梯度推进式。首先是在经济发展和技术水平高的地区开始，然后向经济发展和技术水平不够高的地区缓慢推进。企业当然会根据需求分布的规律安排投资分布，人力资源管理职能部门也应当按照企业投资地区分布调整人力资源管理战略，尽量在保持企业文化传统的前提下，降低人力资源投资成本。

（3）需求变动。需求变动包括市场所需产品或服务的品种变动和数量变动。按照需求变动的频繁性，大致可以分为平稳型（如家具）、渐变型（如服装）、速变型（如计算机）三种类型。由于企业产品的需求变动类型不同，技术创新的侧重点不一样，企业所需要的开发型人才也不一样，这就需要企业人力资源战略管理者密切关注，及时采取适当措施，保证适应需求变化对人力资源的要求。

（四）进入与退出障碍

某一企业在进入或退出某一产业时，都会不同程度地遇到一些压力，这些压力被称为进入或退出障碍。进入障碍主要有五个方面：①规模经济。规模经济迫使新加入者必须以大生产规模进入，并要冒着被现有企业强烈反击的风险；或者以小的规模进入，但要长期忍受产品成本高的劣势。这两种情况都会使进入者却步不前。②顾客依赖心理。产业内原有企业的广告宣传、产品的优良性能、对顾客的良好服务，以及该产业的企业首先生产某种产品等因素，使产业内原有企业在顾客中确立了企业的声誉、商标、品牌等，并取得了顾客的信赖。这对新进入产业的企业形成了无形的障碍，企业要花费巨资并且也需要较长时间的努力才能克服顾客的这种依赖心理。③资金需求。资金密集型产业对资金需求量极大，这对进入者又形成了使之望而却步的巨大障碍。电力产业、矿山开采、铁路运输、石油化工等均属这类产业。④转换费用。转换费用包括对职工再培训的费用、新的辅助设备成本、测试费用、适应使用新能源而花费的时间和费用，以及割断旧有关系的心理因素等所发生的一切费用。⑤销售渠道。由于已有渠道被产业中的原有企业占领，它们之间的长期合作建立了相互信赖的融洽关系，因此新进入者要想让这些渠道接受本企业的产品，只有通过降低价格、提供广告补贴等途径，这就减少了自身的利润。

退出障碍对企业经营战略的影响主要有两个方面：一方面是当企业选择进入某一产业时，必须了解这一产业的退出障碍，即一旦由于各种原因而使企业战略失败，能否适时退出所在产业；另一方面是当企业通过实施跨产业经营的战略而将战略重点从一个产业移向另一产业时，是否会受到原产业退出障碍的阻挡。事实上，由于某些产业的退出障碍很高，致使一些企业即使在这一产业盈利较低，甚至亏损，也无法退出该产业，不能实现战略重心的转移。退出产业的障碍一般有以下几个方面：①资产形态的特殊性。②协议障碍。比如签订有劳工协议，企业要退出该产业，必须支付一大笔重新安置职工的费用等。③关系障碍。企业与本产业其他企业之间在生产、供应、销售、企业形象、设备共享等方面关系密切，为此，不到万不得已的境况，企业也不愿退出。④感情障碍。企业资产的拥有者、经营者或一些管理人员由于亲自参与企业的建设和经营，对企业有着较深的感情，因此也舍不得让本企业退出；有些管理人员出于对雇主的忠诚，担心自己的职业前途或其他种种原因，不愿为企业退出产业出谋划策。⑤政府与社会障碍。政府与社会可能会对企业退出某产业进行限制，如政府因担心职工失业影响本地区社会稳定而否决企业的退出意向或劝阻企业不要退出。在中国国有企业改革和战略性重组过程中，面临的最大退出障碍就是由于社会保障制度的缺乏和社会稳定的政治需要，致使企业的下岗分流以及破产工作很难进行。

企业在决定是否进入一个产业时，还要考虑产业结构问题。因为一个企业在产业中不仅要与原有产业竞争对手进行竞争，而且要与五种基本的竞争力量进行竞争，包括同产业内的现有竞争者、潜在进入者、替代品的生产者、供应商、购买者。具体可参照波特的竞争环境五因素分析法。五种基本竞争力量的状况以及它们的综合强度，决定着产业的竞争激烈程度，并决定着产业中利润的最终潜力。在竞争激烈的产业中，没有一家企业能获得惊人的收益。在竞争相对缓和的产业中，各企业都能获得较高的收益。产业的竞争强度虽然是由五种竞争力量共同决定的，但常常是五种竞争力量中最强的力量起决定性作用。例如，潜在的进入者不会对处于极有利市场地位的企业构成威胁，而高质量、低成本的替代品竞争者，却会使它只能获得低水平的收益。从具体产业看，如远洋油轮产业，由于它的产品专用性很强，竞争的关键力量可能是购买者（石油企业）；而在钢铁产业中，竞争的关键力量可能是可替代材料的生产者和外国企业。正是由于产业竞争关系的复杂性，企业在制订战略时，必须对每种竞争力量进行分析，即进行产业结构分析。

产业竞争环境的分析对于制订企业的战略非常重要，这相应地会影响到企业人力资源的战略和规划；同时，企业所处的产业特点及发展趋势对人力资源战略和规划的实践也有较大的影响。一个企业要在激烈的产业竞争中获得成功、发展和繁荣，它就必须能够获得有竞争力的员工，然而其他组织也在力争实现同样的目标。

人力资源环境分析所研究的外部微观环境还包括许多具体的方面，如股东、顾客、社区、银行、供应商等。由于这些因素的表层性、非独立性，它们与人力资源战略和规划制订的相关性并不是太强。下面仅论述股东和顾客两方面的因素。

(1) 股东。股东是企业的所有者。因为股东投资于该企业，所以他们可以随时要求管理者考虑的方案要对组织有益。股东都关心企业的支出决策将怎样提高收入或降低成本。经理人员可能会被迫根据对未来项目、成本、收入和利润的影响来判断每个方案的优缺点。同时，在向企业的所有者汇报时，经理人员必须准备根据方案的经济成本和效益来解释它的优点。

(2) 顾客。消费一个企业的产品和服务的人们也是外部环境的一部分。因为销售额是企业生死存亡的关键，所以就有必要保证其员工的行为不引起顾客的反感。顾客需要高质量的产品和售后服务，因此企业的员工应该有能力提供优质的商品和服务。销售额常常由于产品质量和售后服务的变化而降低或增加。这些状况与技术、质量以及该组织中员工的动机直接相关。

第四节　人力资源内部环境分析

企业内部的人力资源环境常常会由于外部环境的变化和人力资源个体行为的影响而发生变化，导致人员结构与需求的改变。企业必须通过对内外环境的综合分析，采取相应的人力资源策略，制订符合本企业实际的人力资源规划。影响人力资源规划的内部环境包括企业现有的人力资源状况、企业的战略、企业文化、非正式组织、企业的其他部门和工会等因素。

一、企业现有的人力资源状况

企业人力资源现状分析是人力资源战略管理的基础。企业人力资源战略管理目标的实现，首先必须对企业现有的人力资源状况有一个全面的了解和充分的认识。利用科学的方法，对企业现有员工的数量、类型、年龄构成、职位构成和素质等进行认真的统计分析，是企业进行人力资源环境分析的一项基本工作。

企业人力资源现状分析是对企业内部人力资源状况的分析，包括数量分析、人员类型分析、年龄构成分析、职位构成分析和工作人员素质分析等内容。

(一) 数量分析

人力资源数量分析的重点是探讨现有的人力资源数量是否与企业各部门的业

务量相吻合，也就是探讨现有的人力资源配置是否最佳。要做到这一点，就必须测量各种业务所包含的工作量以及处理某些工作的工作时间与人员需求。

目前各企业采用的计算方法有很多，如工作效率法、业务分析法、预算控制法、行业比例法、标杆对照法等。在企业实践工作中，通常是将各种办法结合起来，参照行业最佳典范来规划本企业的岗位人数。但由于各企业的情况有差别并且不断变化，人力资源数量分析应从企业的总体目标要求出发，在不断的变化中调整，因此它是个动态的过程。

（二）人员类型分析

通过对企业人员类型的分析，可以了解一个机构业务的重心所在。不同的类型分类对应于不同的分析目的。

按工作内容来分，一个企业内的人员大致有四种：业务人员、技术人员、生产人员和管理人员。这四类人员的数量和配置代表了企业内部人力资源的结构。有了这些分析资料，就可以研究影响该结构的各项因素。这些因素可能包括以下几个方面：企业处在何种产品或市场中；企业运用何种技能与工作方法；劳动力市场的供应状况如何；等等。

按工作性质来分，企业内部工作人员又可分为两类：直接人员和间接人员。这两类人员的配置，也随企业性质不同而有所不同。通常直接人员占较大的比例。

（三）年龄构成分析

分析员工的年龄结构，在总的方面可按年龄段进行，统计整个企业人员的年龄分配情况及员工平均年龄等。了解年龄结构，旨在了解以下情况：①企业人员是年轻化，还是日趋老化。②企业人员吸收新知识、新技术的能力。③企业人员工作的体能负荷。④工作职位或职务的性质与年龄大小的可能匹配要求。

（四）职位构成分析

根据管理幅度原理，主管职位与非主管职位应有适当的比例。分析人力结构中的主管职位与非主管职位，可以显示企业中管理幅度的大小，以及部门与层次的多少。

（五）工作人员素质分析

工作人员素质分析就是分析现有工作人员的受教育程度及所受的培训状况。一般而言，受教育与培训程度的高低可显示工作知识和工作能力的高低。任何企业都希望能提高工作人员的素质，使其对组织做出更大的贡献。但事实上，人员受教育程度与培训程度的高低，应以满足工作需要为前提。因此，为了达到适才适用的目的，人员素质必须和企业的工作现状相匹配。管理层在提高人员素质的同时，也应该积极提高人员的工作效率，以人员创造工作，以工作发展人员，促进企业的发展。

二、企业的战略

企业的战略是企业发展的目标。事实上，每个组织的各个部门的存在也是因为战略的需要。因此，每个组织单位的目标都应该和企业的总体战略目标保持一致，在实践中配合整体战略目标的实现，人力资源部门当然也不例外。所以，企业特定的战略目标必须被看作影响人力资源管理实践的一个重要的内部因素。

比如说，一个企业的总体战略目标是追求总成本领先，而另一个企业的总体战略目标是追求不断创新，两者的人力资源战略和人力资源规划当然就会有相当大的不同。追求创新的企业需要有一个宽松的工作环境。为促进技术的发展，追求创新的企业必须招聘到一流的研发人才，还要时刻关心劳动力的培训和开发；同时，为留住和激励一流的研发人才而设计一个有效的报酬方案也是特别重要的。而对于追求成本领先的企业来讲，则不需要招聘一流的研发人才，因为这种人才对该企业来讲只会象征着成本的增加。

由于战略的要求，企业会做出许多对人力资源部门影响很大的决策，主要有以下几种。

（一）企业重组

由于战略的需要，许多企业为实现精简而取消部分管理层次，关闭一些厂房设施或与其他企业合并，这样就必须辞退部分员工并为其安排新的工作。到目前为止，企业重组的主要方式是取消若干管理层次，以使企业管理结构的金字塔变得更加扁平。

一般来讲，要进行企业重组，必须先从根本上重新思考和重新设计企业的经营管理程序，目的是降低成本，改进产品质量，提高服务水平和提高完成各种工作的速度。创新设计工作是管理界限明晰化过程的一个组成部分。明晰化就是确定和保留企业的核心业务，放弃各种微不足道的边缘业务。这样一方面就要进行人员压缩，即减少企业现有员工的数量，这是一个旨在减少各种成本的有意识的策略。实行减员的原因之一是许多工商企业积聚了过多的员工。人力资源管理者在企业重组时要面对的问题是，员工对企业忠诚度的降低，因此需要调整留在企业的员工作为“幸存者”的心态等。

（二）兼并和接管

由于战略的需要，企业可能要兼并和接管一些在战略上有互补性的企业或其他企业。

作为人力资源管理者，要研究在购并整合后的战略目标下被购并企业组织和人员的匹配程度。在购并后的许多情况下，都涉及组织和人员的调整。而购并后人才的不足或过剩会严重影响战略目标的实现，可能需要用极高的代价去弥补。因此，人力资源人员首先要评价对方的管理人员和其他关键员工（如技术人员和销售人员）的能力，根据组织设计测算出组织将会缺少哪方面的人才，再做出详细的人力资源规划（此规划要考虑购并后的企业需要哪些方面的管理人才、市场开发人才、技术人才；被购并企业有哪些潜力，为实现这些潜力，对长远的人员规划有何要求；怎样更好地管理和激励新的管理人员以及机构撤销、扩大人员配备等多方面问题），制订出此规划的实现计划。

（三）全面质量管理

企业始终关心如何通过向顾客提供优质产品和服务而使顾客满意。这些关心就产生了全面质量管理（TQM）运动。全面质量管理强调预防错误而不是改正错误。它认为，首先“做正确的事”是最佳的办法。采用这种方法的企业试图把质量建立在设计、生产和运送产品或服务的所有阶段之中。这些企业授权工人们追溯产品或服务的问题至其根源并且重新设计生产过程，以便使用各种解决问题的技术和统计学的技术（例如统计过程控制）去消灭它们。工人授权皆采用顾问组、特别工作组和跨职能团队的形式。许多企业已经成功地实施了全面质量管理。全面质量管理的倡导者们声称，它之所以能够成功，是因为强调以顾客为中心，并且促进了诸如团队工作、持续学习和持续改进之类的管理。

实行全面质量管理时员工不得不承担越来越多的责任，转向某种全面质量管理方法的企业必须改变它们的许多传统人力资源管理实践。例如，使用自我管理的工作团队需要新的挑选、培训、评估和奖励策略。实行全面质量管理的企业必须挑选和培训出优秀的“团队选手”，并且必须以团队的绩效而不是个体的绩效为基础去评价和奖励员工。

三、企业文化

企业文化是企业在一定社会经济文化背景下，在长期生产经营中，逐步形成和发展起来的日趋稳定的价值观、企业精神、行为规范、道德准则、生活信念、传统习惯等。

企业文化在企业管理中的主要作用如下：

（1）激励作用。企业文化犹如一种内在于企业的精神，这种无形的动力可以激励员工的自豪感、主人翁责任感，从而转化为推动企业群体前进的动力。

（2）凝聚作用。企业文化能够培育员工的企业共同体意识，这是企业凝聚力的源泉，它能在企业内部造成一种和谐、公平、友好的气氛，促进全体员工的团结、信任、理解和相互支持，使之形成群体的向心力。

（3）规范作用。企业文化的一个重要特征就是根据企业整体利益的需要，产生一系列以价值观念为核心的评判标准。它虽然不是规章制度，但在实践中员工做出了符合企业目标的行为，这就起到了规章制度的规范作用。

（4）稳定作用。企业文化具有相对稳定性。企业文化一旦形成并模式化后，就具有很强的稳定性。这是因为企业长期形成的渗透到企业各个领域的文化，可以成为深层心理结构中的基本部分，在较长时间内对成员的思想感情和行为发生作用。

人力资源管理的最高层次就是运用企业文化进行管理。因此，毫无疑问，企业文化是人力资源环境分析的重要对象。如何对企业文化进行研究呢？首先，由于企业文化是长时间形成的，因此，要先对企业发展的历史以及企业文化形成的历史进行研究。其次，不仅要对表层的文化进行研究，而且要深入到最深层，看看员工做出决策时暗含的假设是什么，如果某些假设是共同的，它们就有可能与企业文化有关。最后，一个企业中可能还有许多的亚文化，经理层有经理层的文化，员工层有员工层的文化。一方面企业文化在特定的情况下对企业发展会有积极的作用，另一方面企业文化一旦形成就具有一定的稳定性。但当竞争环境的变化非常快，引起了企业组织结构、运作方式的改变，而企业文化的变化相对较慢时，企业文化就会对企业发展起到阻碍作用。目前，企业文化阻碍企业发展的状况出现得越来越多，这就要求在对人力资源环境进行具体分析时对企业文化更加重视。

四、非正式组织

人力资源管理的内部环境中存在两类组织：一类是正式组织，另一类是非正式组织。习惯上一般通过组织结构图和工作说明来描述正式组织。相对非正式组织而言，正式组织更易于观察、分析和诊断。

企业中的非正式组织，是指在企业生产经营中自然形成的一种群体关系。非正式组织的存在，显示了员工之间广泛的社会关系。非正式组织凭借非正式的渠道，以感情为基础，使其群体成员的行为不受正式组织的约束。有的时候，一些通过正式组织解决不了的问题，反而可以通过非正式组织得到解决。

企业中非正式组织的作用具有两重性，这取决于非正式组织的目标和正式组织的目标的一致程度。当非正式组织的目标与正式组织的目标一致时，就会促进企业目标的实现。当非正式组织的目标与正式组织的目标不一致时，就会影响企业目标的实现。在生产经营过程中，非正式组织内部有时会形成约定俗成的工作标准，当这一标准与企业计划所规定的标准没有冲突时，企业的计划就能够较顺利地完成；若这一标准与企业的目标相冲突，则会阻碍或干扰企业目标的实现。非正式组织的这一作用，在企业急需增加产量或超额完成任务时，会表现得尤为突出。非正式组织可以弥补正式组织沟通范围的不足。非正式组织的活动不受行政界限的限制，可以超越行政权力的时空，比正式组织沟通的范围大。因此，正式组织可以利用非正式组织这一特点来弥补自己的不足，扩大沟通的范围，做好自己的工作。如当企业实施一些重要决策或决定时，除了通过正式组织系统动员、布置外，还要利用非正式组织的力量。

人力资源管理实践的目的是为实现企业的目标服务。由于非正式组织对企业员工的心理满意度、工作积极性等也有较大的影响，因此，人力资源管理环境研究要对非正式组织进行分析，以利于在工作中对非正式组织进行引导。一般来说，每个非正式组织在形成及其活动过程中，都会逐渐浮现或产生出其领袖人物，这些领袖人物对群体的影响较大。因此，在分析具体的企业时，还要对这些领袖人物进行个案研究。

五、企业的其他部门

管理者必须清楚地认识到个人或部门之间存在的相互关系并应运用好这些关系。在工作中，部门与部门之间是相互配合的关系，一个部门的产出可能就是另一个部门的投入。而人力资源部可能与组织的其他部门都有紧密的联系，如果想使工作更有效率，就必须与其他部门密切配合。同时，人力资源战略和规划的实施当然不仅针对人力资源部，而是针对整个组织。因此，在进行人力资源环境研究时也必须对企业的其他部门进行研究。

六、工会

工会是人力资源内部环境分析不能忽略的一个要素。工会是为了与公司进行交涉而将员工团结在一起的一个团体。西方发达国家的工会在劳资关系中扮演比较强势、独立的角色，许多劳资冲突都要通过工会才能得到解决。我国企业工会的独立性相对较弱，但是这几年有不断加强的趋势，在调节劳资关系上起到了一定的作用。在一个有工会的组织中，是工会而不是单个员工在和企业进行谈判并达成协议。

目前中华全国总工会是中国工会的最高领导机关，在国际活动中代表中国工会组织。中国工会的最高权力机构是中国工会全国代表大会。中华全国总工会执行委员会由中国工会全国代表大会选举产生，是中国工会全国代表大会的执行机构。在中华全国总工会执行委员会全体会议闭会期间，由主席团行使执行委员会的职权，主席团下设书记处，主持全国总工会日常工作。工会的地方各级领导机关是总工会委员会，各级地方总工会委员会是地方各级工会代表大会的执行机构，地方总工会根据本地区情况确定产业大会（包括局、总公司工会）组织的设置。产业工会是按照产业系统建立起来的工会组织。产业工会的设置主要分为全国产业工会和地方各级产业工会。全国产业工会的设置是由中华全国总工会根据需要确定的。各级地方产业工会组织的设置，由同级地方总工会根据本地区的实际情况确定。基层工会是中国工会的基本组织单位。企业、事业、学校机关等基层单位，有会员 25 人以上的，均可建立工会基层委员会；会员不足 25 人的，可由邻近的或性质相近的若干单位，每单位选举组织员一人共同联合组成工会基层委员会。

第三章　人力资源需求预测

企业要进行经济活动，离不开对人力资源和物质资源的需求。人力资源需求，是指一个企业按照自己的发展规划，为生产一定量的产品或服务而需要招聘的员工数量和类型。员工类型可以按员工所拥有的知识、技艺、能力以及其他特征来划分，这代表着员工具有不同的素质特征。因此，人力资源未来需求实际上就是企业将来期望获得的一定数量和质量的劳动力。

人力资源需求预测是依据组织的发展前景、组织能力及岗位要求，综合考虑各种因素，对未来所需员工的类型（含数量和质量）进行估计的活动。人力资源预测是人力资源规划中一个非常重要而又难度很大的环节。企业的人力资源既取决于外部的经济、社会、政治、法律环境和技术进步等情况，又与本企业的战略规划、经营状况、管理水平、现有员工的素质密切相关，这些因素作用的大小取决于组织的特性。例如，在加工工业中，技术变化和竞争的影响可能是主要的，而在公用事业中，政府的各项政策更重要。

人力资源需求预测作为人力资源战略和规划的核心内容，是制订人力资源计划、实施培训与开发方案的基础。它通过估算实现组织目标所必需的人员配置计划，帮助管理者组织未来的人力资源需求，指导管理人员思考未来人员需求及如何满足这些需求。

对于处于环境不断变化之中的组织来说，要想在一个动态的环境中保持竞争力，一支富有竞争力的合格的员工队伍是不可缺少的。没有良好的人力资源需求预测活动，这支队伍就无法建立和稳定，也就无从获得这支队伍的核心——管理人才和技术人才。组织需要通过人力资源需求预测去发现、培养、保留和储备这些人才。只有确定了人力资源需求，管理者才能引导人员配置以实现适当的现实目标。

由于影响人力资源的因素较多，因此普遍有效的人力资源需求预测方法是不存在的。在预测中，既可使用复杂的程序和大量的历史数据，也可以使用简单、直接的逻辑推理方式，重要的是预测的结果能够帮助管理者有效地招聘、选拔、再开发和淘汰人员。

第一节　人力资源需求的影响因素

影响企业需求预测的因素可以从企业内部和外部进行考察，尽可能地综合考虑内外部各种因素对企业现实和未来的人力资源数量和结构的影响。

一、影响人力资源需求的内部因素

企业内部影响人力资源需求的因素包括企业战略的调整、企业革新和组织变革、企业内部的人员变动和工作时间的变化。

（一）企业战略的调整

企业战略的调整事关企业发展的全局，涉及企业的各个方面。企业战略导向的变化，必然会引起组织结构、制度体系和市场定位等的变化。对于人力资源管理产生的影响更是全方位的，涉及未来人员配置、岗位调整、人员培训等诸多方面，尤其对于人力资源需求规模和结构都会产生深远影响。为了适应企业战略的变化，企业会增加能够适应战略变化并能从事新技术岗位的员工。

（二）企业革新和组织变革

每个企业都是追求利润最大化的市场微观主体，受到来自外部的竞争压力和内部的革新动力的双重影响，总是要不断地采用新技术来提高劳动生产率。同时，由于新技术的采用必然会引起企业组织结构和组织方式的变革，也就意味着随着组织的变化和资本有机构成的提高以及对人力资源的技术素质和管理能力要求的相应提高，必然会导致企业当前和未来一段时间内的人力资源需求数量和结构的变化。企业在需要招聘新员工的同时，原有员工中的一部分会因为技术水平和知识的欠缺而离开企业，一部分则要接受更进一步的培训和深造，以便适应企业的变化。

（三）企业内部的人员变动

企业内部的人力资源活动本身就是动态的，时刻处于不断的变化之中。企业员工的选拔晋升、离职辞退、退休等都会产生新的人员需求。通常情况下，在预测期内，企业内部由于人员的变动而带来的人员需求数量，如由于退休、辞职和晋升而带来的新增人员需求数量，可以根据历史数据进行推算和预测。

（四）工作时间的变化

在工作总量既定的前提下，工作时间的长短与所需的人员数量成反比例关系，员工平均工作时间越长，企业所需的员工数量越少。因此，影响工作时间长短的因素都会间接地影响企业的人力资源需求。

另外，员工对工作的满意度、领导方式、企业的福利和社会保障水平、薪酬制度、绩效考核机制等也会对企业的人力资源需求产生影响。

二、影响人力资源需求的外部因素

外部因素主要是通过对内部因素的影响间接发挥作用。外部的影响因素有宏观经济发展趋势、社会政治法律环境、劳动力市场、技术进步及同类和相关企业的影响等。

（一）宏观经济发展趋势

一个国家或地区的经济发展趋势对人力资源需求预测的影响很大，有时甚至能成为人力资源需求的决定性因素。宏观经济发展趋势会左右企业战略定位和企业发展目标，影响企业运行的全过程，进而影响人力资源需求的总体规模和结构。通常来讲，宏观经济形势趋好，消费需求旺盛，企业会扩大投资规模，增加生产，人力资源的需求自然就增加。但如果经济不景气或增长趋缓，会导致企业开工不足或维持原有规模，这时新增人力资源需求就会减少。

（二）社会、政治和法律环境

社会、政治和法律环境包括社会习惯、国家政策和行政体制、法律法规等方面的因素。社会和政治环境如政局的动荡会影响人力资源需求，进而影响企业的人力资源规划。法律法规的变更也会影响人力资源需求，如户籍管理政策和档案管理办法的变更、社会保障法规的变更、环境保护法规的变更等都会引起人员流动及供求的变化，进而影响人力资源规划。特别是在西方发达国家，法律法规的影响更显著。有关雇佣关系的各种行政法规，规范和界定了雇佣关系的性质以及人力资源管理活动的合法范围。从表面上看，雇佣关系建立在一系列人力资源管理政策和实践的基础上，但同时必须遵守有关的法令法规和行政命令。在欧美等劳动关系比较发达的国家，政策法规对企业人力资源管理活动的强制作用十分明显。

这些因素虽然容易测量，但对企业的真正影响却难以确定。比如国家的一项法规从颁布到执行有一段滞后期，在此期间很难不折不扣地执行。然而这些因素对人力资源需求的影响有时却很明显，如国家制订了扶持高科技产业的政策，会导致企业对计算机信息类人才的需求增加。

（三）劳动力市场

劳动力市场是影响企业人力资源需求的一个重要因素。劳动力市场是企业获取人才的外部场所，它是随时变化的，这也会引起企业内部劳动力质量和数量的变化，企业只有对劳动力市场进行分析，才能够准确地进行人力资源需求预测。

（四）技术进步

技术革新与进步对人力资源需求的影响较大。市场竞争推动技术进步，技术创新和升级换代通常伴随着对低技能劳动力需求的减少以及对高技能人才需求的增加。技术的创新和升级经常在不同行业中出现，不同技术也需要不同类型、不同专业的人力资源，如第二次工业革命大大提高了劳动生产率，使得对人力资源（主要是低技能的工人）的需求锐减，而相应也使得对能熟练使用现代机器的工人的需求剧增。现在，信息技术和生物技术革命已经对我们的社会经济生活各方面产生了巨大的影响，它们既会直接影响企业的人力资源需求，也会通过人们对企业产品或服务需求的改变对企业人力资源需求产生间接影响。

（五）同类和相关企业的影响

同类企业主要是指行业内竞争对手对企业产生的影响，涉及战略定位、市场规模、技术革新和核心竞争力等诸多方面。同类企业的竞争，加剧了对核心领域人才的争夺，企业也因此更加注重对本企业核心人才的培养和选拔，或者说，企业会增加对掌握核心技术的人力资源的需求。上下游企业在整个产业链条上通过提供原料和销售产品两个方面制约着企业的发展规模和人员数量，因此也是制约人力资源需求的因素。

除上述因素以外，企业所处地域的文化、传统、市民心理和对本企业的认可程度等也会对企业的人力资源需求预测产生影响。

第二节　人力资源需求预测的基础工作

一、工作分析

（一）工作分析内涵

工作分析收集的信息是人力资源管理职能发挥的起点，因而有时工作分析被称为人力资源管理的基石。工作分析收集的信息对企业进行人力资源需求预测也会起到非常关键的作用。

工作分析是通过确定工作的义务、任务或者活动来收集信息的过程。工作分析的具体内容分为两大部分：工作描述和工作规范。工作描述具体说明某一项工作的内容、特点以及工作环境等，主要包括工作名称的描述、工作内容（主要指工作活动和工作程序）的描述、工作环境的描述、工作报酬的描述，以及工作的人际关系、社会文化和习俗等内容。工作规范主要是根据工作描述的内容，指出从事一种工作的人员必须具备的各项要求，包括知识要求、能力要求、技能要求等。

工作分析收集信息的过程是依照一系列事先确定的步骤，进行一系列的工作调查。工作分析的结果是形成一份书面报告，通过对若干个工作任务或活动的分析，对收集来的信息进行总结。工作分析是人力资源部的主要职责，但也需要相关部门员工和经理的配合。工作分析形成的工作描述和工作说明书以及分析过程中收集的数据都对人力资源需求预测有重要的作用。

（二）工作分析与人力资源需求

在瞬息万变的环境中，进行工作分析至关重要。新的工作不断产生，原有的工作需要重新设计。参考一份几年前所做的工作分析可能无法得到确切的数据资料，甚至会被误导，但是可以帮助组织觉察环境正在发生的变化。

工作分析对人力资源管理的许多方面都有影响，如果招聘时不知道胜任某项工作所必需的资格条件，那么对员工的招聘和选择将漫无目的。工作分析提供的信息在确定人力资源开发需求方面也很有用。如果工作规范指出某项工作需要某种特殊的知识、技能和能力，而在该职位的人又不具备，那么培训和开发就可能很有必要。至于绩效评价，应根据员工完成工作说明书中规定的职责的程度来进行，否则评价就可能缺乏公正性。在报酬方面，相对来说，工作职责越重要，工作就越有价值。要求有更多的知识、技能和能力的工作对公司来说应该更有价值，例如，一般而言，要求具有硕士文凭的工作的相对价值应该高于只需本科文凭的工作。在考虑安全和健康问题时，来自工作分析的相关信息很有价值，工作说明和工作规范中应该反映可能存在的危险性。无论公司是否有工会，通过工作分析获得的信息通常能导致更客观的人力资源决策。对于人力资源研究人员而言，工作分析也提供了一个研究的起点。完整的工作分析对支持招聘实践的合法性尤其重要，例如，工作分析的资料可以为提升、调动或离职提供依据。

从上面的分析来看，来自工作分析中的资料实际上对人力资源管理的各个方面都有影响。不过工作分析资料主要被用于人力资源规划特别是人力资源需求预测方面。仅仅认识到一家公司需要 100 名或 500 名新员工生产产品或提供服务以满足销售需要是不够的，人力资源经理还应该知道每项工作所需的不同知识、技能和能力。显然，有效的人力资源规划必须考虑到这些工作要求，而人力资源需求预测也必须以这些要求为基础。人力资源经理会利用这些数据来扩充工作描述和工作说明书的内容，为人力资源需求预测提供依据。反过来，这些文件也会被用来实施和强化不同的人力资源管理职责，而工作分析的最终目的是提高组织的工作效率和生产率。

要想使工作分析对人力资源需求预测有价值，就要求通过工作分析得出的工作描述和工作说明书尽可能准确。详细的工作描述和工作说明书为企业选拔、任用合格的员工奠定了基础。通过工作分析，组织掌握了工作任务的动态和静态特点，能够系统地提出有关人员的生理、心理、技能、文化和思想等方面的具体要求，并对岗位的用人标准做出具体而详尽的规定。工作分析是企业进行人力资源需求预测的基础，为企业进行有效的人力资源需求预测提供了重要的依据，可以使人力资源需求预测做到有的放矢。工作分析是企业有效地预测人才需求、进行人力资源规划的重要前提。

工作分析也是组织找到合适人才的基础。组织的招聘、选择和淘汰员工等决策都必须依据工作分析，在人力资源需求预测的基础上进行。在制造业、服务业甚至高新技术产业中，越来越多的人力资源管理者发现，很难为空缺的职位找到合适的申请者，因此进行人力资源需求预测对经理而言又有了新的意义，通过人力资源需求预测不仅可以找到完成当前工作所需的人才，还可以为组织的未来发展提前储备人才。

二、组织战略的制订

（一）组织战略与人力资源的需求

组织战略是组织关于未来的规划，它的制订和实施都离不开成员的参与。

在组织战略的制订中，管理者应该考虑一个重要因素，就是需要什么样的人来实现组织的目标，能否有足够的人来实施组织的目标。成功的人力资源需求预测有助于增进组织灵活应变的能力，使企业保持竞争优势。因此，组织在规划未来的时候，必须使组织的战略和人力资源计划相吻合，不仅要考虑到现有的组织成员能否满足战略发展的要求，还需预测组织未来拥有的人员能否满足战略实施的需要，以便提前做好培训或招聘准备。

战略的实施离不开人力资源需求预测的配合。作为组织最重要资源的人力资源，对战略的实施与实现起着关键的作用。组织的一切其他资源都必须与人力资源相结合才可以创造效益。人力资源需求预测首先考虑的不是眼前的某个具体人员，而是一个时期内的一批、一组或一类人员的需求。具体的人员只是满足人力资源需求的执行者而已。组织战略对人力资源需求有很大的影响，反过来组织战略的实施与实现离不开适当的人，人力资源需求预测可以为组织战略的实现寻找合适的人员。

同时，组织总体上的竞争战略选择是制订人力资源规划的基础。所谓人力资源规划，就是对人力资源的需求和这种需求得以满足的可行性进行分析和确定的过程。人力资源需求预测的目的就是保证实现企业的各种目标所需要的各种人才。

不论组织采用什么样的战略，都必须应对经济体制内各类基本关系的变化，特别是在经济全球化时代来临之时，世界各国正在兴起科技创新的热潮。与此相适应，组织需要一种能够支持创新的“柔性”结构体系。在目前的经营环境下，世界经济的发展状况和员工数量的变动就是各种变化因素之一。这一因素是战略规划需要考虑的问题，也是人力资源需求预测需要解决的问题。

（二）组织战略制订与人力资源需求预测的整合

组织选择何种战略是影响人力资源战略的重要因素。有效的人力资源需求预测也必须和企业战略相互依赖，相互作用。组织战略和人力资源需求预测的整合如表 3－1 所示。而组织战略必须包括人力资源规划，才能保证落实组织战略计划的其他任务。

表 3－1　组织战略和人力资源需求预测的整合

战略分析	战略陈述	战略实施
建立联系	阐明业绩期望和未来管理的方法	达到预期目标的实现过程
经营目标 SWOT 分析	价值观与指导原则经营任务、目标、行动计划和资源分配	组织的变革、学习与发展人员配置战略
制订与人有关的经营问题	定义人力资源战略、目标和计划并进行人力资源需求预测	实施人力资源管理，按需求合理配置人员

一个组织可以根据不同的战略选择，制订几种人员需求方案。例如，企业为了实施一系列兼并与收购战略所制订的计划，要根据这些购并活动成功实施的程度，确定不同层次的管理及专业人才的需求。而其他的企业则可能根据与经济环境相适应的各种增长率，制订不同的人员方案。

人力资源需求预测作为人力资源规划的核心部分，应当分析组织当前的人员配置是否合理及未来发展所需的人力资源，预先测定组织的总体规划实施所需要的人员数量和质量。比如，如果一家公司决定进入一个新的领域，建立一家新的工厂，或者压缩活动范围，所有这些活动都会影响到需要补充的人员数量和种类，这就需要人力资源需求预测的帮助，同时，这也会影响公司人力资源计划其他方面的活动。

而人力资源需求预测显然又会影响战略的实施与实现，其主要作用是为管理者提供有用的信息。预期结果可能是一张表格、一些数据或者一份分析报告，都可以作为管理者进行招聘或减员的参考。不过预计的需求和供给很难恰好相符。通过这个预测过程必须不断地对需求进行调整（例如需要更少的员工）或者调整供给（例如加速进行人员的轮换或者增加招聘人员），直至供需达到平衡。

第三节　人力资源需求预测方法

人力资源需求预测方法可分为定性预测法和定量预测法，如表 3－2 所示。

表 3－2　企业人力资源需求预测方法

定性预测法	定量预测法
经验预测法	趋势外推预测法
专家预测法	回归分析法
现状规划法	比率分析法
描述法	计算机模拟预测法
工作研究预测法	
驱动因素预测法	

一、定性预测方法

在企业进行人力资源需求预测的实际工作中，有很多进行定性预测的方法，管理者应该根据企业的实际情况，选择制订适合本企业的预测方法。下面简要阐述常用的六种方法。

（一）经验预测法

经验预测法是各级管理人员根据自己过去的工作经验和对未来业务量变动的估计，预测未来人员需求的方法。由于经验预测法是以管理者的经验为基础的，所以又被称为管理估计法。它分为“自下而上”和“自上而下”两种方式。

“自下而上”法是一种由基层逐级上报人力资源需求，最后由人力资源部门汇总并经批准后执行的方法。采用这种方法包括以下4个步骤：①最基层的管理者根据本单位的情况，凭借经验预测出本单位未来对人员的需求。②下级部门向上级部门汇报预测结果，自下而上层层汇总。③最高层人力资源部门从各级部门收集信息，通过判断、估计，对各部门的需求进行横向和纵向的汇总，最后根据企业的发展战略制订出总的预测方案。④预测被批准后，正式公布，将预测层层分解，作为人员配置计划下达给各级管理者。

“自上而下”法是一种先由高层拟定总体人力资源需求，后由各下级部门逐级下达到各个基层用人部门的方法。采用这种方法包括以下5个步骤：①高层管理者先拟订总体人力资源需求计划。②将总体人力资源需求计划逐级下达到各个部门。③各部门根据本部门的情况，对计划进行修改。④汇总各部门对计划的意见，并将结果反馈给高层管理者。⑤高层管理者根据反馈信息修正总体预测，正式公布，将预测层层分解，作为人员配置计划下达给各级管理者。

（二）德尔菲预测法

人力资源需求定性预测用得较多的是德尔菲预测法。德尔菲预测法在应用中需要向相关专家函询某一预测对象的有关问题，请专家用书面形式发表自己的意见，然后将这些意见综合整理成几条有代表性的建议，再反馈给相关专家，就这几条建议进一步征求意见。通过反复的函询征求意见，几轮过后，将看法逐渐集中，得出明确的预测结论。整个函询过程匿名进行，既广泛征求了专家的意见，又节省了预测成本的支出，并避免了会议预测法的专家相互影响的弊端，能够收集到各类专家的真知灼见。通常函询专家人数一般不得少于50人，而且函询返回率不得低于60%，否则预测结论就缺乏广泛性和代表性，不能保证预测的准确性。

德尔菲预测法通常在人力资源发展预测涉及面广、关系复杂、数据缺乏或影响因素多且难以量化等情况下应用。德尔菲预测法是在专家会议预测法基础上发展起来的，但是已经不同于专家会议预测法。因为德尔菲预测法采用匿名答卷或书信多次往返征求专家意见，使专家能够充分发表自己的预测意见，而不受他人观点影响。最后对专家意见采用各种统计方法进行定量评价和处理，使预测结果更加准确。因此，德尔菲预测法被公认为是科学、有效的预测方法，也是人力资源需求定性预测中较为常用的方法。

德尔菲预测法一般至多进行四轮就要结束。在第一轮预测中，专家的回答是没有限制的，可以是任何形式。第二轮预测则要求专家在综合所有专家回答的基础上重新预测，并说明预测的理由。在第三轮和第四轮的预测中如果没有超出上下四分位点范围以外的答案，就不必说明回答的理由。如果第三轮中专家回答意见集中在上下四分位点之内就不必再进行第四轮预测。使用德尔菲预测法进行人力资源需求预测的过程如下：

（1）确定人力资源发展预测的内容和目标。

（2）组成预测工作小组。小组成员的任务主要是选择专家组成员，设计调查表，向专家邮寄、收集、处理调查表，得出最终预测结果。

（3）设计调查表。根据预测对象和目的，设计调查表。

（4）组织专家组。选择并邀请专家组成专家组，向专家说明调查目的、预测目标，并征求各位专家意见。

（5）发调查表。将调查表和背景资料寄给专家，要求专家在熟悉背景资料以后回答调查表中所列问题。

（6）处理调查表。收回调查表后，对调查表进行综合处理，编制新的调查表。新的调查表内容为前一次专家回答问题的中间值和上下四分点值。中间值代表了专家的集中意见，上下四分点值之间的间距表示了专家们回答问题的波动区间。中间值可以采用专家们的平均值或多数专家的意见，上下四分位点值是将专家意见按顺序排列好以后，在75%和25%处的专家意见。在将专家意见按顺序排列以后，可以按100%～75%、75%～50%、50%～25%和25%～0%分成四个区间，那么75%～25%就成为一半专家意见的集中区，通常称为上下四分位区间。利用上下四分位统计处理方法可以排除极端数据，即专家的极端意见。在第二次以后的调查表中除给出上一次的调查处理结果以外，还要向专家们提出新的问题，要求专家对其做出回答，并给出相应的理由。

（7）第二轮调查。将新的调查表寄给专家，并收回问卷，进行综合处理。专家在以后的咨询中可以改变以前的意见，也可以坚持原先的意见，但是都需要给出回答的理由。这一点是和第一次回答的不同之处。

（8）再次调查。一般需要进行第三次调查，程序同第6步、第7步。如果预测结果分歧较大，可以按第三轮形式再进行一次调查。

（9）对预测结果进行整理和分析。预测结果一般用表格、图形和文字说明等形式表达。

（三）现状规划法

现状规划法是根据人力资源现状进行人力资源补充或调整的方法，其步骤如下：①分析当前的人力资源状况，确认是否需要较大的变动（如无较大变动，继续下一步；如有较大变动，换用其他方法预测）。②准确预测出退休人员数量。

③大致预测出辞职、辞退、重病等离岗人员的数量。④局部是否有较小的岗位变化？如有，则预测需要变动的人员数量。⑤用第 4 步变动的人员数量对第 2 和第 3 步离开岗位的人员总和进行修正后，得到的人员数量即是未来的人员需求。

（四）描述法

预测者对预测期内企业发展目标和相关因素进行假定性描述、分析、综合，并给出多种备选方案，从而预测人力资源需求量。由于要进行假设性描述，这种预测方法又被称为描述法，同时由于要给出多个方案，这种方法又被称为多方案法。采用该方法的步骤如下：

（1）明确企业目标，并对影响人力资源需求的各个因素进行假定性描述和分析。

（2）预测在每种特定环境和条件下对于人力资源的需求，形成多个方案。

（3）综合分析，制订人力资源需求预测总方案。

（五）工作研究预测法

工作研究预测法是在掌握各个岗位的工作内容和职责范围的基础上，根据需要完成的工作量，预测需要的人员数量。由于是通过分析岗位来预测，所以这种预测法又被称为岗位分析法。采用该方法步骤如下：①进行职务分析。②根据企业目标，确定各单位组织的工作量。③结合职务分析和工作量，预测人力资源需求。

（六）驱动因素预测法

该方法的原理是某些与企业的本质特征有关的因素主导着企业的活动或工作量，进而决定人员的配置需求。

影响人员配置需求的因素包括：

（1）产量方面的变化（收入、生产或销售的单位或数量、完成的项目、交易等）。

（2）所提供服务的变化（数量、质量、速度等）。

（3）客户关系方面的变化（规模、时间长短、质量等）。

（4）新资本投资（设备、技术等）。

综上所述，可以通过直接运用驱动因素的变化来进行人力资源需求预测，确定人员配置需求。扩张、新的购并、新的设备、组织重构或其他因素都可能直接影响未来的人员配备需求。例如，组织中的研发部门，根据特殊的项目计划确定人员配置需求。每个项目都有明确的工作计划和包含人力资源在内的资源需求。

驱动因素预测法是当今企业首选的方法，因为该方法透明、合理、慎重，管理者很清楚对企业具有直接影响的人员配置需求驱动因素，并能够根据自己的判断去进行调整。这种方法也考虑到对规划“模型”的快速调整，无论何时对计划进行更新，都可以在这个模型中对驱动因素进行评估、再评价和调整。它还将人力资源需求预测直接与经营和资本规划联系起来。

不过这种方法合理应用的前提是驱动因素的影响容易测量，更常用于确定操作人员和事务性岗位的人员需求，而不是确定管理、专业或某些技术岗位的人员需求。

二、定量预测方法

（一）回归分析法

回归分析法是一种定量的预测方法，是通过建立人力资源需求与其影响因素之间的函数关系，从影响因素的变化来推测人力资源需求量的变化的一种数学方法。回归分析既有一元回归、二元回归和多元回归之分，又有线性回归和非线性回归之别。我们主要讨论一元线性回归和多元线性回归预测法。

1. 一元线性回归预测法

一般只有在某一因素与人力资源需求量具有高度相关关系时，才运用一元线性回归预测法。在应用一元线性回归方程进行预测的时候，首先必须预测自变量和因变量之间的相关系数。

2. 多元线性回归预测法

在实际工作中，影响企业人力资源需求的因素往往不止一个，而是多个主要因素共同决定了企业人力资源需求量，而且它们与人力资源需求之间也是线性关系，因此就需要建立多元线性回归方程。多元线性回归预测法与一元线性回归预测法不同，它是一种从事物变化的因果关系来进行预测的方法，该方法不再把时间、产量或收入等单个因素作为自变量，而是将多个影响因素作为自变量。多元回归分析能够确定许多变量之间的关联模式。它运用事物之间的各种因果关系，根据多个自变量的变化来推测与之相关的因变量的变化。由于多元线性回归分析法涉及很多数学公式，因此在此不再进行详细介绍。

（二）趋势外推法

趋势外推法是时间序列法中最简单的一种方法，时间序列法还包括移动平均法、指数曲线法。有些方法不经常使用，这里只介绍一种比较简单易行的趋势外推法。

趋势外推法是当企业人力资源需求量在时间上表现出明显的均等趋势时才使用的方法。具体的做法是：将企业人力资源需求量作为纵轴，时间作为横轴，在坐标轴上直接绘出人力资源需求曲线。

根据需求曲线可以预测企业未来某一时点的人力资源需求量。这种方法的缺点是过于简单，只能预测人力资源需求的大概走势，不能提供有关人力资源质量的数据。这种方法的优点在于实用性比较强，只要将横坐标换成其他对人力资源需求影响显著的因素，如组织的工作任务、销售额、销售量、生产率等，就可以用这种方法来预测完成一定的工作量所需的人力资源数量。具体操作是对同类工作所需要的人力资源数量的散点图进行分析，可以根据散点的走势来判断工作量或其他因素的变化对人力资源数量的影响。

（三）比率分析法

比率分析法首先是以组织中以下两种因素的比率为依据的：①某些关键因

素，如销售额、关键技能员工的数量等。②所需要的人力资源数量。例如，可以根据组织的销售额预测组织需要的销售人员数量。假设销售收入＝销售员数量×每位销售员的销售额。一名销售人员每年通常可以实现50万元的销售额。在过去的两年中，每年需要10名销售人员完成500万元的销售额。假如计划在当年将销售额提高到800万元，并在下一年将销售额提高到1000万元。那么，如果人均销售额保持不变，在当年就需要增加6名销售人员，在下一年又需要增加4名新的销售人员来完成另外的200万元销售额。

另外，还可以通过企业的一些关键人员数量预测其他人力资源需求量。例如，可以通过计算销售人员/文秘人员比率，来确定需要增加多少文秘人员与新增加的销售人员相匹配。以一所大学的商学院为例，MBA学生的数量每增加1%，教师的数量就需要相应地增加1%，同时职员的数量也需要增加1%，否则难以保证商学院MBA学生的培养质量。这实际上就是根据组织过去的人力资源数量同某个影响因素的比率来对未来的人力资源需求进行预测的。

需要指出的是，比率分析法假设两种因素的比率不变，这常常影响了预测的准确性。例如，上面对销售人员数量的预测，就是假设销售生产率不变，无论对销售人员如何进行激励，也不可能使每位销售人员每年的销售额超过50万元。如果销售生产率上升或下降，销售额和销售人员之间的比率就会改变，那么根据历史比率进行人力资源预测就缺乏准确性了。

（四）计算机模拟预测法

计算机模拟预测法是人力资源需求预测中最复杂也是最精确的一种方法。这被比喻为在一个“虚拟的世界”里的实验，能综合考虑各种因素对企业人员需求的影响。该方法主要在电脑模拟的虚拟环境中，对组织可能面临的外部环境的变化及自身的复杂动态进行分析，从而得到未来需求的人力资源配置方案。随着信息技术的广泛应用和计算机的普及，这种方法将会逐渐得到普遍应用。

以上从定性和定量两方面介绍了人力资源需求预测的几种方法。定性预测方法的使用使管理部门直接参与到人才需求预测过程中，还可以将一些技术变化、工作负荷变化、组织变化综合起来考虑，包括把一些无法度量的因素考虑在内，使预测结果更可信。而定量分析方法提供了一种有效的补充信息，有助于管理人员做出有关未来人员配置需求的判断。这一分析方法的重要价值在于为可能的人员配置目标确定可能的人员配置水平，而不在于其精确性。包括回归分析、数学模型等在内的定量分析可以改变对生产、销售及其他经营计划的人力资源管理。总之，人力资源需求预测的不同方法各有优劣，在实际操作中可以结合使用。

第四节　人力资源供需平衡

完成人力资源需求和供给情况的预测后，就需要对人力资源的供需状态进行评估，然后对供需失衡包括结构失衡和数量失衡进行调整。

一、人力资源供需平衡分析

人力资源供需平衡分析是建立在人力资源供需预测的基础上的，是企业人力资源规划工作的核心和最终目的所在。人力资源供需平衡实际上就是外部人力资源市场与企业内部人力资源市场的一种动态平衡，主要包括三个方面。

（一）专项人力资源计划之间的平衡

一般情况下，为了满足发展的需要，企业会制订一些专项人力资源计划，包括人员补充计划、培训计划、使用计划、晋升计划、薪资计划等。这些计划之间相互联系并相互影响，因此在人力资源规划的过程中就应该充分注意这些计划之间的协调与平衡。

通常，在经过一定程度的培训强化以后，接受培训的员工都会接受一些岗位上的调整变动，他们所承担的责任和即将发挥的作用也会发生很大的变化。在这一过程中，员工的培训计划与企业的人员使用计划是相互联系的，甚至还要考虑到薪资计划。通过这些专项计划的相互作用，企业才能最终完成人力资源的供需平衡。

（二）企业需要与员工个人需要的平衡

企业进行专项人力资源规划的另一个重要目的就是，解决企业的需要与内部员工的需要之间的矛盾，只有这两种矛盾在某一层面上达到供需平衡，才能维持企业内部组织结构的稳定。

（三）人力需求与人力供给的平衡

在整个企业的发展过程中，从总量上看，企业的人力资源供求失衡是一种常态，真正意义上的供求完全平衡是没有的。平衡是一种状态，平衡不是相等，而是供给和需求在结构和数量上处于一种均势。从结构上看，企业所需的人员结构与供给结构总会有这样或那样的偏差，常常是企业急需的人员招聘不到，供给不足，而不太需要或根本不需要的人员供给过剩。综合结构和总量两种因素，企业经常处于人力资源供求失衡状态。

实现人力资源供需平衡是人力资源规划的目的之一，无论人力资源需求预测还是人力资源供给预测都是为了实现未来一段时期的人力资源供需平衡。人力资源的供给趋于平衡的过程，是人力资源有效配置和流动的过程，也是检验人力资源规划具体实施的过程。只有尽力实现人力资源的供需平衡，企业才能提高人力资源使用效率，开源节流，降低人力资源成本。

实现企业的人力资源供需平衡就是要通过增员、减员、人员结构调整、人员培训等各种办法和途径，使人力资源供需失衡转为供需平衡的状态。

人力资源的供不应求、供过于求和结构失衡是人力资源规划中需要解决的人力资源失衡问题。根据这些人力资源供求不平衡的具体原因和特点，可采用不同的调整方法。

二、人力资源供不应求的调整方法

（一）人力资源的内部招聘

内部招聘是指当企业出现职务空缺时，从企业内部调整员工到该岗位，以弥补空缺的职位。内部招聘可以节约企业的招聘成本，丰富员工的工作，提高员工的工作兴趣。但对于比较复杂的工作，可能需要对内部招聘的员工进行一段时间的培训。

（二）聘用临时工

聘用临时工是企业从外部招聘员工的一种特殊形式。聘用临时工可以减少企业的福利开支，而且临时工的用工形式比较灵活，企业在不需要员工的时候，可以随时与之解除劳动关系。企业产品季节性比较强或企业临时进行专项生产时采取临时招聘的方式比较合适。

（三）延长工作时间

延长工作时间也称加班制。在企业工作量临时增加时，可以考虑延长工人的工作时间。延长工作时间具备聘用临时工的优点，节约福利开支，减少招聘成本，而且可以保证工作质量。但长期延长工作时间会降低员工的工作质量，而且延长工作时间也受到政府政策法规的限制。

（四）内部晋升

当较高层次的职务出现空缺时，企业有内部晋升和外部招聘两种手段。企业一般优先考虑提拔企业内部员工。因为在许多企业里，内部晋升是员工职业生涯规划的重要内容，对员工有较大的激励作用。而且，内部员工比较了解企业的情况，与外部招聘人员相比能够更快地适应工作环境，能够提高工作效率，企业同时也就节省了外部招聘成本。但是如果企业缺乏生气，可以适当考虑从外部招聘人员，以增加企业内部活力。

（五）管理人员接替计划

管理人员接替计划的具体做法就是按照岗位接替模型，由人力资源部门对企业的每位管理人员进行详细调查，并确定哪些人有权利升迁至更高层次的位置。然后制订相应的企业岗位接替模型，列出企业重要管理岗位可以替换的人选。

（六）技能培训

对公司现有员工进行必要的技能培训，使之不仅能适应当前的工作，还能适应更高层次的工作。这样，就为内部晋升政策的有效实施提供了保障。如果即将进行经营转型，企业应该及时对员工进行新的工作知识和工作技能培训，以保证企业在转型后，原有的员工能够符合职务任职资格的要求。这一措施的最大好处是可以防止企业冗员现象的出现，保持人力资源队伍的稳定。

（七）扩大工作范围

当企业某类员工紧缺，在人才市场上又难以招聘到相应的员工时，可以通过修改职务说明书，扩大员工的工作范围或责任范围，从而达到增加企业工作量的目的。需要注意的是，扩大工作范围必须与提高待遇相对应，不然会使员工产生不满情绪，影响企业的生产活动。扩大工作范围可以与企业的业务流程重整结合使用，在调整过程中，利用先进的管理技术或操作技术在扩大员工的工作责任的同时减轻员工的工作量。

（八）提高技术水平

当市场工资上升时，企业可以考虑提高技术含量，以降低企业对人力资源的需求。采取各种激励措施，鼓励员工对自身工作岗位进行各种技术改革，提高岗位的技术含量，以解决人力资源的供不应求问题。当然，提高技术改革水平还需要与员工技术培训相结合。

（九）返聘

在企业急缺人员，或企业需要某些退休员工来支持时，可以考虑对退休或即将退休的员工进行返聘。

（十）外部招聘全日制员工

当企业生产工人或技术人员供不应求时，从外部招聘可以较快地得到熟练的员工，及时满足企业生产的需要。在调整关键岗位员工的时候，如果企业有内部调整、人员晋升等计划，则应该优先考虑启动这些计划，其次再考虑外部招聘。

三、人力资源供过于求的调整方法

在人员过剩的条件下，解决问题的办法有三种：重新安置、永久性裁员和降低人工成本。

（一）重新安置

重新安置用来解决企业内部局部出现的剩余人员问题。当某些岗位出现人员剩余，而另一些岗位却存在人员短缺现象时，就可以把剩余人员安置到需要人员的岗位上去。不过，重新安置的一个前提是剩余人员必须具有新工作岗位所需的技能和知识，因此，重新安置需要提早计划，培训在先。

（二）永久性裁员

永久性裁员是解决人员过剩的另一种办法。但是，需要注意的是，即使在西方市场经济国家，采取这种方法也是十分谨慎的，因为它不仅涉及员工本人及其家庭的利益，而且也会对整个社会产生影响。只有在企业经营出现严重亏损，生产难以为继，或生产不可能恢复的情况下，才能采取这种办法。在裁员之前，企业应告知员工目前企业的经营状况，困难所在，并尽力为剩余人员寻找新的工作岗位。在企业内部确实无法安置的情况下，方可进行裁员。

（三）降低人工成本

降低人工成本包括暂时解雇、减少工作时间（如增加无薪假期）、工作分担和降低工资等。以上这些措施是西方市场经济国家企业通常采用的办法。这些办法的优点在于，当预测到企业出现人员过剩时，不是简单地将其裁掉，而是留有缓冲余地，让企业和员工共同分担困难。如果员工个人不愿维持工作不充分、低工资的现状，可以另谋高就，这就避免了将其立即推向社会，从而保障了员工的利益。

实际上，在制订人力资源平衡措施的过程中，不可能是单一的供不应求或供过于求，人力资源往往出现结构性失衡。可能是高层次人员供不应求，而低层次人员供过于求。企业应该根据具体情况，对供不应求和供过于求的员工采用相应的调整方法，制订出合理的人力资源规划，使各部门人力资源在数量和结构等方面达到协调平衡。这里有一点需要注意的是，如果企业不是缺乏生气，应以内部调整为主，把某类富余职工调整到需要人员的岗位上。如果企业组织比较僵化，应招聘一些外部员工，给企业带来一些新的生产技术和新的管理措施等，这时应以外部调整为主。

第四章 人力资源规划

人力资源规划是企业人力资源管理与企业战略结合的计划，是以企业发展战略为指导的涵盖人力资源管理各项管理工作的重要环节，在企业人力资源管理乃至整体战略规划中具有举足轻重的作用，对于企业管理人员规划人力资源发展、合理配置人力资源、配合组织高层战略、降低用人成本等来说具有重要意义。本章将系统地介绍人力资源规划的含义、类别、过程、影响、信息系统等方面，以供了解和掌握人力资源规划的理论知识和实践操作。

第一节 人力资源规划概述

从本质上说，人力资源规划是一种针对人力资源的计划过程。它经历了几十年的发展阶段，其含义从一个仅仅针对人员配置需求的狭义过程发展成为一个阐明比较广泛的、与人有关的企业问题的过程。随着知识的不断进步，人力资源规划的种类也在不断地发展完善当中。

一、人力资源规划的含义

20 世纪初，“人力资源规划”的关注点主要是实行计件工资的工人，通过改进工作过程和运用早期工业心理学的方法达到改进工作效率的目的。第二次世界大战后，人们更关心如何获取有能力的管理人员。20 世纪六七十年代，技术进步和企业的快速扩展使人力资源规划转向人才的供需平衡，如在当时的美国，30～40 周岁的男性以及特殊工程与科学技术人才短缺，因此，管理人才、专业技术人才的供需平衡成为规划的重点。这一时期，人力资源规划被定义为管理人员的一种工作：通过制订规划，努力让“适当数量和适当种类的人，在适当的时间和适当的地点，从事使组织与个人双方获得最大的长期利益的工作”。在这个过程中，过去是规划未来的基础，人力资源规划仅仅作为一项战术计划来被制订和执行。80 年代后，人力资源规划被广泛作为大企业和政府组织的一种活动，在内涵上扩大了范围，不再仅限于供需平衡和数量预测，而是扩展为上与战略计划相联系、下与行动方案相结合的更广泛的过程。

90 年代以来，西方发达国家的企业管理者和研究人员发现，在影响组织目标实现的诸多因素中，人力资源是最为重要的。企业在招聘员工时，并不能够招聘到自己所需的员工，有些关键岗位由于长期找不到合适的人选而空缺。哪个企业能在激烈的人才竞争中获胜，就能在市场竞争中占有优势。因此，战略性人力资源管理的研究认为，人力资源规划应当是通过人员管理获得和保持竞争优势机会的计划，是管理人员对正在出现的问题所做出的反应。在以往的理论中，人力资源仅仅被当作实现战略目标的手段，而不是一个简单的组成部分，在决定战略方向时，仅从战略方案推出人力资源计划方案，没有考虑两者相互的作用和影响，从而在很大程度上限制了人力资源可能对企业竞争力做出的贡献。人力资源规划的角色应当不仅仅是在既定的企业目标下的一项战术计划，它还必须充分考虑人力资源环境的影响，并且从人力资源环境的角度影响企业目标的制订。进入21世纪以来，随着经济全球化和跨国公司的发展，不同国家之间文化的碰撞与融合使得人力资源规划中的跨文化因素越来越受到关注，多元文化背景下的跨国公司人力资源规划需要考虑国际环境和文化战略等的影响因素。

综合以上观点，可以认为人力资源规划的含义是：它是预测未来的组织任务和环境对组织的要求，即根据组织任务和环境对组织的要求制订人力资源管理的行动方针的过程。

从这个定义我们可以看出：①人力资源规划应当可以预见未来人力资源管理的需要。组织的外部环境处于不断的变化之中，这将使组织的战略目标也处于不断的变化和调整之中。人力资源规划就是要在未来环境和组织目标可能发生变化的前提下进行预测分析，对组织的需要进行识别和应答。把握环境和战略目标对组织的要求，以确保组织长期、中期和短期的人力资源需求，使组织能够更快地学习并对环境做出反应，从而增强竞争优势。②人力资源规划是以组织的战略目标为基础的，当组织战略目标发生变化时，人力资源规划也随之发生变化。③一个组织需要通过人力资源规划来确定行动方针，制订新的政策、系统和方案来指导人力资源管理的政策和实践，使人力资源管理在变化的条件下保持有效和一致。④人力资源规划是管理循环中的一个过程。规划为组织实施和评价控制提供目标和依据，同时通过反馈进行修正。

二、人力资源规划的特点

（一）动态性

人力资源规划的本质在于对企业人员的需求和供给进行动态的预测和决策。它以组织的战略目标为基础，如果组织的战略目标发生改变，人力资源规划也要随之变化，表现出动态性。对于企业来讲，也就是意味着人力资源规划要能够预测企业长期的人力资源需求和内外部的供给，确保企业在规划期内在重要的岗位上获得所需的合适人员，实现企业的发展战略，同时满足员工个人发展的要求。

面对日新月异的信息和技术革命、复杂多变的市场需求，企业必须适时调整经营理念和管理措施，改变对于人力资源规划的一些旧观念，不能再把人力资源规划理解为简单、静态的信息收集和相关的人力资源政策的设定工作，而应该把人力资源规划看作一个动态的过程经常加以关注。

（二）系统性

作为一种战略规划，人力资源规划所考察的对象是企业中最重要的资源，涉及企业经营的方方面面，是一个紧密联系的复杂系统，具有系统性的特点。为了企业良性运转，必须使企业以人力资源为中心的各项工作处于相互协调的状态中，同时人力资源规划必须与企业的经营战略保持一致，一方面要为企业的整体战略服务，另一方面要与企业各个层次的经营计划相互协调、保持平衡。所以，系统性是人力资源规划的重要特点。从系统论角度看，系统性的特点要求人力资源部门要能够统筹全局，综合分析，提出科学的规划思路，要考虑全方位、整体性，从各个层面、各个维度考察在企业全面管理中的人力资源管理，立足全局，着眼于长远发展，摆脱各种落后观念的束缚，制订出驾驭整体和指导全局的系统性人力资源规划。

（三）超前性

规划的性质本身就决定了它的超前性，人力资源规划也是这样一种超前性规划。它为企业将来的人力资源管理活动指明了方向，提供了指导。企业如果希望取得人力资源管理上的成功，则需要通过人力资源规划来帮助确定其人力资源管理政策、系统和实践。作为超前性规划，人力资源规划需要把握未来，预见趋势，未雨绸缪，超前决策，在外部变化到来之前，预计可能出现的各种情况并做出权变的对策。为了实现超前性规划，人力资源规划者必须依靠团队智慧对未来发展趋势和规律进行科学把握，而不能仅凭个人经验和直觉。尤其对中长期人力资源规划来说，涉及时间较长，可变因素很多，不确定因素更多，而中长期人力资源规划的作用和影响也比短期人力资源规划的作用深远。这就需要人力资源管理者加强超前性战略思考和做好可行性论证，对可能出现的问题、后果和对策进行充分估计。

（四）独特性

不同企业应该根据自身特点制订符合自身发展需求的人力资源规划，也就是要有独特性。具有独特性的人力资源规划要满足各自企业不同发展战略产生的独特需要，尤其要满足企业内不同层次、不同个性员工的需要，要满足员工独特的物质利益和精神需要。面临激烈的市场竞争，每个企业都必须打造符合自身独特优势的人力资源规划和人力资源管理策略，才能应对挑战并实现自己的战略目标，才能在市场竞争中拥有坚实的人力资源基础，强化员工的心理契约，获取和保持长期的竞争优势。

三、人力资源规划的分类

企业人力资源规划的种类繁多，根据不同标准可划分出人力资源规划的不同种类。总体来讲，大致可以从规划的时间、规划的范围和规划的性质上来划分，企业可以根据实际需要灵活选择。

（一）按规划时间分类

从规划的时间上，人力资源规划可分为三种：短期规划一般为6个月至1年；长期规划为3年以上；中期规划介于二者之间。企业人力资源规划的期限长短，主要取决于企业环境的确定性、稳定性，以及对人力资源素质要求的高低。如果经营环境不确定、不稳定，企业对人力资源的素质要求不高，可以随时从劳动力市场补充所需劳动力，则企业就可以制订短期的人力资源规划；反之，企业就必须制订较长期限的人力资源规划。

（二）按规划范围分类

从规划的范围上，企业的人力资源规划可分为企业总体人力资源规划、部门人力资源规划、专项任务或工作的人力资源规划。企业总体人力资源规划是有关计划期内人力资源开发利用的总目标、总政策、实施步骤及总体预算的安排，它与企业的战略直接相关，是实现企业战略目标的人力资源保证；部门人力资源规划为总体人力资源规划的目标的细分规划，为总体人力资源规划在各个部门的分解，是有关部门的人力资源开发利用的目标、政策、实施步骤及部门预算的安排；专项任务或工作的人力资源规划主要包括人员补充计划、人员使用计划、人才接替计划及提升计划、教育培训计划、薪资计划、劳动关系计划等，是总体规划的展开和具体化。

（三）按规划性质分类

从规划的性质上，可分为战略性人力资源规划和战术性人力资源规划。前者具有全局性和长远性，通常是人力资源战略的表现形式；后者一般指具体的、短期的以及具有专门针对性的业务计划。

四、人力资源规划的目标

概括来讲，人力资源规划的主要目标是为企业人力资源的开发与利用提供战略指导。具体而言，人力资源规划所要实现的目标主要有以下四个。

（一）规划企业未来一段时间的人力发展

人力发展包括人力资源供给预测、人力资源增补及人员培训，这三者相互联系、密不可分。人力资源规划一方面对目前企业人力资源现状进行分析，以了解人事动态；另一方面对企业内外未来人力供需做一些预测，以通盘考虑企业人力资源的增加或减少，据此制订人员增补和培训计划。所以，人力资源规划是企业人力资源发展的基础和保障。

（二）合理分配人力资源

相当多的企业存在人力资源分配不合理的现象。例如，一些员工承担过多的工作任务，而另一些员工则工作过于简单和轻松；也有一些员工能力有限，不能胜任目前岗位工作，而另一些员工则感到能力有余，未能充分发挥。人力资源规划可改善人力资源分配不均的状况，进而谋求合理化，以使人力资源配合组织的发展需要。

（三）配合业务和组织发展的需要

业务和组织的发展需要具有不同能力和素质的员工。而且，在业务和组织发展的不同时期，对人力资源数量、能力和素质的要求也不同，而人力资源规划可以协助组织适时、适量及适质地获得所需的各类人力资源。

（四）降低用人成本

人力资源规划可对现有的人力资源数量、质量、层次及结构做一些分析，并找出影响人力资源有效运用的瓶颈，使人力资源效能充分发挥，降低人力资源在成本中所占的比率。

五、人力资源规划的原则

（一）战略性原则

人力资源规划是企业在一定时期内指导和规范人力资源管理工作的纲领性文件。因此，人力资源规划的制订必须始终贯彻企业战略的思想，从战略高度思考和谋划人力资源队伍发展和人力资源管理工作的全局。这就要求人力资源规划要具有长期的稳定性、科学的预见性和较强的适用性，把人力资源规划建立在对人力资源活动发展规律的正确把握和对企业内外环境发展变化的准确判断基础之上，以使得人力资源规划在执行过程中能最大限度地适应环境变化，及时做出调整。

（二）系统性原则

系统性原则要求把人力资源规划工作视为一项系统工程来看待，以企业整体目标的优化为目的，同时理清各子系统之间具有的内在联系，协调整个人力资源规划方案中各个组成部分的相互关系，以保证后续人力资源管理各项工作能够顺利进行。因此，在制订人力资源规划时，应该将每个具体规划的特性放到大系统的整体中去权衡，从整体着眼，从部分着手，统筹协调，达到整体的最优化。

（三）服务性原则

人力资源规划本身是人力资源战略的具体文本化，而人力资源战略又是企业总体发展战略的一部分。因此，人力资源规划不能独立于企业发展战略之外，而是要服从和服务于企业的总体发展要求和总战略，为实现企业既定的目标提供强有力的人力资源保障和支撑。如果说企业发展规划是一级规划，那么人力资源规划就是二级规划。要根据企业战略实施的路径和发展的不同阶段，分别制订出相应的人力资源具体规划和对策措施。

（四）人本性原则

人是管理对象中唯一能动的资源要素，是企业生存和发展的决定性因素。对人管理的成败关乎企业的命运。人本性原则就是要求在人力资源规划的制订和实施过程中，坚持以人为本的理念，在注重企业目标实现的同时，关注员工的全面发展。通过规划加强对员工行为的规范、培训、引导和激励，把个人的成长目标和企业的目标统一起来，实现双赢。一要遵循人力资源个体成长规律、群体配置规律和人力资源市场交换规律。二要尊重员工个性，了解员工需求，调动员工积极性。三要激发员工的创造力，发挥员工的作用，实现其个人价值。四要建立良好的企业文化和民主管理的氛围，凝练共同的价值观，提升员工的认同度，增加员工的归属感，使员工与组织得到共同发展。

（五）动态性原则

面对不断变化的企业内外环境，必须果断放弃陈腐的静态规划观念，将人力资源规划看作一个动态的过程，加以动态性管理。人在不断地成长，企业在不断地发展，因此，人力资源规划也要不断更新观念，不断充实和完善。这就要求人力资源规划的制订要在保证主体稳定的前提下，具有一定的灵活性和可扩展性，只有这样才能不断地促进企业和人的全面进步。

第二节　人力资源规划的内容和过程

一、人力资源规划的主要内容

人力资源规划包括总体规划和各项业务规划两个层次。其中，总体规划包括人力资源管理制度规划与组织评估调整规划，各项业务规划包括配置与补充规划、教育与培训规划、绩效与薪酬激励规划及人员流动控制规划等方面。

（一）人力资源总体规划

（1）人力资源管理制度规划是指企业在计划期内对人力资源管理制度建设的程序、制度化管理的内容进行设计。

（2）组织评估调整规划是指根据企业的经营目标与发展战略，通过人力资源管理子系统，及时对组织的结构、人员配备等进行调整和评估。

（二）人力资源各项业务规划

（1）配置与补充规划的目的是优化人力资源结构，满足企业人力资源的数量和质量要求，改善人员素质结构及绩效，同时合理填补企业在一定时期内可能出现的岗位空缺，避免因岗位空缺而出现断层。

（2）教育与培训规划是指通过拟订培训项目，提高企业员工的素质和技能水平，转变员工的工作态度和作风。

（3）绩效与薪酬激励规划。绩效激励规划的目的是提高员工与组织的绩效，增强组织凝聚力，改善企业文化。薪酬激励规划的目的是确保未来的人工成本不超过合理的支付限度并建立一套具有激励、富有挑战性的薪酬体系，从而调动员工积极性。

（4）人员流动控制规划对于协调员工关系，增进员工沟通，减少投诉和不满有重要作用，同时有利于降低劳务成本，提高工作效率。

（5）人员晋升规划是企业根据组织需要和人员分布状况，来制订员工的提升方案。晋升不仅是员工个人利益的实现，也意味着工作责任和挑战的增加，它会使员工产生一种能动性，使企业组织获得更大的利益。

（6）员工职业生涯规划是对员工在企业内的职业发展做出的系统安排。通过职业生涯规划，能够把员工个人的职业发展和组织需要结合起来，有利于减少核心人才的流失。

（7）劳动组织规划主要是处理劳动纠纷，解决员工矛盾，以建立和谐的员工关系。

（8）劳动卫生与安全生产规划主要是防止劳动安全事故的发生，确保劳动者的健康和安全。

（9）员工援助计划主要是使员工从纷繁复杂的个人问题中解脱出来，减轻压力，维护心理健康。

二、人力资源规划的过程

（一）收集分析信息资料

进行人力资源规划的重要前提就是做好相关资料与信息的收集分析工作。该项工作的好坏直接决定了人力资源规划的结果是否准确。因此。在进行人力资源规划时，必须对信息、资料进行认真地收集、研究。收集到各种信息资料以后，需要进行信息资料的整理、分析工作，以便于企业对其所处环境、当前状况等进行全面了解，做出正确的判断。

（二）人力资源现状分析

在人力资源规划中，一旦收集到人力资源的各种信息，就需要对企业现有的人力资源做出正确的分析和适当的评估，这也是人力资源规划中重要的一步。只有在科学分析人力资源现状的基础上，企业才有可能进行科学的人力资源规划。人力资源现状分析包括分析人力资源总体（或队伍）的基本情况（含规模、素质、结构、与组织职责及岗位要求的匹配性）、人力资源管理的基本情况（含体制、机制、制度和效果及经验总结等）、人力资源竞争力情况，并进行对比分析，找出问题及产生问题的原因。对于已经收集到的大量的人力资源数据，区分哪些是影响人力资源发展的战略因素，哪些则是无碍大局的零散数据，以及如何来判断这些因素之间的关系和它们影响人力资源发展的机制，就是人力资源现状分析任务。在具体的人力资源现状分析中，企业需要对所有重要岗位上的人员进行客观的评估，可以采用人员素质测评等方法。在这项工作结束之后，企业对核心人力资源就有了全面、准确、深刻的理解，对于配置不合理的人员就可以进行调整。

（三）预测人力资源需求

在充分掌握信息资料的基础上，选择有效的预测方法，对企业在未来一段时间内的人力资源需求情况进行预测。在整个规划中，这是非常关键的一部分，也是难度很大的一部分，直接决定了规划的成败。只有准确地预测出需求，才能为采取有效的措施以实现供需平衡奠定基础。

（四）预测人力资源供给

在充分掌握信息资料的基础上，选择有效的预测方法。从企业内部和外部两个方面，对企业在未来一段时间内的人力资源供给情况进行预测。在进行供给预测时，要考虑到不同因素对人力资源供给的影响，做出科学、准确的预测，为确定人员净需求量提供可靠的依据。

（五）确定当前人员需求

根据人力资源需求与供给的预测，针对企业人力资源实际情况，确定企业在未来某一时期内对人员的需求状况，包括对人力资源数量、结构和素质的需求等内容。这样，不但可以测算出某一时期内人员短缺情况，还可以具体了解到某一岗位上人员的情况，从而为制订有关人力资源政策与措施等后续工作奠定基础。

（六）制订人力资源战略规划

根据企业的经营战略与目标，结合对企业实际情况的分析，明确对企业人力资源规划的要求，制订企业人力资源战略规划。

（七）制订人力资源业务规划

在上述步骤的基础上，按照人力资源规划的内容，分别制订相应的配套政策，编制各项业务规划，确定各项具体工作的实施方案。企业人力资源的招聘、培训、激励等职能活动都涉及费用问题。没有良好的费用预算计划，是不可能保证各业务规划的有效实施的。因此，要编制人力资源费用预算计划，形成完整的人力资源规划，制订出具体的人力资源工作方案。

（八）人力资源规划的实施与控制

在制订人力资源规划之后，还要对人力资源规划加以实施和控制，这就是人力资源规划的实施过程。从一定意义上说，人力资源规划的实施要比人力资源规划的制订更加重要。人力资源规划的实施与控制是以人力资源部门为主要推动力的全企业各个业务部门需要共同完成的任务。有些人力资源规划工作主要是由人力资源部门负责落实，如培训规划、招聘规划、外包规划等，其他部门仅需要配合与支持即可；而有些规划的实施与控制的主体是在业务部门，人力资源部门主要是一个推动者与监督实施者，如员工的职业生涯规划、员工激励计划等都是以业务部门为主要实施者的人力资源规划。

（九）人力资源规划的评价与修订

人力资源规划的评价工作是在人力资源规划实施一个阶段之后进行的反馈与纠偏工作。依据评价结果进入下一阶段的人力资源规划，这样就可以使人力资源规划进入一个连续不断的循环过程，使人力资源在这一循环过程中得到持续发展。通过对所制订的人力资源规划进行评价，可以发现人力资源规划是否与企业经营发展战略相符合，人力资源规划实施后可能带来的后果，人力资源规划的投入与人力资源规划的收益相比较是否合适。企业可以根据人力资源规划的评价结果选择适当的规划，具体实施，并在实施过程中进行控制和修正。

三、人力资源规划的功能

（一）企业战略规划的重要组成部分

人力资源规划是企业整体规划和财务预算的有机组成部分，是企业战略规划的核心内容，在人力资源管理中具有统领与协调作用。人力资源规划是关系企业和员工发展的长期的、战略性的计划决策，是人力资源战略指导思想和企业战略发展方向的具体体现，为企业的竞争计划和发展提供了坚实的基础。企业根据战略目标、自身人力资源状况和人力资源市场发展状况制订的人力资源规划，可以帮助企业确定未来工作目标，减少不确定性的威胁，降低企业经营活动的风险，而且可以将资源集中到与组织目标相一致的经营活动中，使目标更容易实现。

（二）实现人力资源管理职能的保证

人力资源规划是人力资源管理各项职能实现的信息基础，可以使企业及时预见未来人力资源的潜在问题，为各种人力资源活动提供准确的信息和依据，从而保证人力资源管理职能在未来变幻莫测的环境下也能有效地运行。例如，对于人力资源的招聘选拔来说，人力资源规划规定了招聘和挑选人力资源的目的、方法和原则；对于人力资源的使用来说，人力资源规划可以改善人力资源分布不均衡状况，控制企业现有结构人员匹配中知识、技能、个性、年龄、性别等方面的种种不合理配置，促进人力资源的合理使用，降低用人成本。可以说，人力资源规划的成败直接关系着人力资源管理工作整体的成败。一个企业如果没有制订一个科学细致的人力资源规划，它在人力资源政策上就有可能出现较严重的问题，人力资源管理职能就得不到充分的实现。

（三）企业管理的重要依据

在企业管理的过程中，如果不事先为各个经营阶段提供所需要的人力资源，企业就有可能出现人力资源短缺或者过剩，企业经营战略和企业生产经营活动就有可能受到影响，甚至导致企业经营战略的失败。人力资源规划为各项企业管理活动所需的人力资源的数量、质量和结构提供了依据，并成为人力资源政策的具体体现和制订依据。企业实际的人力资源发展状况受人力资源管理政策的影响极大，而企业的人力资源管理政策应该依据人力资源规划来制订，否则所制订出的人力资源管理政策不仅满足不了企业发展所需要的人力资源，而且还会使企业其他的管理目标难以实现。

（四）确保企业对人力资源的需求

目前，人力资源已经成为在市场经济条件下决定企业成败的关键因素，企业为了实现自己的经营战略目标，需要在企业实现经营战略目标的每个阶段都拥有与完成企业经营战略目标相适应的人力资源。任何一个希望能够在市场经济条件下获得生存和发展的企业，为了确保能够如期满足企业对人力资源的需求，都必须制订正确、必要的人力资源开发政策和措施，也就必须进行科学的人力资源规划工作。人力资源规划的功能就体现在当企业环境的变化给企业带来人力资源供需的动态变化时，人力资源规划就可以对这些动态变化进行科学的预测和分析，并通过招聘、晋升、调配、培训和补偿等切实可行的措施，以确保企业短期、中期和长期的人力资源需求。

（五）节省人工成本

从发展趋势看，随着人力资源价值的不断被认可和开发，人工成本在总成本中的比重是不断上升的，而人力资源规划通过各种措施可以节省人工成本。例如，对现有的人力资源结构进行诊断分析，找出影响人力资源有效运用的主要矛盾，实现合理利用人力资源，充分发挥人力资源效能，提高企业劳动效率，等等。人工成本中最大的支出是工资，而影响工资总额的主要因素是企业中的人力资源的配置情况。人力资源的配置状况包括企业中的人员在不同职务、不同级别上的数量状况。一般来说，企业如果不做人力资源规划，其未来的人工成本是难以确知的，而且随着企业规模的扩大，人员数量的增加，职务等级水平的上升，以及工资水平的上升，人工成本也会增加，这必然会影响到企业的利润，甚至可能会超过企业的承受能力，影响企业的长期发展。因此，为了企业的长期利益，人力资源规划需要在预测未来发展的条件下，有计划地调整人力资源配置不平衡的状况，寻求人力资源的合理化使用，把人工成本控制在合理的范围内，从而提高企业的劳动效率。

（六）调动员工积极性

优秀的人力资源规划可以极大地调动员工的积极性。人力资源规划通过合理的人员招聘规划、培训规划，可以让员工找到适合自己的岗位，充分发挥自己的潜能，通过晋升和职业生涯规划，员工可以看到自己的发展前景，从而去积极地创造条件努力争取。以人力资源缩减规划为例，也可以看出人力资源规划对于调动员工积极性的作用，因为对于有些被迫或主动离开的员工来说，其表面上看来是因为企业无法提供优厚的待遇或者晋升渠道，但其实这也表明了人力资源规划的空白或不足。因为能提供有竞争力的薪酬和福利来吸引人力资源的企业毕竟是少数的。在目前金融危机的环境下，市场上存在更多的是缺乏资金、步履维艰的中小企业，它们是无法为员工提供高额薪酬回报的。但是仍有些企业能吸引到优秀人力资源并迅速成长，是因为他们充分考虑到了员工需求，着力营造企业与员工共同成长的文化氛围，通过规划企业的美好愿景，让员工对未来充满信心和希望，让员工愿意与企业同甘共苦、共同发展。

第三节　人力资源规划的发展趋势和影响因素

一、人力资源规划发展的趋势

20 世纪 90 年代以来，不管在理论界还是在企业界，人们基本上都认同这样的观点，即人力资源是决定企业竞争优势的重要因素，人力资源的重要性日益提高，这就直接导致了战略性人力资源管理这一新领域的出现，也导致人力资源规划发生了很大变化，出现了许多新的趋势。20 世纪 90 年代以来的人力资源规划已经开始与人力资源战略相联系，并出现如下趋势：

（1）企业正在使人力资源规划更加适合其精简而且较短期的人力资源战略。

（2）人力资源战略与规划更加注意关键环节，以确保人力资源战略与规划的实用性和相关性。

（3）人力资源战略与规划更加注意特殊环节的数据分析，更加明确地限定人力资源战略与规划范围。

（4）企业更加重视将长期人力资源战略与规划中的关键环节转化为行动方

案，以便于对其效果进行测量。

最近几年，在人力资源管理环境的剧烈变化和知识经济时代的大背景下，人力资源规划在企业战略管理中的重要性日益提高。其发展趋势表现出以下几个特点：

（1）人力资源规划的目标从更加关注企业战略目标的实现转向更加关注员工的发展和利益，以期在更大程度上激励员工积极性、增强企业竞争力。在人力资源规划的激励计划、晋升计划、培训计划、职业生涯计划等方面都充分体现了这一规划理念的转变。

（2）人力资源规划越来越趋向短期化。由于人力资源规划所面临的企业内外部经营环境的复杂性、不确定性以及劳动力市场竞争压力的增加，企业生命周期在缩短，短期人力资源规划在人力资源管理活动中的重要性日益上升，企业越来越重视短期人力资源规划。

（3）人力资源规划将越来越趋向扁平化。传统金字塔状的组织结构是与集权管理体制相适应的，而在目前崇尚分权以适应市场竞争的管理体制之下，各层级之间的联系相对减少，各基层组织之间相对独立，扁平化的组织形式能够有效运作。所以，企业组织结构的发展趋势越来越扁平化，与之相应的人力资源扁平化规划也开始成为流行趋势。扁平化规划是现代信息技术的发展，特别是计算机管理信息系统的出现的需要，有助于企业快速适应市场的变化。

（4）人力资源规划将越来越强调跨文化性。企业文化的核心就是培育一种创新向上的、符合企业实际的企业文化。未来的人力资源规划必须充分重视不同文化之间的融合与渗透，保障企业经营的特色，以及企业经营战略的实现和组织行为的约束力。跨国公司需要特别注重人力资源战略规划与企业文化的结合，从战略角度保证员工的归属感。只有这样，才能使企业的人力资源具有延续性，发挥出符合本企业的人力资源特色。

二、影响人力资源规划的关键因素

企业在制订人力资源规划时，不仅要考虑企业自身的发展战略、经营目标与组织结构，同时也要考虑企业经营的外部环境因素。这也是影响和制约企业人力资源规划的关键因素。

（一）人力资源规划的内部关键因素

1. 企业的战略目标

企业的战略目标对于企业的经营管理活动有决定性的影响和导向作用，任何一项管理活动都应当紧紧围绕企业的战略目标展开。人力资源规划作为企业的关键管理行为，要想充分发挥其整合资源、优化配置的作用，就必须结合战略目标来制订。

2. 组织结构

企业的组织结构决定了企业内部各部门间及部门内部对工作任务进行分解、组合和协调的方式。组织结构不同，其各个职能部门的设置、运行和相互关系也会不同。这就直接决定了企业在进行人力资源规划时，它们的人员配置计划和人员需求都会有所差异。与此同时，企业的管理费用也会因为组织结构的不同而不同。

（二）人力资源规划的外部关键因素

1. 劳动力市场

劳动力市场的供给变化会导致劳动力价格的变化，进而直接影响企业的人力资源成本，而且劳动力市场人才的素质也决定了企业对人员的录用结果。因此，企业在制订人力资源规划时，必须考虑劳动力市场的影响。

2. 行业发展状况

当行业发展不景气或发展快速、繁荣时，从事这个行业的企业也会相应缩小或扩大规模，这就要求企业对其之前制订的人力资源规划进行相应调整。

3. 政府政策

如果企业的某种经营管理行为是政府政策所提倡和鼓励的，那么此类经营行为就会进行的比较顺利，它所对应的经营目标也会得到较快的实现。因此，企业会根据政府政策的变化，相对调整自己的战略方向、业务重心和人力资源政策，从而进一步推动其人力资源规划的变动。

第四节　人力资源规划的影响

人力资源决策必须成为更广泛的组织计划架构的一个有机组成部分，而人力资源规划正是架在更广泛的组织计划与具体人力资源活动选择之间的一座桥梁。一般而言，人力资源规划可以在组织的环境层面、组织层面、人力资源部门层面、人力资源数量层面以及具体的人力资源管理活动层面等五个层面上发挥影响作用。

一、环境层面

一个组织的人力资源决策会在不同程度上影响组织在社会上的地位和声望。企业的人力资源管理决策可以直接影响企业的生产安全性、公共关系、劳动法规的执行、就业等情况，进而影响政府对企业的等级评定、社区的态度和看法等战略环境。企业的人力资源决策还可能间接地影响一些财务指标如股票价格、债券评级等。虽然公司的人力资源管理决策对股票价格、债券等级等财务指标的影响要相对弱一些，但在美国，市场分析人员确实对IBM、福特、通用汽车等大公司的降低劳动力成本或改变公司组织结构等人力资源管理方面的决策极为关注，而且有研究表明，证券市场会对公司的人力资源管理决策做出反应。

二、组织层面

人力资源规划在组织层面上的影响主要是，致力于把组织结构、组织文化和管理理念等与企业的战略目标有机结合起来，使它们相互配合，保持一致，以利于组织目标的实现。例如，在一年之内使所有员工接受公司的组织理念和公司文化，使组织的管理层级和组织结构与成本领先战略或差异化战略相互协调，在两年之内开发出三种新产品，在三年之内使公司利润水平增长20%等，这些都属于组织层次的人力资源规划可设定的目标。在组织中，人力资源经理是其他部门的业务伙伴，他们必须考虑公司的盈亏，并与战略制订者相互配合。一般来说，组织是指整个企业，但在大型企业或分权化组织中，人力资源规划的组织层面也可以是一个部门、一个地区、一个利润中心或者一个分公司。

三、人力资源部门层面

这一层面的计划主要是把组织的整体目标转化为人力资源管理部门具体活动的目标。典型的决策包括人力资源管理部门将如何为组织的业务发展服务，人力资源部门将使用多少资源，人力资源部门的重点努力方向，等等。例如，三个月内实施招聘计划，在一年之内进行两次高层管理人员的管理技能培训。人力资源规划在部门层面上的计划有时可以用成本的降低来描述，例如，通过设计相应的政策来鼓励员工提前退休，以降低企业成本。

一般而言，人力资源管理部门层面的计划应当与企业的组织结构、管理理念、企业文化、市场定位及生产方式互相适应。对于那些容易遭遇人才短缺的企业，需要人力资源管理部门在外部招聘和员工保持方面发挥重要作用；对于那些员工过剩的传统制造型企业，需要人力资源管理部门强化公平的内部激励机制，同时保留最有价值的员工；那些强调组织文化的企业则希望人力资源管理部门能够加强与员工的交流，了解并引导员工的需求。

虽然企业的整体目标与人力资源管理部门的工作具有密切的关系，但在有些情况下，即使人力资源管理是成功的，整个企业的目标也可能没有得到很好的实现。因此，我们判断人力资源管理工作是否有效，需要考虑人力资源管理部门的作用和活动安排是否适当，以及人力资源管理部门是否在做有创造价值的工作。

四、人力资源数量层面

一旦制订了人力资源部门层面的计划，接下来的工作就是考虑组织所使用的人力资源的数量及其任用问题。这一层面上的人力资源计划需要考虑三个问题：分析人力资源的需求，分析人力资源的供给和协调人力资源的供需缺口。这一层面的典型决策包括人力资源供给和需求预测、需要弥补的缺口大小等，如半年之内把公司总部的行政人员削减20%，并把他们充实到销售部门。

人力资源计划中的需求分析描述的是企业未来的人力资源需求。在传统的人力资源管理中，这种需求用每一个工作岗位所需要的员工人数来表示。但是，随着工作结构的迅速变化、工作执行单位的团队化以及组织越来越强调员工的能力，这种需求分析已经开始朝着重视员工经验、能力、技能的多样性和劳动力成本水平等方面发生变化。在现代人力资源管理活动中，实际的人力资源需求预测并不是预测未来对员工个人的需要，而是预测未来对员工整体特征的需要，这是由企业面临的经营环境特点决定的。

五、具体的人力资源管理活动层面

这一层面的计划是人力资源管理的行动计划，它应该能够为各种人力资源管理活动的继续、扩展和取消提供非常明确的指导。例如特定人力资源管理活动的相关员工数量、活动的成本、活动的结果、活动的影响范围以及收益或效用等，在年底以前让每一位参加技能培训的员工都通过三级证书等级考试，证明建立工作小组的收益超过其成本的150%等，都属于人力资源管理活动层面上的计划范围。

第五章 人力资源管理与企业文化

企业文化与企业的人力资源管理活动息息相关，企业文化的质量对人力资源开发效果的正面影响是显而易见的。但是，我国企业的人力资源管理活动与企业文化的结合还不够充分，远远不能实现用企业文化最大限度地开发与管理企业内外的人力资源，促进企业的持续发展，所以分析企业人力资源管理活动与企业文化的冲突，对保证企业人力资源的发展得到最大限度满足具有重要的意义。

第一节 企业文化概述

一、企业文化的概念和发展

企业文化是指在一定的社会经济条件下，通过社会实践所形成的，并为全部成员遵循的共同意识、价值观念、职业道德、行为规则和准则的总和，是一个企业或一个组织在自身发展过程中形成的以价值为核心的独特的文化管理模式。企业文化是社会文化与组织管理实践相融合的产物。

19 世纪末到 20 世纪初，西方工业化发展到以大机器和生产流水线为主要生产方式的阶段，企业经营者主要关心的问题是生产效率和投入产出比。在这种条件下，泰勒的科学管理模式和韦伯的“科层制”的应用就导致了一系列理性化的科学管理实践，但是，它们都是基于“理性经济人”的假设，认为人的行为动机就是为了满足自己的私利，工作的目的就是为了得到经济投酬。科学管理理论对企业提高生产效率和当时的工业化进程产生了深远的影响。20 世纪 20 年代到 30 年代，“崔桑实验”使人们注意到组织中的人际关系、非正式群体等因素对组织效益的影响，开始关注包括自我实现在内的人的社会性需要，于是引发了一系列激励理论的出现。这些理论强调人际关系在管理中的重要性，以人的社会性为基础，提出用“社会人”概念来代替“经济人”的假设。20 世纪 50 年代到 60 年代系统论的应用和权变理论的发展导致了西方组织管理在 70 年代出现了“战略热”和“系统热”，即重点由组织内部的管理转向战略管理，强调组织结构和系统的协调与适应能力。20 世纪 80 年代初，随着日本企业的崛起，人们注意到了文化差异对企业管理的影响，进而发现了社会文化与组织管理的融合——企业文化，它是企业发展到一定阶段，企业领导人用其在企业创业阶段形成的价值观和经营理念教育新成员，并在此过程中将员工的价值认同和行为方式整合成统一的价值体系和行为准则，从而形成了独具特色的文化管理模式，以文化的力量推动企业的长期发展。由此可见，企业文化是社会文化与组织管理实践相融合的产物，是西方管理理论在经历了“经济人”“社会人”“自我实现人”与“复杂人”假设之后，对组织的文化价值、经营理念、管现过程与组织长期业绩关系的又一次重新审视。

企业文化这一概念，自 20 世纪 80 年代从日本、美国引入中国以来，已经历了几十多年的吸收、消化、移植、改革和发展阶段，到目前为止，已比较普遍地应用在许多企业，特别是知名大企业。这些大企业依靠企业文化的一系列理念，确立企业目标、宗旨，明确企业的价值观念，培植企业精神，弘扬企业道德、风尚，制订企业行为规范，塑造企业形象，推动着企业的各项事业不断向前发展。许多中小企业也不同程度地引入企业文化的若干内容，在某些方面和不同层面上，积极开展了企业文化活动，并取得了一定的成绩。

二、企业文化的作用与力量

企业文化是企业在长期生产经营活动中自觉形成的，并为广大员工信守的经营宗旨、价值观念和道德行为准则的综合反映。21 世纪是文化管理的时代，是文化致富的时代。因此，企业文化是企业生存发展的灵魂，是企业的核心竞争力所在，也是企业的最重要内存，它决定着企业的兴衰存亡。对一个企业而言，企业文化可以创造生产力、提高竞争力、增强吸引力、形成凝聚力，它事关立企之本、治企之道、兴企之路。《财富》杂志评出的全球 500 强企业均有优秀的文化，这些评委也总结出企业成功的关键是文化。目前，企业文化已成为世界企业管理的潮流，企业文化建设已成为优秀企业家的共识。发展企业文化对于企业发展具有至关重要的作用。

（一）提供思想保证，增强向心力

企业文化是一个企业的灵魂，影响着企业的发展道路和前进方向。符合先进文化前进方向的具有时代特征和本企业特色的现代企业文化，坚持以人为中心，理解人、尊重人、信任人，把人放在企业的主体地位，强调文化认同和群体意识的作用，反对单纯的强创管理，注重在汲取传统文化和先进管理经验的基础上，为企业建立明确的价值体系和行为规范，以此实现企业发展目标和个人发展目标的有机结合，实现企业与社会以及企业内部物质、制度、精神和员工的最佳组合和动态平衡，推动企业健康、快建、协调发展。因此，在坚持企业生产经营这个中心不动摇、大力发展企业生产力的同时，必须努力建立先进的企业文化。相反，我们如果在企业改革发展的过程中不重视先进企业文化的建设，不重视社会主义先进文化的建设，不加强对落后文化的改造和对腐朽文化的抵制，听任保守落后思想侵蚀，听任陈旧腐朽思想泛滥，员工就有可能陷入思想混乱和精神危机之中，企业就不可能获得可持续发展。

21 世纪，中国进入了全面建设小康社会、加快推进社会主义现代化的发展新阶段，改革开放已经进入“深水区”，面临着大量的新情况新问题。在这样的历史条件下，更要充分发挥以社会主义先进文化为土壤的先进企业文化的作用，增强企业员工的向心力。特别是面对世界范围各种思想文化的相互激荡，面对中国加入世界贸易组织后全方位、宽领域、多层次对外开放的新格局，面对国际跨国公司竞争的压力，面对企业之间的竞争和体制障碍等诸多深层次的矛盾问题亟待解决的压力，必须高举先进企业文化的旗帜，建设面向现代化、面向世界、面向未来、具有时代特征和本企业特色的现代企业文化；通过内容和形式上的创新，不断增强企业文化的吸引力、感召力和维系力；通过建设先进企业文化，使企业的先进观念、价值观、进德行为准则强有力地影响和支配员工的思维模式、行为方式和价值判断，成为员工团结奋斗的共同思想基础，为企业现代化建设创造有利的思想精神土壤，加快员工充分认识企业的先进性，认识企业改革发展的巨大成就和光明前途，激发员工爱企业、爱岗位的热情，增强员工对企业的信念、对组织和管理者的信任，坚定员工“强企富工”的决心和信心。

（二）提供精神动力，形成凝聚力

一个企业要生存发展，必须有强大的企业凝聚力和精神动力，按照企业文化的内涵，企业文化包括物质文化、制度文化和精神文化三个层面的内容。其中企业精神是企业文化的灵魂和特质，是富有个性、先进的内容的反映。要推进企业发展和现代化建设，建立现代企业制度，振兴企业，复兴民族，需要凝聚员工的力量共同奋斗。弘扬和培育企业精神与企业凝聚力，为企业现代化建设提供动力，是企业文化建设的重要任务，也是民族文化建设的重要组成部分。因为企业凝聚力是企业文化的精华，是企业文化最本质、最深刻的体现，通过企业文化建设、培育企业精神可以使企业各个层次、各种岗位的员工形成共同的价值观念和思想道德观念，增强企业员工的归属感、认同感，进而用共同理想凝聚人心，用企业目标激励人心，用经营业绩鼓舞人心，用良好氛围稳定人心，从而增强企业的凝聚力，为企业的改革发展提供强大的精神动力。

企业的生存发展需要全体员工具有强烈的向心力，将企业各方面的力量聚集到企业的生产经营目标上去。作为企业文化建设的重要组成部分的企业精神恰好能发挥这方面的凝聚作用。现代企业文化管理方式，其最终目标就是试图寻找一种先进的、具有代表性的共同理想，将全体员工团结在统一的企业旗帜下，最大限度地发挥员工的主观能动性和工作积极性。企业精神的培育是实现企业文化管理方式的重要途径。企业精神渗透于企业生产经营活动的各个方面和各个环节，它能给员工以理想、信念，给员工以激励、荣誉，也给员工以约束、调控，既可以通过明确的意识支配行为，也可以通过潜意识产生行为。其信念化的结果，会大大提高员工主动承担责任和修正个人行为的自觉性，把全体员工紧紧团结在企业的周围，形成万众一心的凝聚力，从而主动地关注企业的前途，维护企业的声誉，爱岗敬业，为企业生存发展贡献自己全部的力量。微软、海尔等国内外知名企业迅速发展的实践也充分证明，体现企业精神的主旋律越鲜明、越先进、越有力，企业的思想就越统一，员工就越团结，经营就越顺利，企业的持续发展就越有保证。在新的历史阶段，要顺利推进企业建立现代企业制度和进行规范化管理，就必须结合新的实践和时代发展的要求，大力建设具有先进企业精神的先进企业文化，把全体员工的意志和力量凝聚起来，把精神和士气振奋起来，形成万众一心的凝聚力。

（三）提供智力支持，开发创造力

当今世界，经济全球化不断加快，科技进步日新月异，科技已成为第一生产力，是经济发展的决定性因素。人才作为科技的创造者、发明者、传播者和使用者，在经济社会发展中的作用越来越突出，成为发展的第一资源。人才资源已成为最重要的战略资源，人才在综合国力和企业核心竞争力的竞争中越来越具有决定性意义。一个企业能否持续发展，能否增强竞争力，在很大程度上取决于企业人才的培养和员工科学文化素质的提高，这是企业长盛不衰的关键所在和持久动力。对中国而言，企业改革发展和现代化建设能否顺利进行，在很大程度上也取决于此。先进企业文化建设能培养企业所需要的各方面人才，提高员工的科学文化素质，开发人的智力资源，使蕴藏在员工中无穷无尽的创造力迸发出来，从而为企业改革发展和现代化建设提供强有力的文化条件、智力支持和人才保证。

企业文化建设为企业改革发展和现代化建设提供智力支持，最重要的表现就是大力开展员工学习教育和科技攻关活动，这是企业文化建设的重要内容，也是一项基础性工程。一方面，企业文化建设把学习教育作为在企业现代化建设中具有先导性和全局性的事情，处在企业优先发展的战略地位，通过学习教育创新，全面推进员工素质教育，以造就高层次管理者、高素质劳动者、各类专门人才和一大批技术创新人才，为企业现代化建设提供强有力的智力支持。另一方面，企业文化建设通过制订企业科学技术发展规划，把企业生产经营和现代化建设同发展和应用先进科学技术紧密结合起来，利用科学技术来改造和提升企业的管理水平和技术水平，提高劳动生产率，改变经济增长的方式，这对加快企业现代化建设起着关键的作用。同时，企业现代化建设高度重视弘扬科学精神，普及科学知识，树立科学观念，运用科学方法，以此提高员工的科学素质和岗位技能，形成热爱学习、崇尚科学、鼓励创新、反对迷信和伪科学的良好氛围，这将大大激发员工的创造热情，激活员工的创造潜能，开发蕴藏在广大员工中无穷无尽的创造力，为企业发展做出贡献。

三、中国企业文化建设中存在的问题

早在20世纪50年代，在中国的一些大型国有企业中，就有自己独具特色的经营理念，如鞍钢宪法、大庆铁人精神等，当时虽未冠之以企业文化的概念，但实际上发挥着企业文化的价值功能和整合功能。后来，随着人们对精神激励作用的客观认识和对物质激励手段的运用，人们迅速从精神控制的过程中觉醒起来，这些“企业文化”也由于未能适应时代的变化而逐渐衰落了。从80年代末到90年代初，随着中国改革开放的进一步深入，在引进外资、引进国外先进技术和管理的过程中，企业文化作为一种管理模式又被引入中国的企业中。一时间，许多企业都提起了企业文化，在全国掀起了企业文化的热潮。有些企业模仿外资企业管理和企业文化的一些形式，如热衷于文艺活动、统一服装、统一标志，有些企业还直接请广告公司做CI形象设计，认为这样就是塑造企业文化。这些固然都是塑造企业文化的一般做法，但是，由于多数企业忽略了在这些形式下面的内涵和基础，就给人一种误导，使人认为企业文化就是企业开展的文化活动或企业形象设计。直到90年代中期，中国的企业文化热潮中逐渐降温，许多在当时企业文化热潮中涌现出来的明星企业也给纷星辰坠落。这是什么原因呢？其实，在此期间，也曾有学者对企业文化建设过程中出现的问题表示过担忧，他们提出了企业文化理论与实践、企业文化建设的误区等问题，但是，这些问题在当时并未能引起足够的重视。多年后的今天，再回过头来冷静地思考时，就不难看出中国企业文化建设过程中走入了以下几个误区。

（一）注重企业文化的形式，忽略企业文化的内涵

在中国企业文化建设过程中最突出的问题就是，盲目追求企业文化的形式，而忽略了企业文化的内涵。根据企业文化权威爱得加·沙因所划分的层次，位于企业文化核心的是基本假设，其次是价值观主张层面，再次是行为规范和行为方式层面，位于最表层的才是企业文化的各种表现方式，包括各种符号、英雄、活动等。由此可见，企业文化活动和企业CI形象设计都是企业文化表层的表现方式。企业文化是将企业在创业和发展过程中的基本价值观灌输给员工，通过教育、整合而形成的一套独特的价值体系，是影响企业适应市场的策略和处理企业内部矛盾冲突的一系列准则和行为方式，其中渗透着创业者个人在社会化过程中形成的对人性的基本假设、价值观和世界观，也凝结了在创业过程中创业者集体形成的经营理念。将这些理念和价值通过各种活动和形式表现出来，才是比较完

整的企业文化，如果只有表层的形式而未表现出内在价值与理念，这样的企业文化是没有意义的、难以持续的，所以不能形成文化推动力，对企业的发展产生不了深远的影响。

（二）企业文化等同于企业精神，使企业文化脱离企业管理

有些企业家认为，企业文化就是要塑造企业精神或企业的宗旨，而与企业管理没有多大关系。这种理解是很片面的。有学者曾经指出，企业文化就是以文化为手段，以管理为目的，这种理解是有一定道理的，因为企业组织和事业性组织都属于实体性组织，它们不同于社会的信念共同体，它们是要依据生产经营状况和一定的业绩来进行评价的，精神因素对企业内部的凝聚力、企业生产效率及企业发展固然有着重要的作用，但这种影响不是单独发挥作用的，它是渗透于企业管理的体制、激励机制、经营策略之中，并协同起作用的。企业的经营理念和企业的价值观是贯穿在企业经营活动和企业管理的每一个环节和整个过程中的，并与企业环境变化相适应，因此不能脱离企业管理。

（三）将企业文化视为传统文化在企业管理中的直接运用

这种观点认为企业文化就是用文化来管理企业，如有些企业家认为应该用儒家学说来管理企业，有些企业家认为应该用老子学说来管理企业。这些学说作为中国文化的思想代表用于指导企业管理和企业经营理念，应该说是具有中国特色的，但问题的关键在于如何用传统文化来把握当代人的心理，来把握迅速变化的市场需求，来调整对中国员工的工作激励，这需要找到适当的切入点，找准其中许多具体的联系。企业文化不是对社会文化的玩赏，而是用文化的氛围和文化价值去管理企业，为企业、为社会创造价值。

四、搞好中国企业文化建设的着力点

综观国外企业文化的发展过程和中国企业文化发展过程中出现的问题，面对21世纪和中国加入WTO情景下的中国企业和中国的经济面临着前所未有的挑战，中国的企业和企业管理也面临着与国际化接轨的严峻课题，既要面临同行业企业间的激烈竞争，又面临着全球化经济和网络时代所带来的挑战。在这样的形势下，企业文化的创新已成为企业创新不可分割的重要组成部分。要发展有中国特色的企业文化，就需要从理论和实践两方面来把握中国企业文化的发展方向，加强企业文化的研究，提出有中国特色的企业文化理论，加强企业文化建设实践中的科学理论指导，只有这样，才能使中国企业文化的发展适应于改革开放的需要，适应于中国的现代化进程。由于在后面阐述如何推进人力资源管理与企业文化的融合时，还要涉及企业文化建设，为避免重复，这里单纯从企业文化的角度阐述搞好中国企业文化建设的着力点。

第一，要加强企业文化研究。从国外企业文化现象的发展到企业文化研究这二十年的迅猛发展来看，他们走的是一条理论与应用研究相结合、定性研究与定量研究相结合的道路。20 世纪 80 年代中期，在对企业文化的概念和结构进行探讨之后，马上转入对企业文化产生作用的内在机制，以及企业文化与企业领导、组织氛围、人力资源、企业环境、企业策略等企业管理过程的关系的研究，进而对企业文化与企业经营业绩的关系进行量化的追踪研究。定量化研究是在企业文化理论研究的基础上，提出用于企业文化测量、诊断和评估的概型，进而开发出一系列量表，对企业文化进行可操作化的、定量化的深入研究。21 世纪中国企业文化的研究应该坚持理论研究与应用研究相结合、定性研究与定量研究相结合的原则，主要侧重于以下三个方面：一是在中国文化背景下，探讨中国企业文化的基础理论，研究企业文化与中国传统文化和当代社会文化的关系，企业文化与企业管理、企业环境、企业发展和企业创新的关系等，提出有中国特色的企业文化理论；二是加强企业文化的应用研究、关于企业文化的测量、诊断、评估和咨询的实证研究，在此过程中，推动企业文化实践的发展；三是加强企业文化的追踪研究，企业文化的塑造不是一次性完成的，它要随着企业的发展和变化而做出及时调整和改变，才能对企业的长期发展产生深远的影响。所以对企业文化进行追踪研究的价值是不可低估的。

第二，要正确处理好企业文化与社会文化的关系。企业文化作为社会文化的一个组成部分，它既是社会文化变迁的缩影，又通过其新技术、新产品所倡导的理念引导市场潮流、引领社会时尚，改变人们的生活方式，改变人们的观念，从而为社会文化的发展注入新的活力，丰富社会文化的内涵。社会文化对企业文化产生影响的途径之一是通过企业家这个载体，将其在长期社会生活中形成的关于人性的基本假设、价值观、人生观和世界观运用于企业发展和企业管理过程中，形成独特的、相对稳定的行为准则、行为规范、企业内部的文化氛围和企业产品的文化品位。这是社会文化渗透于市场经济运作过程的一种重要形式。一种开放、适应性强、鼓励创新的企业文化很明显是多数成功企业不断进取、不断创新的源泉和基础，而这样的企业文化来自企业家对社会发展方向的把握，来源于企业家对传统文化的影响和对当代社会文化变迁过程的深刻理解，来源于企业家在长期的社会生活中所形成的观念和素质。没有这些对社会生活的深厚积累，要塑造一个优秀的企业文化并把握其发展是比较困难的。社会文化对企业文化发展产生影响的另一个途径是对市场和社会环境的渗透。不同的社会文化会影响人们对市场的价值选择和对市场的适应性，社会文化的变化也会引起人们在价值选择和对市场的适应性方面的变化，影响人们对产品的认同程度和心理需求。例如，进入 20 世纪 90 年代以来，中国城镇居民的消费观念由原来的注重产品本身的使用价值转变为在严格对待产品质量的基础上更加关注产品的品牌、售后服务、环保性能和更新换代的前景，产品和服务的个性化、多样化越来越受到人们的普遍欢迎。因此，企业在塑造自己企业文化、确定企业经营理念时，一定要把握社会文化变化的趋势，在产品的目标定位、企业的经营策略、新产品的研究与开发方向上做出相应的调整，使产品、经营和社会文化之间产生协调与相容，在此基础上，企业为社会提供的就不仅仅是一种产品，而且是一种文化。

第三，注重企业环境变化对企业文化发展的影响。21 世纪是快速变化的时代。企业环境包括企业的技术环境、人力资源环境、金融环境、投资环境、市场需求环境等，这是企业发展所依存的客观环境，直接影响着企业的短期效益和生存，力度较大。此外，还有政策、法制、社会评价、公平竞争、社会信誉等主要由人为因素控制的社会发展软环境，对企业文化发展的影响看起来较为隐蔽、较为间接，然而实际上对企业长期的经营业绩和企业的竞争力有着潜在而深刻的影响。这些环境因素在 21 世纪会表现出更加复杂的联系和难以想象的变化，企业要立于不败之地，就要在其发展战略、经营策略和管理模式方面及时做出相应的调整，企业文化的内涵也要反应环境的复杂性和紧迫性所带来的挑战和压力，对企业内部要保持较高的整合度，对外要有较强的适应性。通过对企业主导价值观和经营理念的改革，推动企业发展战略、经营策略的转变，使企业文化成为蕴藏和不断孕育企业创新与企业发展的源泉，从而形成企业文化竞争力。任何一种管理模式都有它适用的条件，都有其利与弊。企业文化作为一种文化管理模式，也是如此。企业文化现象之所以于 20 世纪 80 年代在美国和日本引起重视，这是日美经济社会发展到一定阶段的产物，同时也是与西方社会后工业阶段的现代化进程有着密切的关联，它代表了西方管理理论发展的一个趋势。因为一种管理模式的有效性不可能脱离与之相匹配的生产方式和社会文化的发展，所以，要正确看待国外企业文化形成和发展的社会经济条件，不要简单地肯定或否定某种管理模式的有效性，应将其放置于中国传统文化的变革之中，结合中国的现代化进程，才能把握中国企业文化发展的趋势。

第二节 企业文化和人力资源管理的相互促进

很多企业都把建设特色企业文化作为管理创新的一项重要内容。同样，人力资源的作用也被企业重视，“人力资源是企业的第一资源”“最重要的生产要素”的观念也被企业认同，“以人为本”的思想已成为人力资源管理的基本原则。人力资源管理是企业文化建设的重要内容，二者相辅相成、相互促进。

企业文化是以企业管理哲学和企业精神为核心，是凝聚企业员工的归属感、积极性和创造性的人本管理理论，是企业在长期生产经营活动中，所培育形成的为广大员工所接受的并共同遵循的、具有先进性与个性的价值观和行为规范。同时，它又是受社会文化影响和制约的，以企业规章制度和物质现象为载体的一种经济文化，是企业加快发展的最经济的战略资源。人力资源管理与开发的出发点和落脚点恰恰就是突出人本管理，把人力资源管理开发进一步系统化、层次化，形成新型的管理机制、高品位的文化氛围和协调的分配体系，全面改善人力资本投资战略方向，提升人力资源运行效率。所谓新型的管理机制，就是指企业坚持"任人唯贤"的选才用才理念，坚持"按劳分配，效率优先，兼顾公平"的分配理念，反对"任人唯亲"，反对平均主义，建立起以制度文化为基础的人力资源管理系统平台，积极创建学习型组织和优秀的员工团队，努力把人力资源提升为人才资源，形成有利于促进人才成长、有利于促进人才创新、有利于促进人才工作向企业发展相协调的工作格局。建立一套科学衔接企业文化的人力资源管理开发体系，彻底把传统的刚性管理转向柔性管理，最大限度地激发职工的积极性和创造性，已成为企业加快发展的必然选择。企业文化建设必须服务于企业的人力资源管理和发展大计。企业文化虽然不能直接为企业创造价值，但是，没有良好的企业文化，企业就没有长久的生命力，早晚会被市场淘汰。具有先进理念的企业文化，也必然具备了科学的人力资源管理理念，必定注重"以人为本"。优秀的企业文化是企业管理和发展的软法宝，优秀的企业文化将"以人为本"的理念渗透到员工的思想和行动中，员工自觉地规范自己的行为，自觉地与企业同呼吸、共命运，从而使企业获得一种源源不断的生命力，提高企业凝聚力。企业形成了良好的人力资源管理氛围，员工主动适应创新要求，不再抵触企业改革，而是积极配合企业的改革，有利于人力资源改革及各项制度的顺利执行。

一、企业文化为人力资源管理提供理论依据

在人力资源逐步成为企业战略资源的今天，企业文化理论所构建的人才管理思想体系的重要价值不仅在于阐明了一套人力资源管理的独特文化方式，丰富了人力资源管理的内容，更重要的是为企业人力资源管理提供了理论依据。企业文化希望建立一种相信人、尊重人、理解人，并能充分发挥人的创造性和积极性的"以人为本"的制度，从而用群体的价值观去影响和鼓励企业成员努力工作，形成配合默契的团队。这正是人力资源管理理论的基本要求，也是促进人力资源管理的基本依据。

二、优秀的企业文化有利于吸引和留住人才

天时不如地利，地利不如人和。优秀的企业文化可以创造和谐、融洽的组织

氛围和良好的人际关系，这样的条件，无疑对增加员工积极性、保持和提高员工的积极性都有很大的促进作用。因此应加强管理者与员工的双向交流，让员工了解企业的大事，让管理者了解员工的需要，增加彼此之间的沟通和理解，建立良好的上下级关系。同时管理层应该团结上进，为员工树立良好的榜样。发挥非正式组织的积极作用，增加组织的凝聚力与向心力，让员工感到在本组织中工作是愉快的。

三、优秀的企业文化可以促进企业改革

企业文化应该倡导创新，提倡挑战，使员工树立一种“勇立潮头搏大浪”的闯劲，时刻为企业的发展和改革献计献策，不断促进技术和管理的创新。营造良好的改革企业的内部环境，培养员工适应和欢迎改革的观点，不惧怕改革，不阻挠改革，而是主动参与和支持改革，这样就有利于人力资源改革以及新制度的贯彻和执行；有利于实行竞争上岗，建立能者上、平者让、庸者下的人员流动机制；有利于以绩效为衡量标准的薪酬制度的实行，从而实现内部分配公平，避免优秀人才流失。

四、优秀的企业文化能提高员工的主人翁责任感

优秀的企业文化容易被员工认同和接受，由于大家的认同，员工就会自觉地用企业的价值观和行为准则来规范和要求自己。由于企业文化和人力资源制度的交融，员工用企业文化来规范自己的行为，就是在自觉遵守企业制度，有利于发挥其主人翁责任感，从而更好地为企业的发展贡献力量。

五、人力资源管理为企业文化提供组织保证

企业通过有效的人力资源管理，充分挖掘人的潜力，鼓励成员参与管理，在企业上下形成尊重人、关心人、培养人的良好氛围，使员工把企业看作是生活和事业的依托，对企业忠心耿耿。这样，企业人力资源管理就能发挥非同寻常的潜力，增加企业员工对企业的归属感和对企业文化的认同感，从而为企业文化建设提供组织保证。

六、人力资源管理与企业文化建设的互动发展

企业文化和企业人力资源的互动，一方面是指人力资源管理要着眼于企业文化的形成，将企业价值观念和思维方式的导向作用应用在人力资源开发与管理中；另一方面是企业文化的形成必须与人力资源开发以及管理相结合，才能实现企业文化的功能。不少企业在强化自我完善和超越的过程中，将制度的外在约束

转化为一种内在的自律，而前者就是人力资源管理，后者就是现代企业文化建设，正是在两者的互动中促进了企业的发展。通过人力资源管理与企业文化建设之间的相互关系，从某种程度上看出，人力资源的管理过程也正是塑造和强化一个企业卓越的文化的过程，企业真正的资源是人才，企业发展的灵魂是文化，两者是互动的，只有在互动中才能促进企业发展。

第三节　存在的问题与对策

一、企业文化与人力资源管理融合中存在的问题

目前，我国的大多数企业都面临着一个根据新的形势重新塑造企业文化的问题。在现阶段存在的一个主要问题是，尽管一些企业能够意识到企业文化建设是一种强化职工归属意识、增强职工凝聚力的有效手段，也采取了一些措施，如穿着统一服装、制作企业标志、提出明确口号等做法，但企业文化对企业管理风格以及职工归属意识的影响似乎并不太大。主要表现在以下几个方面。

（一）企业选聘用人标准与价值观念结合不充分

招聘和选拔员工，是企业人力资源管理最重要也是最困难的工作之一，招聘与用人标准是整个人力资源管理工作的基础，但是许多企业在招聘面试过程中，事先准备不充分，对招聘人员本身的素质重视不够，招聘过程缺乏对企业的宣传。他们所津津乐道的是公司的酬金、经济、福利等方面的优惠条件，所看重的仅仅是应聘者的学历、工作经历，而忽视了将企业的价值观念与选聘的标准结合。

（二）企业培训中不能贯彻整个企业文化的内容

企业应将自己的文化贯穿于企业人力资源培训之中，这种培训包括向新员工或现有员工传授其完成本职工作所必需的相关知识、技能、价值观、行为规范的过程。但是大多数企业习惯于将培训视为一项普通的日常事务，其目的是传授从事某项工作所必需的才能，把培训当作单纯的技术工作，他们所做的，只是把选聘来的员工训练为“熟练工”，而不是“观念人”。这种培训往往片面地强调知识、才能，因而出现了“重技能、轻文化”的倾向。员工是企业宝贵的资源，随着企业培训的持续开展，其价值将会不断增加，员工培训，特别是将企业文化、价值观念在培训中潜移默化地传达给员工，虽然不一定会有立竿见影的效果，但只要坚持必定会有回报。它体现在员工素质的不断提高和企业经营业绩的稳步发展之中，凡是具有长远目标的企业都会把企业文化作为一项重要的培训任务融入到人力资源管理活动中去。

（三）企业文化的要求不能融入员工绩效考评中

员工绩效考评是考评者在一定的目的与思想指导下运用科学的技术方法、一定的考评标准，对员工及其相关工作进行事实评判或量值评判的过程。在考评体系内要注入企业价值观念的内容，作为多元考核指标的一部分。其中通过各种行为规范来对企业价值观进行解释，通过直接参与考评，及时获得有关信息，可以及时强化、调节和矫正自己的工作行为，使工作绩效不断得到提高。具体地说，企业文化的考评标准可以使人们明确质量要求与管理要求，知道自己应集中精力干什么，不干什么，什么是企业领导提倡的，什么是管理上不允许的，达到诠释企业价值观的目的。但是，大部分企业在员工绩效考评时，是以业绩指标为主的，即使有些企业也提出“德”的考核，但却对“德”的考核内容缺乏具体的了解，也缺乏一体化的描述，使人力资源绩效考评并没起到塑造“观念人”的作用。

（四）企业文化与企业员工激励机制结合不力

企业文化的形成要与企业员工激励机制结合，只有达到上下理解一致，才能在员工心目中真正形成认同感，产生凝聚力。企业文化不仅是一种氛围，而且要激励一种士气，形成“观念人”崭新的精神面貌。现实中的激励易陷入某种误区，把员工与企业看成是纯粹的雇佣关系，把员工仅仅视为追求物质利益的“经济人”和获取利润的“工具”，片面强调金钱是最佳工作动力，忽视情感激励，激励重才轻德、墨守成规，激励“大锅饭”等。这些误区必然导致公司的人力资源管理陷入一个怪圈，即员工对薪酬与绩效的对应公平性越来越挑剔，企业因此就要在薪酬管理上投入更大的成本和精力，就越会强调对员工的物质激励，一旦企业无法使员工对薪酬管理满意，就容易造成员工流失。企业激励机制要与企业文化结合起来，物质激励、精神激励和工作激励这三个方面要相辅相成，才能使激励发挥最大作用。

出现这些问题的原因是多方面的。

(1) 企业文化的兴起本身就是建立在企业管理实践尤其是企业人力资源管理政策与实践出现重大变革基础之上的，缺乏实践基础的所谓“企业文化”只能算是一种思想或口号，而不是文化。从历史的角度来看，在工业革命以后的相当长一段时期内，社会生产都是以物质和资本为中心展开的，劳动要素则处于一种从属地位，所以，企业对劳动者主要采取严格的纪律、严密的监督和严厉的惩罚来作为激励手段。在这种管理实践之下，企业和劳动者之间的关系必然是劳资对立的，以倡导劳资和谐和培养员工献身精神为基调的企业文化根本就无从谈起。

到了20世纪20年代前后，由于科学技术的发展应用、经济的进步以及周期性经济危机的加剧和工人组织的日益发展壮大，企业越来越明显地意识到，传统的管理方式已经不能有效地管理和控制工人了。在这种情况下，以重视企业中或工作中的人文的人际关系学说产生了。这种学说主张以人道主义的态度对待工人，改善劳动条件技能培训，提高劳动者的工作生活质量，以便更好地保护、开发、利用企业的人力资源。它呼吁企业界重视员工的需要、动机以及个人目标，通过对员工心理和行为的积极影响来提高生产率。显然，这种思想与后来的企业文化理论所倡导的内容是非常相似的。然而，这种学说的贡献却只能体现在管理思想方面，对管理实践却没有起什么作用，今天所谈论的这种企业文化也仍然没有出现。原因是什么呢？管理大师彼得·德鲁克一针见血地指出，造成这种情况的根源在于它没有提出管理实践和管理制度方面的保障措施，所以它永远只能是一种口号。

人际关系学派所倡导的关心企业中的人的思想在二战以后开始在一部分企业中得到贯彻。这一方面要归功于美国经济学家舒尔茨等人在 20 世纪 50 年代后期所提出的“人力资本”理论以及它所导致的人力资源管理这一新概念。另一方面还要归功于行为科学学派在把关心人的思想付诸现实方面所做出的积极努力。人力资本理论第一次揭示了人对经济增长的贡献大于物所起到的作用，从而为人力资源在企业中的重要性找到了现实的经济基础。而行为科学学派（如麦戈雷戈的 X 理论和 Y 理论）则着重研究了如何通过工作设计来满足工作中的人的需要，并开始从个体的人道主义转移到组织的人道主义的研究。在这种情况下，传统的人事管理开始逐渐向现代人力资源管理过渡，即从对劳动者进行严格的监督和严厉惩罚转变到通过一系列积极手段激励劳动者努力工作、从而提高生产效率。于是，各种团体激励计划（如斯坎伦计划和林肯鼓励计划等）、工作范围的扩大和工作本质化、雇员参与管理、鼓励员工对自己的工作绩效做出评价等成为企业人力资源管现实践的重要组成部分。企业人力资源管理政策与实践的这种变革很自然地导致了企业对组织文化的重视和企业文化建设的萌芽。这一方面是因为在人力资源得到越来越多重视的情况下，企业必然会逐渐认识到利用文化来将组织中的人凝聚起来共同努力工作是一种行之有效的做法。另一方面是因为企业文化只有在存在劳资合作基础的情况下才有可能产生，具有劳资合作导向的新型企业管理实践（主要体现在人力资源管理政策与实践上）则使得合作型企业文化产生具备了基本的条件。

综上所述，无论是从企业文化的萌芽来看，还是从企业文化风行世界的原因来看，它都与企业的人力资源管理政策与实践有直接的联系。事实上只要翻阅一下大量的企业文化论述就不难发现，几乎所有的论述都提到了人力资源的显著地位以及企业文化对人力资源管理和人力资源开发所能够起到的积极作用。这也从反面说明了人力资源管理政策与实践才是企业文化赖以发挥作用的基础，离开具体的管理实践，企业文化就只能是一种无关痛痒的口号。

(2) 人力资源管理政策与实践本身决定了企业文化的性质和强度。从经济学的角度来看，企业的各种人力资源管理实践和政策、制度属于企业的正式制度，而企业文化实际上是属于企业的非正式制度。这种非正式制度是建立在正式制度基础之上的，并且是对正式制度的一种反映。所以，日本经济学家青木昌彦把企业文化解释为一种可以用来预测企业的管理行为和雇员行为的模式，他说，“人们可以根据某一公司过去的行为模式，合理地预期该公司未来的经营管理方针和其雇员的合作态度，可以把这种可预期的模式称为‘企业文化’”。

具体来说，由于不同企业所信奉的人力资源管理哲学不同，他们所采取的人力资源管理政策和实践（包括雇佣制度、绩效考核与晋升制度以及工资福利制度等几大方面）也会不一样。而不同的人力资源管理政策和实践则会导致不同的企业文化。如果企业的人力资源管理体系的导向是强调资方特权，要求员工绝对服从，对员工进行严密的监督，并以金钱和物质激励作为主要激励手段的，那么企业文化就必然是以等级服从和资方决策为显著特征的。反之，如果人力资源管理制度是以吸引员工参与管理，创造公平、公正的内部竞争环境为出发点的，那么企业文化往往是以尊重人、调动人的工作积极性和开发人力资源潜能为基调的。正是因为管理学家们深刻地认识到企业文化的特征与企业的人力资源管理政策与实践是紧紧联系在一起的，它不可能脱离企业的正式制度而自发地形成，也不可能在正式制度发生变革之前首先改变企业文化的性质，所以，管理学家们在强调关心员工的企业文化对于实现企业的利润目标以及其他目标的重要性，竭力倡导进行彻底的文化变革的同时，总是念念不忘呼吁企业的管理人员放弃传统的管理方式，进行管理制度的创新。

综上所述，尽管我们不能否认企业文化对企业的人力资源管理或人力资源开发能够产生积极的作用，但我们必须认识到文化并不是一种可以脱离物质条件而独立存在的纯粹精神，企业文化也不仅仅是一种口号或精神鼓励，它是一种以企业的人力资源管理政策和实践为基础，在长期中形成的一种综合性人际关系氛围。企业文化只有与企业的人力资源管理政策与实践结合起来，才能真正发挥出其精神激励作用。只有认识到这一点，才能保证中国国有企业在根据市场经济和现代企业制度的要求对企业文化进行正确的重新定位的基础上，精心塑造和培养出适应时代要求的现代企业文化来。

二、企业人力资源管理和企业文化的融合对策

在企业人力资源管理活动过程中，不同的异质文化在相互接触、运作时会产生撞击、对抗和竞争。因此，企业文化推进实施的重点就在于将企业文化与人力

资源相匹配，促进员工逐渐由自然人、社会人向“观念人”转变，提高工作效率，开发人力资源及制订人力资源的政策和制度。

（一）价值观的变革与创新

企业价值观是以企业为主体的价值观念，是一种企业人格化的产物。但价值观不是一成不变的，原有的企业文化选聘用人标准与形势的需要不相适应，这时需要对原有模式提出质疑，探讨新的人才管理模式，在一定条件下甚至需要完全扬弃旧文化，重新创造新的企业文化。由于价值观念的更新，将其融入人力资源管理中是一个艰难的过程，而且需要很长的时间，要尽量避免完全重建，最好是逐步发展和完善。在人力资源管理中，可以通过员工参与管理、加强信息沟通等方式来加快企业成员观念的转变过程。当然必要时也可以采取强制性措施来推行变革，要求企业员工放弃个人的价值观。价值观的存在是企业共同价值观的挑战，所以从选聘员工开始要求员工确认、继承和重塑企业价值观，并遵循共同的价值观。企业文化对人力资源管理具有导向作用，这主要是指这种企业价值观念和思维方式的导向作用。企业文化与人力资源管理相结合的可能性还在于企业文化的多元性特征。以企业文化特有的价值观念和行为准则为导向的人力资源管理就是把企业文化这两个方面有机融合起来，形成一个更好的企业文化，从而有利于人力资部的有效管理。

（二）重视“观念人”的培育

企业文化是社会亚文化。企业的员工初进企业时，他不是一个抽象的自然人，而是一个社会人，逐步形成有一定意义、信仰、价值的“观念人”。所谓“观念人”，在本能上的确有多种需要，也希望自己的需要不断得到满足，然而，通过培训的人，更需要的是有着自己的信仰和价值观。因为，人的一生就是一个社会化的过程，是从自然人成为社会人、成为一个被某一社会群体所接受和需要的人的过程。

因此在这一过程中，企业人力资源管理面对的是社会化的人，就必须加大企业文化的灌输力度，重视“观念人”的培训，创立以观念人为主角的人力资源管理。以人为本是创立企业文化的核心，人的因素直接影响到企业精神的特质，它对企业文化的整体至关重要，任何文化都离不开人，人即文化的创造者，又是文化的享受者，在创立企业文化时，重视人的因素，如果把企业的目标变成员工的观念和信仰的一部分乃至企业的话，其激励的力量是无穷的。

企业人力资源管理者从招聘阶段就开始以企业文化尤其是企业的价值观念为导向，通过公关活动和广告宣传，让潜在的员工了解企业文化，对招聘来的新员工进行企业文化的培训，对现有员工也定期组织企业文化方面的培训或研讨会，以不断加快对企业已有文化价值观的认同和深化。而且更主要的是它会给企业文化注入新的活力因素，保持企业组织具有不断变革的动力。这是企业文化与社会文化通过人力资源的互动过程。

（三）设定企业文化与绩效考核结合的程度

在员工业绩考评上，将员工是否遵守企业核心价值观作为对员工进行考核的重要标准之一。在员工薪酬系统上，企业应该真正建立起结合新的企业核心价值观和企业原则的薪酬系统。企业的文化、价值观、目标、口号提出来了，那么业绩有没有匹配，是否还是业绩与文化两层皮，如果绩效考核和薪酬系统与企业核心价值观脱钩，这家企业就是一种“大锅饭”的文化，自然不可能有企业文化绩效。绩效和价值观如果紧紧地挂钩，就是一种非常现实的文化。例如，企业文化强调诚信的重要性，那么员工业绩考评就应当考评员工在取得绩效过程中是否遵循了企业的诚信原则。员工的绩效固然重要，应成为员工业绩考评的主要依据，但企业同时也应当了解员工怎样获得绩效，有的员工通过欺骗的手段来增加销售额，虽然业绩不错，但违背了企业的诚信原则，给企业的长期发展带来大于其个人业绩的损失。通过对员工是再遵守公司原则和价值观的考评，可以督促员工用“观念人”的正确方式去获得业绩，从而实现对企业文化的长期把握。

（四）企业文化与激励机制的匹配

以人为本是现代人力资源管理的“黄金法则”，优秀的企业文化就是让员工感到满意，创造一种人人受重视、受尊重的文化氛围。良好的文化氛围往往能产生一种激励机制，使每个成员所做出的贡献都会及时得到其他员工及领导的赞赏和奖励，由此激励员工为实现自我价值和发展而勇于献身、不断进取。

一个企业成功与否，关键是员工创造性的发挥。文化建设和更新、民主意识的增强，客观上促进了员工思想水平的提高与参与意识的增强，这有利于员工把个人利益与组织的社会荣誉、生产经营的好坏联系起来，使员工以主人翁的态度进行工作，而主人翁地位的巩固与实现又呼唤着强烈的权利感和义务感，使组织产生精神振奋、朝气蓬勃、开拓进取的良好风气，激发每一个员工的创造热情，从而形成一种激励环境及激励机制。这种环境和机制胜过任何行政指挥和命令，它可以使组织行政指挥及命令成为一个组织过程，将被动行为转化为自觉行为，化外部动力为内部动力，其力量是无穷的。

（五）加强员工教育培训，强化企业文化灌输，增加员工对企业文化的认同感

现代企业非常注重对员工的培训，培训一般有定时培训、强化培训、集中培训等。要全面加强员工的素质教育，既要提高文化素质，又要促进思想素质，尤其要加强政治思想教育和职业道德教育。广泛开展员工企业道德教育，规范员工行为，是企业文化建设的一项重要工作。要切实把职业道德教育作为提高员工队

伍素质，加强企业文化建设的重要组成部分，要不断探索新的工作规律、新的教育方式、新的活动载体，例如拓展训练、联欢、旅游等，努力使员工培训工作更加生动活泼，丰富多彩，扎实有效。通过培训，为员工提供交流沟通、提高自身素质的平台，让员工了解企业文化的精髓，认识其重要性，培养员工该做什么、不该做什么的习惯，完成个人思想状态向企业精神状态靠拢的过程，增加员工对企业文化的认同感和对企业的归属感与忠诚度，使员工将个人的前途与企业的发展联系在一起，使员工的个人价值得到最充分的体现，从而激发员工的工作热情和积极性。

（六）进一步强化各级管理者在企业文化建设中的示范作用

各级管理者是企业人力资源的一个重要组成部分，上至公司总经理，下至班级长，在企业文化建设中担当着培育者、倡导者、组织者、指导者和示范者的角色。一位集团首席执行官在谈到企业文化建设时说："集团今天有效的企业文化，是在通过公开表彰一批在各个岗位上的优秀人才后逐步形成的。"这从另一侧面强调了管理者在人力资源管理和企业文化建设中的特殊作用。各级管理者在倡导和推行新观念和行为方式时，不能单纯凭自己作为领导者所拥有的法定权和强制权，主要要靠自身的影响力，靠自己所具备的人格力量、知识专长、经营能力、优良作风和领导艺术以及对新的企业文化的身体力行、躬身垂范，去持久地影响和带动员工，使员工看到这种新观念和行为方式能给企业带来发展，给员工个人带来更大的利益。因此，各级管理者的特质、个人魅力、工作风格和经营哲学等均对企业文化建设产生重大影响。

（七）加强人力资源管理制度建设

加快企业的"法制化"进程，规范员工行为，并为企业文化的执行提供依据。企业制度文化是企业文化的重要组成部分，也是企业文化得以贯彻的保证。随着企业规模的扩大，很难再依靠某个领导来进行直接管理，必须建立健全人力资源管理制度，人力资源管理制度的制订取决于企业的人才观和价值观，以便从企业"基本法"的角度来规范员工的行为，这些制度就成为员工的行为准则和企业进行人力资源管理的依据。在市场经济条件下，如果只是从口号上鼓励员工为企业奉献，而缺乏制度保障和物质激励，这种鼓励就会成为一种形式，最终将会被淘汰。因此企业应该强化薪酬考核和激励体系建设严格按照员工的绩效来定其薪酬水平，谁做得多、对企业的贡献大，谁获得的报酬就丰厚，这远比单纯喊口号、贴标语鼓励员工奉献要有效果，也最能激发员工的工作热情，提高员工的工作效率，从而促进企业的提高，促进员工自觉遵守公司企业文化，促使员工的行为与企业的文化导向保持一致。

第六章 绩效管理

第一节 绩效管理概述

一、绩效的概念与层次

随着管理实践的不断拓展和深入，人们对绩效概念的认识也在不断变化。在不同的学科领域、不同的组织以及不同的发展阶段，人们对绩效有不同的理解。但不论是组织还是个人，都应该以系统和发展的眼光来认识和理解绩效的概念。管理大师彼得·德鲁克认为："所有的组织都必须思考'绩效'为何物，这在以前简单明了，现在却不复如是。战略的制订越来越需要对绩效重新定义。"如果不能明确界定绩效，就不能有效地对其进行评价和管理。因此，作为绩效管理的逻辑起点，对绩效的概念进行确切的定义和深入的理解是至关重要的。

对应于英文的"performance"，在中文文献中，除了"绩效"，也有人采用"业绩""实绩""效绩"等相近或相似词汇来表达。但这些概念，或使用领域比较狭窄，或意思表达不够完整，而"绩效"能够更完整、准确地反映"performance"的内涵，同时也为国内的学者和管理者所广泛接受，故本书统一采用"绩效"的概念，并在此基础上讨论绩效管理问题。

一般意义上，绩效指的是工作的效果和效率。组织通常由若干个群体组成，而群体又由员工组成。对应不同层面的工作活动主体，相应地也就产生了不同层面的绩效。简而言之，绩效是组织期望的为实现其目标而展现在不同层面上的能够被组织评价的工作行为及其结果。因此，需要明确的是，绩效是分层次的。按照被衡量行为主体的多样性，绩效可以从组织架构层次角度划分为组织绩效、群体绩效和个人绩效。组织绩效是组织的整体绩效，指的是组织任务在数量、质量及效率等方面的完成情况。群体绩效是组织中以团队或部门为单位的绩效，是群体任务在数量、质量及效率等方面的完成情况。对于员工个人绩效的内涵，学者们提出过各种不同的看法，概括起来主要有三种典型的观点：第一种观点认为绩效是结果；第二种观点认为绩效是行为；第三种观点则认为绩效是行为和结果的统一体。

尽管组织绩效、群体绩效和个人绩效有所差异，但是三者又密切相关。组织绩效、群体绩效是通过个人绩效实现的，离开个人绩效，也就无所谓组织绩效和群体绩效。从绩效评价的角度看，脱离了组织绩效和群体绩效的个人绩效评价是毫无意义的，个人绩效需要通过组织绩效和群体绩效来体现。因此，组织绩效管理的最终落脚点在于对员工个人绩效的管理。

无论是“绩效结果观”还是“绩效行为观”，都有其局限性。如果把绩效作为结果，则会导致行为过程缺乏有效监控和正确引导，不利于团队合作、组织协同及资源的合理配置；如果把绩效作为行为，则容易导致行为短期化，使员工拘泥于具体工作，缺乏长远规划，从而使预期结果难以实现。因此，“绩效结果观”和“绩效行为观”都无法全面、完整、准确地描述绩效的内涵。而在实际的管理实践中，绩效更强调一个工作活动的过程及其结果，也就是说，个人绩效包括了工作行为及其结果。当我们对绩效进行评价时，不仅要考虑投入（行为），也要考虑产出（结果）。更多的学者提出，应当采用更为宽泛的概念来界定个人绩效，将个人绩效定义为“行为与结果的统一”更为恰当。因此，本书将个人绩效定义为个体所表现出的、能够被评价的、与组织及群体目标相关的工作行为及其结果。该定义一方面强调了与组织目标相关的工作活动的结果，突出了结果导向；另一方面体现了个体所表现出的促使结果达成的工作行为及过程。事实上，在管理实践当中的员工个人绩效是那些经过评价的工作行为及其结果，因此这一概念更加符合管理者实际工作的需要。

二、绩效的性质

为了更深入地理解绩效的概念，必须同时理解和掌握绩效的性质。根据绩效的定义，绩效具有多因性、多维性和动态性三个性质，这些性质与绩效的概念、绩效评价以及绩效管理过程是密切相关的。

（一）多因性

绩效的多因性是指绩效的优劣并不由单一因素决定，而是受组织内外部因素共同作用的影响。影响绩效的外部因素主要包括社会环境、经济环境、国家法规政策以及同行业其他组织的发展情况等；内部因素主要包括组织战略、组织文化、组织架构、技术水平以及管理者领导风格等。但并不是所有影响因素的作用都是一致的，在不同情景下，各种因素对绩效的影响作用各不相同。在分析绩效差距时，只有充分研究各种可能的影响因素，才能够抓住影响绩效的关键因素，从而对症下药，更有效地对绩效进行管理，促进绩效水平的持续改进。

（二）多维性

绩效的多维性指的是评价主体需要多维度、多角度地去分析和评价绩效。对于组织绩效，布雷德拉普（Bredrup）认为组织绩效应当包括三个方面，即有效性、效率和变革性。有效性指达成预期目的的程度；效率指组织使用资源的投入产出状况；而变革性则指组织应付将来变革的准备程度。这三个方面相互结合，最终决定一个组织的竞争力。对于员工个人绩效，在对其进行评价时，通常需要综合考虑员工的工作结果和工作态度两个方面。对于工作结果，可以通过对工作完成的数量、质量、效率以及成本等指标进行评价。对于工作态度，可以通过全局意识、纪律意识、服从意识以及协作精神等评价指标来衡量。根据评价结果的不同用途，可以选择不同的评价维度和评价指标，并根据期望目标与实际值之间的绩效差距设定具体的目标值和相应的权重。

（三）动态性

绩效的第三个特征是动态性，员工的绩效会随着时间的推移发生变化，原来较差的绩效有可能好转，而原来较好的绩效也可能变差。因此，在确定绩效评价和绩效管理的周期时，应充分考虑到绩效的动态性特征，具体情况具体分析，从而确定恰当的绩效周期，保证组织能够根据评价的目的，及时、充分地掌握组织不同层面的绩效情况，减少不必要的管理成本。此外，在不同的环境下，组织对绩效不同内容的关注程度也是不同的，有时侧重于效率，有时侧重于效果，有时则兼顾多个方面。无论是组织还是个人，都必须以系统和发展的眼光来认识和理解绩效。

三、影响绩效的主要因素与绩效诊断

（一）影响绩效的主要因素

绩效具有多因性，影响绩效的因素是多方面的。影响绩效的主要因素，可以概括为以下四类。

1. 技能

技能（Skill）指的是员工的工作技巧和能力水平。一般来说，影响员工技能的主要因素有天赋、智力、经历、教育、培训等。因此，员工的技能不是一成不变的，组织可以通过各种方式来提高员工的整体技能水平。一方面，可以通过招聘录用阶段的科学甄选；另一方面，可以为员工提供满足其工作所需的个性化培训或通过员工自身主动地学习来提高其工作技能。同时，员工技能的提高可以加速组织技术水平的提升，从而对组织绩效产生积极的影响。

2. 激励

激励（Motivation）作为影响绩效的因素，是通过提高员工的工作积极性来发挥作用的。为了使激励手段能够真正发挥作用，组织应根据员工个人的需求结构、个性等因素，选择适当的激励手段和方式。

3. 环境

影响工作绩效的环境（Environment）因素可以分为组织内部的环境因素和

组织外部的环境因素两类。组织内部的环境因素一般包括劳动场所的布局和物理条件，工作设计的质量及工作任务的性质，工具、设备以及原材料的供应，公司的组织结构和政策、工资福利水平、培训机会、企业文化和组织气氛等。组织外部的环境因素包括社会政治经济状况、市场的竞争强度等。不论是组织内部的环境因素还是组织外部的环境因素，都会通过影响员工的工作行为和工作态度来影响员工的绩效。

4. 机会

与前面三种影响因素相比，机会（Opportunity）是一种偶然性因素。机会能够促进组织的创新和变革，给予员工学习、成长和发展的有利环境。在特定的情况下，员工如果能够得到机会去完成特定的工作任务，可能会使其达到在原有职位上无法实现的工作绩效。在机会的促使下，组织可以拓展新的发展领域，加速组织绩效的提升，因此，无论是对于组织还是个人，机会对绩效的影响都是至关重要的。

（二）绩效诊断

所谓绩效诊断，是指管理者通过绩效评价，判断组织不同层面的绩效水平，识别低绩效的征兆，探寻导致低绩效的原因，找出可能妨碍评价对象实现绩效目标的问题所在。对低绩效员工可以从以下三个角度进行绩效诊断：一是员工个人的因素，包括知识、技能和态度等，具体可能表现为从事工作所需要的知识和技能不足，缺乏工作动机，工作积极性不高等；二是管理者的因素，比如指令不清楚，目标不明确，缺乏必要的指导等；三是环境因素，比如战略不清晰，流程不顺畅，文化冲突等。绩效诊断对于组织而言非常重要，可及时发现问题并采取相应措施，在改进员工个人绩效的同时，促进群体和组织绩效水平的提高，从而持续提高整个组织的人力资源素质、增强组织的核心竞争力。因此，绩效诊断对于组织中的各级管理者来说，既是必备的技能，更是应负的责任。

四、绩效管理概述

（一）绩效管理的含义

绩效管理（Performance Management）就是指制订员工的绩效目标并收集与绩效有关的信息，定期对员工的绩效目标完成情况做出评价和反馈，以确保员工的工作活动和工作产出与组织保持一致，进而保证组织目标完成的管理手段与过程。

在现实中，人们对于绩效管理存在着许多片面的甚至错误的看法。要想完整、准确地理解绩效管理的含义，需要很好地把握绩效管理各方面的内容。

（二）绩效管理的内容

对于绩效管理，人们往往把它等同于绩效考核，认为绩效管理就是绩效考核，两者并没有什么区别。其实，绩效考核只是绩效管理的一个组成部分，最多只是一个核心的组成部分而已，代表不了绩效管理的全部内容。完整意义上的绩效管理是由绩效计划、绩效跟进、绩效考核和绩效反馈四个部分组成的一个系统。

1. 绩效计划

绩效计划（Performance Planning）是整个绩效管理系统的起点，它是指在绩效周期开始时，由上级和员工一起就员工在绩效考核期内的绩效目标、绩效过程和手段等进行讨论并达成一致。当然，绩效计划并不是只在绩效周期开始时才会进行的，实际上它会随着绩效周期的推进而不断做出相应的修改。

2. 绩效跟进

绩效跟进（Performance Monitoring）是指在整个绩效期间，通过上级和员工之间的持续沟通来预防或解决员工实现绩效时可能发生的各种问题的过程。

3. 绩效考核

绩效考核（Performance Appraisal）是指确定一定的考核主体，借助一定的考核方法，对员工的工作绩效做出评价。

4. 绩效反馈

绩效反馈（Performance Feed）是指绩效周期结束时在上级和员工之间进行绩效考核面谈，由上级将考核结果告诉员工，指出员工在工作中存在的不足，并和员工一起制订绩效改进的计划。绩效反馈的过程在很大程度上决定了组织实现绩效管理目的的程度。

（三）绩效管理的目的

绩效管理的目的主要体现在三个方面：战略、管理与开发。绩效管理能够把员工的努力与组织的战略目标联系在一起，通过提高员工的个人绩效来提高企业整体绩效，从而实现组织战略目标，这是绩效管理的战略目的；通过绩效管理，可以对员工的行为和绩效进行评估，以便适时给予相应的奖惩以激励员工，其评价的结果是企业实行薪酬管理、做出晋升决策以及保留或解雇员工的决定等重要人力资源管理决策的重要依据，这是绩效管理的管理目的；在实施绩效管理的过程中，可以发现员工存在的不足，在此基础上有针对性地进行改进和培训，从而不断提高员工的素质，达到提高绩效的目的，这是绩效管理的开发目的。

（四）绩效管理的作用

关于绩效管理的作用，在大多数人的概念中就是进行奖金的分配。不可否认，这是绩效管理的一个重要作用，但绝不是唯一的作用。绩效管理是整个人力资源管理系统的核心，绩效考核的结果可以在人力资源管理的其他各项职能中得到运用。不仅如此，绩效管理还是企业管理的一个重要工具。

五、绩效管理的意义

作为人力资源管理的一项核心职能，绩效管理具有非常重要的意义，这主要表现在以下几个方面。

（一）绩效管理有助于提升企业绩效

企业绩效是以员工个人绩效为基础而形成的，有效的绩效管理系统可以改善员工的工作绩效，进而有助于提高企业的整体绩效。目前在西方发达国家，很多企业纷纷强化员工绩效管理，把它作为增强公司竞争力的重要途径。

（二）绩效管理有助于保证员工行为和企业目标的一致

企业绩效的实现有赖于员工的努力工作，人们对此早已形成共识，但是近年来的研究表明，两者的关系并不像人们想象中那么简单，而是非常复杂的。

在努力程度和公司绩效之间有一个关键的中间变量，即努力方向与企业目标的一致性。如果员工的努力程度比较高，但是方向却与企业的目标相反，则不仅不会增进企业的绩效，相反还会产生负面作用。

保证员工行为与企业目标一致的一个重要途径就是绩效管理。由于绩效考核指标对员工的行为具有导向作用，因此通过设定与企业目标一致的考核指标，就可以将员工的行为引导到企业目标上来。例如，企业的目标是提高产品质量，如果设定的考核指标只有数量而没有质量，员工就会忽视质量，从而影响到企业目标的实现。

（三）绩效管理有助于提高员工的满意度

提高员工的满意度对于企业来说具有重要意义，而满意度是与员工需要的满足程度联系在一起的。在基本的生活得到保障以后，按照马斯洛的需要层次理论，每个员工都会有尊重需要和自我实现的需要，绩效管理则从两个方面满足了这种需要，从而有助于提高员工的满意度。首先，通过有效的绩效管理，员工的工作绩效能够不断地得到改善，这可以提高他们的成就感，从而满足员工自我实现的需要；其次，通过完善的绩效管理，员工不仅可以参与管理过程，而且可以得到绩效的反馈信息，这能够使他们感到自己在企业中受到重视，从而满足了员工受尊重需要。

（四）绩效管理有助于实现人力资源管理的其他决策的科学、合理

绩效管理可以为人力资源管理的其他职能活动提供准确、可靠的信息，从而提高其他决策的科学性和合理性。

六、绩效管理与人力资源管理其他职能的关系

绩效管理在企业的人力资源管理系统中占据着核心位置，发挥着重要的作用，并与人力资源管理的其他职能活动存在着密切关系。

（一）与职位分析的关系

职位分析是绩效管理的基础。在绩效管理中，对员工进行绩效考核的主要依据就是事先设定的绩效目标，而绩效目标的内容在很大程度上来自通过职位分析所形成的职位说明书。借助职位说明书来设定员工的绩效目标，可以使绩效管理工作更有针对性。

（二）与人力资源规划的关系

绩效管理对人力资源规划的影响主要表现在人力资源质量的预测方面，借助绩效管理系统，能够对员工目前的知识和技能水平做出准确的评价，为人力资源供给质量和人力资源需求质量的预测提供有效的信息。

（三）与招聘录用的关系

绩效管理与招聘录用的关系是双向的。首先，通过对员工的绩效的评价，能够比较不同的招聘渠道的质量，从而实现对招聘渠道的优化。其次，对员工绩效的评价是检测甄选录用系统效度的一个有效手段。最后，招聘录用也会对绩效管理产生影响，如果招聘录用的质量比较高，员工在实际工作中就会表现出良好的绩效，这样就可以大大减轻绩效管理的负担。

（四）与培训开发的关系

绩效管理与培训开发也是相互影响的。通过对员工的绩效做出评价，可以发现培训的“压力点”，在对“压力点”做出分析之后就可以确定培训的需求；同时，培训开发也是改进员工绩效的一个重要手段，有助于实现绩效管理的目标。

（五）与薪酬管理的关系

绩效管理与薪酬管理的关系是最直接的，按照赫茨伯格的双因素理论，如果将员工的薪酬与绩效挂钩，使薪酬成为工作绩效的一种反映，就可以将薪酬从保健因素转变为激励因素，从而使薪酬发挥更大的激励作用。此外，按照公平理论的解释，支付给员工的薪酬应当具有公平性，这样才可以更好地调动他们的积极性，为此就要对员工的绩效做出准确的评价，一方面，使他们的付出能够得到相应的回报，实现薪酬的自我公平；另一方面，也使绩效不同的员工得到不同的报酬，实现薪酬的内部公平。

（六）与人员调配的关系

企业进行人员调配的目的就是实现员工与职位的相互匹配。通过对员工进行绩效考核，可以确定员工是否胜任现有的职位，也可以发现员工适宜从事哪些职位。

第二节　绩效计划

一、绩效计划概述

（一）绩效计划的定义

绩效计划是整个绩效管理过程的开始，这一阶段的主要任务是制订绩效计划，也就是说要通过上级和员工的共同讨论，确定员工的绩效考核目标和绩效考核周期。对绩效计划的定义，可以做以下理解：第一，绩效计划是对整个绩效管理过程的指导和规划，是一种前瞻性的思考。第二，绩效计划包含以下三部分内容：员工在考核周期内的绩效目标体系（包括绩效目标、指标和标准）、绩效考核周期；为实现最终目标，员工在绩效考核周期内应从事的工作和采取的措施；对绩效跟进、绩效考核和绩效反馈阶段的工作做一个规划和指导。第三，绩效计划必须由员工和管理者双方共同参与，绩效计划上有关员工绩效考核的事项，如绩效目标等，需经双方共同确认。第四，既然是前瞻性思考，就有可能出现无法预料的事情，所以绩效计划应该随着外界环境和企业战略的变化而随时进行调整，不能墨守成规。

（二）绩效计划的作用

绩效计划对于整个绩效管理工作的成功与否甚至组织的发展都具有重要影响，主要体现在以下几个方面：制订行动计划，指导整个绩效管理环节的有效实施；增强后续工作的计划性，有效降低浪费和冗余；设定考核指标和标准，有利于组织对员工工作的监控和指导，同时也为考核工作提供了衡量指标和标准，使考核得以公正、客观、科学，容易获得员工的接受；员工参与计划的制订，增强员工的参与感和受重视感，同时也提高了员工对绩效目标的承诺；绩效计划是将组织战略目标和员工的考核指标相结合的重要环节，只有经过这一环节，才能使绩效考核和绩效管理上升到组织战略的高度，有助于组织战略目标的实现。

二、绩效计划的主要内容

绩效计划的主要内容有绩效考核目标体系的构建、绩效考核周期的确定和对绩效管理其他三个环节工作的初步规划。这里仅就绩效考核目标体系的构建和绩效考核周期的确定两部分内容进行阐述。本章所讲的绩效考核目标体系也就是绩效指标体系。

（一）绩效考核目标

绩效考核目标也叫绩效目标，是对员工在绩效考核期间工作任务和工作要求所做的界定。这是对员工进行绩效考核时的参照系。绩效目标由绩效内容和绩效标准组成。

1. 绩效内容

绩效内容界定了员工的工作任务，也就是说员工在绩效考核期间应当做什么事情，它包括绩效项目和绩效指标两个部分。

绩效项目是指绩效的维度，也就是说要从哪些方面来对员工的绩效进行考核。按照前面所讲的绩效的含义，绩效的维度，即绩效考核项目有三个：工作业绩、工作能力和工作态度。

绩效指标（Performance Index）是指绩效项目的具体内容，它可以理解为对绩效项目的分解和细化，例如对于某一职位，工作能力这一考核项目就可以细化为分析判断能力、沟通协调能力、组织指挥能力、开拓创新能力、公共关系能力以及决策行动能力这六项具体指标。

对于工作业绩，设定指标时一般要从数量、质量、成本和时间四个方面进行考虑；对于工作能力和工作态度，则要具体情况具体对待，根据各个职位不同的工作内容来设定不同的指标。绩效指标的确定，有助于保证绩效考核的客观性。确定绩效指标时，应当注意以下几个问题。

（1）内涵明确、清晰。应对每一个绩效评价指标规定明确的含义，以避免不同的评价者对评价指标的内容产生不同的理解，从而减少评价误差的产生。绩效评价指标的表达应明确、清晰，用于定义评价指标的名词应准确、没有歧义，使评价者能够轻松地理解它的含义，不会有模棱两可的感觉。

（2）具有独立性。各个评价指标尽管有相互作用或相互影响、相互交叉的内容，但一定要有独立的内容，有独立的含义和界定。

（3）具有针对性。评价指标应针对某个特定的绩效目标，并反映相应的绩效标准。因此，应根据岗位职能所要求的各项工作内容及相应的绩效目标和标准来设定每一个绩效评价指标。

（4）易于衡量。评价绩效指标应当有利于以最有效的方式来提供关于绩效的必要信息。设计绩效指标时应当将成本、准确性和所需数据的可获得性等问题考虑在内。

2. 绩效标准

设定了绩效指标之后，就要确定绩效指标达成的标准。绩效标准（Performance Standard）是对员工工作要求的进一步明确，即对员工绩效内容做出明确的界定：员工应当怎样来做或者做到什么程度。

确定绩效标准时，应当注意以下几个问题。

（1）绩效标准应当明确。按照目标激励理论的解释，目标越明确，对员工的激励效果就越好，因此在确定绩效标准时应当具体清楚，不能含糊不清，这就要求尽可能地使用可量化的标准。

（2）绩效标准应当适度。制订的标准要具有一定的难度，但员工经过努力可以实现，通俗地讲就是“跳一跳可以摘到桃子”。这同样源自目标激励理论的解释，目标太容易或者太难，对员工的激励效果都会大大降低，因此绩效标准应当在员工可以实现的范围内确定。

（3）绩效标准应当可变。这包括两层含义。一是指对于同一个员工来说，在不同的绩效周期，随着外部环境的变化，绩效标准有可能也要变化，例如对于空调销售员来说，由于销售有淡季和旺季之分，因此淡季的绩效标准就应当低于旺季。二是指对于不同的员工来说，即使在同样的绩效周期，由于工作环境不同，绩效标准也有可能不同。仍以空调销售员为例，有两个销售员，一个在昆明工作，一个在广州工作，由于气候原因，昆明的人们对空调基本上没有需求，而广州的需求则比较大，因此这两个销售员的绩效标准就应当不同，在广州工作的销售员，绩效标准就应当高于在昆明工作的销售员。

3. 绩效目标的SMART原则

对于绩效目标的设计要求，一般可以概括为以下五个原则，简称“SMART原则”。

第一，目标明确具体原则（Specific）。绩效目标必须是具体的，以保证其明确的牵引性。由于每位员工的具体情况不同，绩效目标要明确地、具体地体现出管理者对每一位员工的绩效要求。

第二，目标可衡量原则（Measurable）。绩效目标必须是可衡量的，必须有明确的衡量指标。所谓衡量，就是指员工的实际绩效表现与绩效目标之间可以进行比较。

第三，目标可达成原则（Attainable）。绩效目标必须是可以达到的，不能因指标无法达成而使员工产生挫折感，但这并不否定其应具有挑战性。

第四，目标相关原则（Relevant）。绩效目标必须是相关的，它必须与公司的战略目标、部门的任务及职位职责相联系。

第五，目标时间原则（Time-based）。绩效目标必须是以时间为基础的，即必须有明确的时间要求。

（二）绩效考核周期

绩效考核周期也叫绩效考核期限，是指多长时间对员工进行一次绩效考核。由于绩效考核需要耗费一定的人力、物力，因此考核周期过短会增加企业的管理成本；但是，绩效考核周期过长又会降低绩效考核的准确性，不利于员工工作绩效的改进，从而影响到绩效管理的效果。因此，在准备阶段，还应当确定恰当的绩效考核周期。

在确定绩效考核周期时，要考虑以下几个因素。

1. 职位的性质

不同的职位，工作的内容是不同的，因此绩效考核的周期也应当不同。一般来说，职位的工作绩效比较容易考核，考核周期相对要短一些，如工人的考核周期相对就应当比管理人员的短。其次，职位的工作绩效对企业整体绩效的影响比较大的，考核周期相对要短一些，这样有助于及时发现问题并进行改进，如销售职位的绩效考核周期相对就应当比后勤职位的短。

2. 指标的性质

不同的绩效指标，其性质是不同的，考核的周期也应当不同。一般来说，性质稳定的指标，考核周期相对要长一些；相反，考核周期相对就要短一些。例如，员工的工作能力比工作态度相对稳定一些，因此能力指标的考核周期相对比态度指标就要长一些。

3. 标准的性质

在确定考核周期时，还应当考虑绩效标准的性质，就是说考核周期的时间应当保证员工经过努力能够实现这些标准，这一点其实是与绩效标准的适度性联系在一起的。例如，“销售额为50万元”这一标准，按照经验需要2周左右的时间才能完成，如果将考核周期定为1周，员工根本就无法完成，如果定为4周，又非常容易实现，在后两种情况下，对员工的绩效进行考核都是没有意义的。

三、绩效计划的工具

自20世纪50年代以来，绩效管理逐渐发展成为人力资源管理理论研究的重点，学者们先后研究提出了目标管理、关键绩效指标（Key Performance Indicator KPI）、平衡计分卡（Balance Score Card BSC）等工具。而其中以KPI和BSC为基础构建的绩效考核指标体系，一方面能够很好地将组织的战略目标和具体考核指标相互结合，另一方面也具有较强的可操作性，在广大企业的实践中获得了大家的认可，成为越来越受欢迎的绩效计划工具。

（一）关键绩效指标

随着管理实践的不断发展和成熟，绩效管理也逐渐上升到战略高度，强调对企业战略规划的承接。管理学界探索各种评估方法，将结果导向和行为导向的评估方法的优点相结合，强调工作行为和目标达成并重。在这种背景下，关键绩效指标应运而生。

1. 关键绩效指标的基本内涵

关键绩效指标是衡量企业战略实施效果的系统性关键指标，它是战略目标通过层层分解产生的具有可操作性的指标体系。其目的是建立一种机制，将企业战略转化为内部过程和活动，不断增强企业的核心竞争力，使企业能够得到持续发展。可从以下几个方面深入理解其具体含义。

（1）关键绩效指标是衡量企业战略实施效果的关键的指标体系。这包含三个层面的含义：首先，关键绩效指标的功能是用来衡量企业战略实施效果，是战略导向的；其次，关键绩效指标强调关键，即最能有效影响企业价值创造的关键驱动因素，是对企业成功具有重要影响的方面；最后，关键绩效指标是一套指标体系，体系里面包含了所有对企业成功具有重要影响的衡量指标。

（2）关键绩效指标体现的是对组织战略目标有增值作用的绩效指标。关键绩效指标是连接个人绩效和企业战略目标的桥梁，可以引导员工真正做出有利于组织战略目标实现的行为。

（3）关键绩效指标是用于评价和管理员工绩效的可量化的和可行为化的标准体系。关键绩效指标体系是用来对员工的工作行为和工作结果进行衡量的，指标必须是可以量化或可行为化的，否则便无法用来衡量和考核。

2. 基于关键绩效指标的绩效指标体系设计

关键绩效指标体系作为一种系统化的绩效指标体系，包括三个层面的指标：企业级关键绩效指标、部门级关键绩效指标和个人级关键绩效指标。这三个层面，由上至下，由宏观到微观，层层传递；由下至上，由微观到宏观，层层支撑，形成一个相互联系的系统。

（1）企业级关键绩效指标体系的确定。关键绩效指标的建立是一项专业的工作，一般需要聘请外部专家进行指导。通过关键成功分析法选择KPI，有以下四个步骤。

第一步，专家与企业高层领导一起明确企业未来的发展方向和战略目标。基于企业的战略目标，借助鱼骨图法或头脑风暴法分析企业获得成功的关键业务重点，这些业务领域就是公司的关键结果领域（Key Result Areas），以此确定KPI维度。这一步通常需要思考几个问题：企业的成功靠什么？企业未来追求的目标什么？某企业的关键结果领域是什么？

第二步，进一步分解，把关键结果领域层层分解为关键绩效要素（Key Performance Factors），即确定KPI要素。关键绩效要素是对关键结果领域的细化和描述，主要回答以下几个问题：每个关键成功领域包括哪几个方面的内容？如何保证在该领域获得成功？达成该领域成功的关键措施和手段是什么？达成该领域成功的标准是什么？

第三步，为了便于对这些要素进行量化考核，再将这些要素细分为各项指标，即关键绩效指标。但是针对每一要素，都可能有很多指标可以反映其特性，所以要对这些指标进行筛选，选择最终的KPI。确定关键绩效指标时应遵循SMART原则。

第四步，对每项最终选择的关键绩效指标设置评价标准，即各个指标应该达到什么样的水平。综合以上各种因素，得出企业级关键绩效指标汇总表。至此，一个完善的企业级关键指标体系才算完成。

需要注意的是，企业级关键绩效指标体系的确定不是一蹴而就的，需要经过试运行，然后收集相关人员的意见，对初步建立的指标体系进行补充、修改、完善，最后确立稳定可行的关键绩效指标体系。另外，指标体系应该与组织的战略目标保持一致，而组织的战略会随着内外环境的变化而变化，所以指标体系也不是一成不变的，应该随着战略的变化而进行调整。

(2) 部门级关键绩效指标的确定。得出企业级关键绩效指标以后，部门管理人员应该在专家的指导下，将企业级关键绩效指标分配或分解到相应的部门，形成部门级关键绩效指标。具体做法是，确认企业级关键绩效指标是否可以直接由部门承担，对于可以承担的，就可以直接过渡为部门级关键绩效指标；对于不能直接承担的，可以按组织结构分解或按主要流程分解。

(3) 个人级关键绩效指标的确定。按照相同的办法，将部门级关键绩效指标进行承接或分解，形成个人关键绩效指标。

需要注意的是，部门级关键绩效和个人级关键绩效指标都来源于企业级关键绩效指标，所以部门级关键绩效指标和个人级关键绩效指标理应随着企业级关键绩效指标的改变而进行适时调整。

（二）平衡计分卡

哈佛大学教授罗伯特·卡普兰（Robert Kaplan）和复兴全球战略集团的创始人大卫·诺顿（David Norton）对12家公司进行了一项研究，以寻求新的绩效评价方法。在讨论了多种可能的替代方法后，他们决定采用计分卡来建立一套囊括整个组织各方面活动的绩效评价系统，并将这种新的工具命名为“平衡计分卡”。平衡计分卡诞生后，逐渐被各类组织接受，并广泛采用。据统计，《财富》

1000 强企业中，有 70%的公司采用了平衡计分卡。全球经典的管理学杂志《哈佛商业评论》更是将其列为 20 世纪最有影响力的管理工具之一。

平衡计分卡和战略地图是一脉相承的关系，先用战略地图对公司的战略进行描述，然后利用平衡计分卡从四个层面对战略进行衡量。正是战略地图和平衡计分卡的结合，使得这套工具由绩效衡量工具上升为战略管理工具。

平衡计分卡以企业的战略和使命为基础，依托企业战略，对每项战略进行分解，制订衡量指标和目标值，同时配之以达成目标的行动方案，形成一套对战略进行衡量的考核指标体系。平衡计分卡从四个层面来衡量企业的绩效：财务层面、客户层面、内部流程层面和学习与成长层面。这四个层面将财务指标和非财务指标有机结合在一起，打破了以财务指标为核心的传统的绩效管理系统框架。并且，平衡计分卡将企业的战略目标和绩效评价指标紧密联系起来，对员工的行为起着更明确的导向作用，有助于企业战略目标的实现。同时，平衡计分卡实现了财务指标和非财务指标的平衡、组织内外部指标的平衡、前置指标和滞后指标的平衡、长期指标和短期指标的平衡。

（1）财务层面。财务层面衡量公司的财务和利润情况，考察战略的实施和执行能否为最终经营成果的改善做出贡献，财务层面是其他层面的目标和指标的核心。财务层面的最终目标是利润最大化。不同类型的企业在不同的发展时期会有不同的财务目标，但是一般而言，可以将财务目标分成收入增长、生产率提高、成本下降、资产利用、风险管理等主题，企业可以从中选择适当的财务目标。

（2）客户层面。客户层面反映了企业吸引客户、保留客户和提高客户价值方面的能力。企业应该首先确定自己的目标客户和细分市场，然后针对目标客户确定自己的客户价值主张，卡普兰和诺顿提供了四种通用的价值主张，即竞争战略、总成本最低战略、产品领先战略、全面客户解决方案和系统锁定战略。

（3）内部流程层面。内部流程层面反映了企业内部运营的资源和效率，关注导致企业绩效更好的决策和行动过程，特别是对顾客满意度和股东满意度有重要影响的流程。内部流程可以分为四类：运营管理流程、客户管理流程、创新流程以及法规与社会流程。内部流程是企业改善经营业绩的重点，常见的指标包括产品合格率、生产周期、新产品开发速度、出勤率等。

（4）学习与成长层面。学习与成长层面描述了前面三个层面的基础架构，是驱使前三个层面获得成功的内在动力。学习与成长层面关注组织未来的发展潜力，主要有三个来源：人、系统和组织程序。相对于其他层面而言，该层面可以考虑选用的指标有员工的满意度、保留率、战略信息覆盖率、战略目标的一致性等。

平衡计分卡四个层面的指标和目标都来源于组织的使命、愿景和战略，是对使命、愿景、战略的分解、细化和现实支撑。四个层面内部存在层层支撑、层层传递的内在联系，构成了一个紧密联系、有机统一的整体。

四、绩效计划的基本过程

在制订计划时，管理人员需要根据上一级部门的目标，并围绕本部门的职责、业务重点以及客户（包括内部各个部门）对本部门的需求来制订本部门的工作目标。然后，根据员工所在职位的职责，将部门目标分解到具体责任人，形成员工的绩效计划。因此，绩效目标大致有三个主要来源：一是上级部门的绩效目标；二是职位职责；三是内外部客户的需求。管理人员在制订绩效计划时，一定要综合考虑以上三个方面。一般来说，绩效计划包括三个阶段：准备阶段、沟通阶段、绩效计划的审定与确认阶段。

在准备阶段，管理人员需要了解组织的战略发展目标和计划、企业年度经营计划、部门的年度工作重点、员工所在职位的基本情况、员工上一绩效周期的绩效考核结果等信息。同时，管理人员还需要决定采用什么样的方式来进行绩效计划的沟通。

在沟通阶段，管理人员与员工主要通过对环境的界定和对能力的分析，确定有效的目标，制订绩效计划，并就资源分配、权限、协调等可能遇到的问题进行讨论。在一般情况下，绩效计划沟通时应该至少回答这几个问题：该完成什么工作？按照什么样的程序完成工作？何时完成工作？需要哪些资源与支持？

在绩效计划的审定与确认阶段，管理人员需要与员工进一步确认绩效计划，形成书面的绩效合同，并且管理人员和员工都需要在该文档上签字确认。需要补充的是，在实际工作中，绩效计划一经订立并不是就不可改变了，环境总是在不断发生变化的，在绩效计划的实施过程中往往需要根据实际情况及时调整。

绩效计划的结果是绩效合同，所以很多管理人员过分关注最终能否完成绩效合同。实际上，最终的绩效合同很重要，而制订绩效计划的过程也非常重要。在制订绩效计划的过程中，管理人员必须认识到，绩效计划是一个双向沟通过程，一方面，管理人员需要向员工沟通部门对员工的期望与要求；另一方面，员工也需要向管理人员沟通自己的认识、疑惑、可能遇到的问题及需要的资源等。

第三节　绩效跟进

管理者和员工经过沟通达成一致的绩效目标之后，还需要不断地对员工的工作表现和工作行为进行监督管理，监控过程中的绩效，这样才能帮助员工获得最终的优秀绩效。在整个绩效考核周期（Performance Appraisal Cycle）内，管理者采用恰当的领导风格，积极指导下属工作，与下属进行持续的绩效沟通，预防或解决实现绩效计划时可能发生的各种问题，以期更好地完成绩效计划，这个过程就是绩效跟进，也称为绩效监控。在绩效跟进的阶段，管理人员需要选择合适的领导风格、与员工持续沟通、辅导与咨询、收集绩效信息等。这几个方面也是决定绩效跟进过程中的监管是否有效、跟进是否成功的关键点。

一、选择合适的领导风格

在绩效跟进阶段，领导者要选准恰当的领导风格，指导下属的工作，与下属进行沟通。在这一过程中，管理者处于极为重要的地位，管理者的行为方式和处事风格会极大地影响下属工作的状态，这要求管理者能够在适当的时候采取适当的管理风格。涉及领导风格的权变理论主要有领导情景理论、路径—目标理论、领导者—成员交换理论等，下面我们将简要介绍其中获得广泛认可的领导情景理论。

领导情景理论由保罗·赫塞（Paul Hersey）和肯·布兰查德（Ken Blanchard）于1969年开发，该理论获得了广泛认可。领导情景理论认为，领导的成功来自选择正确的领导风格，而领导风格有效与否还与下属的成熟度相关。所谓下属的成熟度，是指员工完成某项具体任务所具备的能力和意愿程度。针对领导风格，赫塞和布兰查德根据任务行为和关系行为两个维度将其划分为四种不同的领导风格，分别是：指示型（高任务—低关系）、推销型（高任务—高关系）、参与型（低任务—高关系）、授权型（低任务—低关系）。

领导情景理论比较重视下属的成熟度，这实际上隐含了一个假设：领导者的领导力实际上取决于下属的接纳程度和能力水平。而根据下属的成熟度，也就是员工完成任务的能力和意愿程度，可以将下属分成四种。

R1：下属无能力且不愿意完成某项任务，这时是低度成熟阶段。

R2：下属缺乏完成某项任务的能力，但是愿意从事这项任务。

R3：下属有能力但不愿意从事某项任务。

R4：下属有能力并愿意完成某项任务，这时是高度成熟阶段。

领导情景理论的核心就是将四种基本的领导风格与员工的四种成熟度阶段相匹配，为管理者根据员工的不同绩效表现做出适当回应提供了帮助。随着下属成熟度的提高，领导者不但可以减少对工作任务的控制，而且可以减少关系行为。具体来讲，在R1阶段，采用给予下属明确指导的指示型风格；在R2阶段，领导者需要高任务—高关系的推销型风格；到了R3阶段，参与型风格的领导最有效；而当下属的成熟度达到R4阶段，领导者无须再做太多的事情，只需授权即可。

二、与员工持续沟通

在绩效跟进的过程中，管理人员与员工需要进行持续的沟通。持续沟通主要具有以下目的：①通过持续沟通对绩效计划进行调整；②通过持续沟通向员工提供进一步的信息，为员工绩效计划的完成奠定基础；③通过持续沟通，让管理人员了解相关信息，以便日后对员工的绩效进行客观的评估，同时也在绩效计划执行发生偏差的时候及时了解相关信息，并采取相应的调整措施。

一般来说，管理人员与员工的持续沟通可以通过正式的沟通与非正式的沟通来完成。正式的沟通有：①书面报告，如工作日志、周报、月报、季报、年报等；②会议；③正式面谈。非正式的沟通方式多种多样，常用的非正式沟通方式有走动式管理、开放式办公室、休息时间的沟通、非正式的会议。与正式的沟通相比，非正式的沟通更容易让员工开放地表达自己的想法，沟通的氛围也更加宽松活跃。管理人员应该充分利用各种各样的非正式沟通机会。

三、辅导与咨询

（一）辅导

绩效辅导就是在绩效跟进过程中，管理者根据绩效计划，采取恰当的领导风格，对下属进行持续的指导，确保员工工作不偏离组织战略目标，并提高其绩效周期内的绩效水平以及长期胜任素质的过程。要想成为一名合格的指导者，并不一定需要成为该领域的专家。对员工进行指导关注的基本问题是帮助员工学会发展自己：通过监控员工的工作过程，发现员工存在的问题，及时对员工进行指导，培养其工作中所需的技巧和能力。优秀的指导者或管理者应该在以下三个层次上发挥作用。

（1）与员工建立一对一的密切联系，向他们提供反馈，帮助员工制订能“拓展”其目标的任务，并在他们遇到困难时提供支持。

（2）营造鼓励员工承担风险、勇于创新的氛围，使他们能够从过去的经验中学习。这包括让员工反思他们的经历并从中获得经验，从别人身上学习，不断进行自我挑战，并寻找学习新知识的机会。

（3）为员工提供学习机会，使他们有机会与不同的人一起工作。把他们与能够帮助其发展的人联系在一起，为他们提供新的挑战性工作，以及接触某些平时很难见到的人或情境的机遇。

（二）咨询

有效的咨询是绩效管理的一个重要组成部分。在绩效管理实践中，当员工没能达到预期的绩效标准时，管理者需要借助咨询来帮助员工克服工作过程中遇到的障碍。在进行咨询时要做到：第一，咨询应该及时，也就是说，应该在问题出现后立即进行咨询；第二，咨询前应做好计划，咨询应在安静、舒适的环境中进行；第三，咨询是双向交流，管理者应该扮演“积极的倾听者”的角色，使员工感到咨询是开放的，并鼓励员工多发表自己的看法；第四，不要只集中在消极的问题上，谈到好的绩效时，应比较具体，并说出事实依据，而对不好的绩效应给予具体的改进建议；第五，要共同制订改进绩效的具体行动计划。

咨询过程包括三个主要阶段：①确定和理解，即确定和理解所存在的问题；②授权，帮助员工确定自己的问题，鼓励他们表达这些问题，思考解决问题的方法并采取行动；③提供资源，即驾驭问题，包括确定员工可能需要的其他帮助。

四、收集绩效信息

在绩效跟进阶段，管理者收集和记录数据，一方面是为了保证绩效评价有明确的依据，避免出现传统绩效评价中根据主观臆断或对绩效表现的回忆来评价员工绩效的现象。管理者持续不断地收集信息，特别是记录员工在实现绩效目标过程中的关键事件，从而确保评价结果的公正及可信度。另一方面，管理者通过持续地收集信息，记录关键事件，诊断员工的绩效，进而达到改进绩效的目的。

（一）信息收集的内容

信息收集并不是一种疯狂的收集过程，收集信息同样需要占用组织的资源，而几乎所有组织的资源都是有限的。在这种情况下，就需要确定收集什么样的信息。这取决于组织的目标，并且主要强调的是与绩效管理有关的信息。绩效评价是一项鉴定活动，因此一定要讲求证据，要使员工的业绩活动得到真实而具体的反映，并成为员工行为是否符合绩效标准最有力的佐证，只有这样才能确保员工对绩效评价结果的认可度，并为相应的人力资源管理决策提供可靠的决策依据。管理者在收集信息时，要注意目标完成情况、证明绩效水平的具体证据、对解决问题有帮助的一些数据、关键事件的具体描述等方面的信息。

（二）信息收集的方法

管理者为了获得员工绩效的信息，可以做以下工作。

（1）定期安排与员工的会面，来评价他们的绩效。

（2）对照事先建立的职位说明书或行动计划检查工作的进展，考察是否达到了目标。

（3）回顾在评价周期开始的时候形成的报告或者目标列表。

（4）到各处巡视工作的进展情况，并与员工进行非正式的讨论。

（5）从与员工共事的其他人那里得到对员工本人的反馈（正式或非正式的）。

（6）检查工作的产出和结果，以检查其质量或者准确性。

（7）要求员工做工作进展报告。

（8）提出要求后，检查任务完成情况，或者看是否有需要帮助员工解决的问题。

（9）通过分析工作结果、讨论改进方案，评价工作任务或绩效目标完成的情况。

（10）关注顾客的投诉率和满意度，评价、检查员工的绩效。

当然，绩效管理主管也可以通过不同的信息渠道获得信息，主要的信息渠道有员工的主管、员工自身、下级、同事以及与被收集者有关的外部人员等。

在各种收集信息的方法中，观察一般是最可靠的。观察是一种收集信息的特定方式，通常是由管理者亲眼所见、亲耳所闻，而不是从别人那里得知。不过，由于管理者的时间和精力有限，不可能事事都观察或监控到，所以要结合其他方法。当然，在使用其他方法进行信息收集时，对信息的准确性要进行基本的判断，不能不加判断就完全相信并加以应用。

第四节　绩效考核

一、绩效考核步骤

一般而言，企业在进行绩效考核时，要经过五个步骤。这五个步骤以及每个步骤需要从事的工作内容如下。

（一）确立目标

这一步骤需要明确组织的战略目标，选择考核对象。这一过程主要是在绩效计划中，使用平衡计分卡和关键绩效指标两种考核工具实现的。考核指标体系的建立源于组织的使命和战略目标。

（二）建立评价系统

建立评价系统包括三个方面的内容：确定评价主体，构建评价指标体系，选择适当的考核方式。

（三）整理数据

把在绩效跟进阶段所收集到的数据进行整合与分析，按照考核指标和标准进行界定、归类。在这一过程中，要尽量减少主观色彩，以客观事实和客观标准来进行，以保证最终考核结果的公正、客观。

（四）分析判断

在这一阶段，需要对信息进行重新整合，按照所确定的评价方式对评价对象进行最终判断。

（五）输出结果

考核结束后，需要得出一个具体的考核结果，考核结果既要包括绩效得分和排名，同时也应该对绩效结果进行初步分析，找出优秀或不足的原因，以供后面的反馈和改进之用。

二、绩效考核过程中的关键点

绩效考核是一项系统工程，包括多项工作，只有每一项工作都落实到位，考核工作才能有实效。具体而言，绩效考核主要包含考核对象的确定、考核内容的确定、考核主体的确定、考核方法的选择。

（一）考核对象的确定

在企业中，考核对象一般包括组织、部门和员工三个层面。针对不同的对象，考核内容也会有所不同。绩效计划阶段中所提到的两种绩效考核工具——平衡计分卡和关键绩效指标，很好地将三个层面的绩效考核指标结合了起来。一般来说，企业在绩效管理过程中，应该优先考虑组织层面的考核，然后关注部门层面的考核，最后再关注员工层面的考核。

（二）考核内容的确定

由于本书中所讲的绩效考核，主要是针对员工个人而言的，所以这里就以员工的绩效考核为例，说明考核内容的确定。

根据绩效考核的定义可以发现，考核主要针对三部分内容：工作能力、工作态度和工作业绩。所以，考核的内容理应包括工作能力、工作态度和工作业绩。其中，工作能力和工作态度主要通过胜任素质来考核。

所谓工作业绩，也就是员工的直接工作结果。结果在某种程度上体现了员工的工作能力和工作态度。对员工的工作业绩进行评价，可以直观地说明员工工作完成的情况，更重要的是，工作业绩可以作为一种信号和依据，提示员工可能存在的需要提高和改进的地方。一般而言，我们可以从数量、质量和效率三个方面出发，来衡量员工的业绩。但是不同类型工作的业绩体现也有不同，例如，销售人员和办公室工作人员的业绩就不能用同一套指标和标准来衡量。所以一定要针对不同的岗位设计合理的考核指标体系，才能科学、有效地对员工的业绩进行衡量。尽可能量化要考核的业绩方面，对于实在不能量化的方面，也要建立统一标准，尽可能客观。

（三）考核主体的确定

考核主体是指对员工的绩效进行考核的人员。由于企业中岗位的复杂性，仅一个人很难对员工做出全面的绩效考核。为了确保考核的全面性、有效性，在实施考核的过程中，应该从不同岗位、不同层次的人员中，抽出相关成员组成考核主体并使其参与到具体的考核中。

一般来说，考核主体包括五类成员：上级、同事、下级、员工本人和客户。

1. 上级

上级是最主要的考核主体。上级考核的优点是：由于上级对员工承担直接的管理责任，因此他们通常最了解员工的工作情况；此外，用上级作为考核主体还有助于实现管理的目的，保证管理的权威。上级考核的缺点在于：上级领导往往没有足够的时间来全面观察员工的工作情况，考核信息来源单一；容易受到领导个人的作风、态度以及对下属员工的偏好等因素的影响，产生个人偏见。

2. 同事

同事考核的优点是：由于同事和被考核者在一起工作，因此他们对员工的工作情况比较了解；同事一般不止一人，可以对员工进行全方位的考核，避免个人偏见；此外，还有助于促使员工在工作中与同事配合。同事考核的缺点是：人际关系的因素会影响考核的公正性，与自己关系好的就给高分，不好的就给低分；大家有可能协商一致，相互给高分；还有可能造成相互的猜疑，影响同事关系。

3. 下级

用下级作为考核主体的优点是：可以促使上级关心下级的工作，建立融洽的员工关系；由于下级是被管理的对象，因此最了解上级的领导管理能力，能够发现上级存在的问题。下级考核的缺点是：由于顾及上级的反应，往往不敢真实地反映情况；有可能削弱上级的管理权威，造成上级对下级的迁就。

4. 员工本人

用员工本人作为考核主体进行自我考核的优点是：能够增加员工的参与感，加强员工的自我开发意识和自我约束意识；有助于员工接受考核结果。员工本人考核的缺点是：员工对自己评价往往容易偏高；当自我考核和其他主体考核的结果差异较大时，容易引起矛盾。

5. 客户

用客户作为考核主体，就是由员工服务的对象来对员工的绩效进行考核，这里的客户不仅包括外部客户，还包括内部客户。客户考核的优点是：有助于员工更加关注自己的工作结果，提高工作的质量。它的缺点是：客户更侧重于员工的工作结果，不利于对员工进行全面评价；此外，有些职位的客户比较难以确定，不适于使用这种方法。

由于不同的考核主体收集考核信息的来源不同，对员工绩效的看法也会不同。为了保证绩效考核的客观、公正，应当根据考核指标的性质来选择考核主体，选择的考核主体应当是对考核指标最了解的。

（四）考核方法的选择

绩效管理中绩效考核的方法有很多种，每一种绩效考核的方法都有自身的特点，同时都有自己的适用对象和适用范围。要对员工工作绩效进行客观公正的考核分析，就要在多种考核方法中进行选择。下面介绍几种常用的绩效考核方法。

1. 直接排序法

直接排序法是一种相对比较简单的方法，主要是将员工按照某个评估因素从绩效最好的员工到绩效最差的员工进行排序。该方法是一种定性评价方法。

(1) 做法。将所有参加评估的人选列出来，就某一个评估要素展开评估，首先找出该因素上表现最好的员工，将其排在第一的位置，再找出在该因素上表现差的员工，将他排在最后一个位置，然后找出次最好、次最差，依此类推。评估要素可以是整体绩效，也可以是某项特定的工作或体现绩效某个方面。

(2) 优点。比较容易识别好绩效和差绩效的员工。如果按照要素细分进行评估，可以清晰地看到某个员工在某方面的不足，有利于绩效面谈和改进；适合人数较少的组织或团队，如某个工作小组和项目小组。

（3）缺点。当需要评估的人数较多、超过 20 人时，此种排序工作比较烦琐，尤其是要进一步将细分要素展开的时候。严格的名次界定会给员工造成不好的印象，最好和最差比较容易确定，但中间名次是比较模糊和难以确定的，不如等级划分那样比较容易使人接受。

2. 关键绩效指标考核法

（1）关键绩效指标考核法的概念。关键绩效指标考核法是通过对工作绩效特征进行分析，并总结出具有代表性的几个关键指标，然后把这些指标作为基础进行绩效考核的方法。

关键绩效指标是衡量企业战略实施效果的关键指标，其目的是建立一种机制，将企业战略转化为企业的内部过程和活动，以不断增强企业的核心竞争力和持续地提高效益。首先，关键绩效指标来自员工的工作岗位责任，是对其中少数关键岗位的描述；其次，关键绩效指标的来源是组织或者部门总目标，是该工作岗位的员工对公司战略目标价值的体现；最后，关键绩效指标来源于业务流程最终的目标，反映该岗位的人对流程终点的服务价值。

（2）关键绩效指标考核法的考核程序。

①设计绩效指标。绩效指标设计的基本步骤可分为六步。第一步，确定影响公司战略目标的关键因素。第二步，确定关键的成功因素与业务流程之间的关系。将关键成功因素与内部流程联系起来，可以清晰地看到各流程对关键成功因素和关键利益等相关方面的影响，以及在实现整体公司策略中所扮演的角色。第三步，确定各流程的关键控制点和控制内容。每个流程由三部分组成：投入、过程和结果。流程本身主要加以控制的部分包括过程和结果。因此要想让流程合理、高效并达到目的。除了对其结果进行控制之外，还需要对其过程经历的时间、花费的成本、可能产生的风险进行控制，这样才能保证流程最终促成企业实现关键成功因素。因此，在对各主要业务流程进行分析时，主要从时间、成本、风险、结果四方面考虑是否需要对这些因素进行控制。第四步，根据对每个流程关键控制点的分析和相关的控制点，设定初步的绩效指标。第五步，测试、修正和筛选各项指标。对初步选定的绩效指标进行筛选，对不符合原则的指标进行修改或淘汰，筛选出最合适的指标。第六步，确定关键绩效指标。将指标和流程分配给具体的部门或岗位以后，就形成了每个岗位的绩效指标。

②确定绩效指标权重。岗位的多重目标特性决定了必须根据目标的重要性对指标赋予不同的权重，这样才能对员工的工作做出明确的评价。一般而言，对公司战略重要性高的指标权重高，对被考核人影响直接且显著的指标权重高，权重的分配在同级别、同类型岗位之间应具有一致性，又要兼顾每个岗位的独特性。常常通过专家法或层次法确定员工各绩效指标的权重。

③设定绩效标准。对于关键绩效指标，在员工进行绩效计划时都需要设定目

标值，即绩效标准，以此作为衡量员工工作好坏的标准。设定绩效标准的方法有定量分析法、预测法、标杆法、分解法。

④绩效考核。在绩效周期结束后，员工的直接上级可以通过比较员工的实际绩效与绩效标准得到绩效结果。

⑤绩效反馈和绩效考核结果的运用。绩效考核结束后，考核者个人或考核者与人力资源部门有关人员一起，与被考核者就考核的结果进行充分沟通，指出目标完成度较高的地方，同时找出被考核者出现的问题和不足，为提高绩效达成协议。人力资源部会将考核结果运用到工作中去。

3. 评价尺度考核法

（1）评价尺度考核法的概念。评价尺度考核法也叫图尺度评价法，是运用最普遍和比较简单的工作绩效评价技术之一。它是通过列举出一些组织希望的绩效构成要素，如质量、数量或者个人特征等，再列举出跨越范围很宽的工作绩效等级，从“不满意”到“十分优秀”，根据员工的绩效表现打分进行汇总，最终得到员工的工作绩效评价结果的一种方法。

（2）评价尺度考核法的步骤。在进行工作绩效评价时，首先在一张图表中列举出一系列绩效评价要素，并为每一要素列出几个备选的工作绩效等级；然后，主管人员从每一要素的备选等级中分别选出最能够反映下属雇员实际工作绩效状况的工作绩效等级，并按照相应的等级确定其各个要素所得的分数；最后，将每一位员工所得到的所有分值进行汇总，即得到其最终的工作绩效评价结果。

（3）评价尺度考核法的优缺点。评价尺度考核法有优点也有缺点。该方法使用起来较为方便，开发成本小，也能为每一位员工提供一种定量化的绩效评价结果。但是它不能有效地指导行为，只能给出考评的结果而无法提供解决问题的方法，也不能提供一个良好的机制以提供具体反馈。所以这种方法的准确性不高。

4. 配对比较考核法

（1）配对比较考核法的概念。配对比较考核法即成对比较法、相互比较法。该方法是将所有要进行考核的职务列在一起，两两配对比较，其价值较高者可得1分，最后将各职务所得分数相加，其中分数最高者等级最高，按分数高低将职务进行排列，即可划定职务等级。

（2）配对比较考核法的步骤。配对比较考核法使排序型的工作绩效考核法变得更为有效。配对比较考核法的基本做法是将每一位员工按照所有的评价要素与其他所有的员工进行比较。在运用配对比较法时，首先找出需要评价的所有工作要素，针对每一类工作要素列出一个配对比较表，然后将所有员工依据某一类要素进行配对比较，并将比较结果列在表中。例如A和B相互比较，A的绩效好，A就得1分；B的绩效差，B就得0分，以此类推。最后，将每一位员工得到的评价分数相加，得出最终的成绩。

(3) 配对比较考核法的优缺点。配对比较法是评选最佳员工的一个好方法，能够有效地避免中心化倾向和宽大化倾向，并且设计简单，成本较低。但是这种方法没有明确的评价指标或者说没有明确的尺度对评价要素进行规定，主观判断性很强，客观依据较少，在使用时要注意这些问题。

5. 360 度考核法

(1) 360 度考核法的概念。360 度考核法也称全视角反馈，是被考核人的上级、同级、下级、服务的客户和考核人自己等对其进行的考核。通过考核得到绩效的结果，清楚地了解被考核人的优点和不足。

(2) 360 度考核法的步骤。①准备阶段。准备阶段的主要目的是使所有相关人员，包括所有评估者与受评者，以及所有可能接触或利用评估结果的管理人员，正确理解企业实施 360 度评估法的目的和作用，进而建立起对该评估方法的信任。②评估阶段。首先，在征询被评估者意见的基础上，组建 360 度绩效反馈队伍。为避免评估结果受到评估者主观因素的影响，在执行 360 度考核方法时需要对评估者进行培训，使他们熟悉并能正确使用该技术。此外，理想情况下，企业最好能根据本公司的情况建立能力模型要求，并在此基础上设计 360 度反馈问卷。其次，实施 360 度评估反馈。分别由上级、同级、下级、相关客户和本人按各个维度标准进行评估。在评估过程中，除了上级对下级的评估无法实现保密之外，其他几种类型的评估最好采取匿名的方式，必须严格维护填表人的匿名权以及对评估结果报告的保密性。大量研究表明，在匿名评估的方式下，人们往往愿意提供更为真实的信息。最后，统计并报告结果。③反馈和辅导阶段。绩效考评结果出来以后，要尽快把考评结果告知被考评者。其目的是能够让被考评者清楚考评结果，及时发现不足，及时改正，提高绩效水平。此外，还需要加强绩效辅导。通过绩效辅导，帮助员工找准路线，认清下一阶段的目标，同时要给员工提出一些建设性的改进意见，以帮助员工获得更大提高和改进。

(3) 360 度考核方法的优点和缺点。①优点。打破了由上级考核下属的传统考核制度，可以避免传统考核中考核者极容易发生的光环效应、居中趋势、偏紧或偏松、个人偏见和考核盲点等现象。一个员工想要影响多个人是困难的，可以使管理层获得的信息更准确，可以反映出不同考核者对于同一被考核者不同的看法。防止被考核者急功近利（如仅仅致力于与薪金密切相关的业绩指标），较为全面的反馈信息有助于被考核者多方面能力的提升。360 度考核方法实际上是员工参与管理的方式，在一定程度上增加他们的自主性和对工作的控制，提高了员工的工作满意度，员工的积极性会更高，对组织会更忠诚。②缺点。考核成本高，当一个人要对多个同伴进行考核时，时间耗费多，由多人来共同考核所导致的成本上升可能会超过考核所带来的价值。有可能成为某些员工发泄私愤的途径，某些员工不正视上司及同事的批评与建议，将工作上的问题上升为个人情绪，利用考核机会“公报私仇”。考核培训工作难度大，组织要对所有的员工进行考核制度的培训，因为所有的员工既是考核者又是被考核者。

6. 目标管理考核法

(1) 目标管理考核法的概念。目标管理考核法是管理大师彼得·德鲁克于1954年提出的，目标是在一定时期内对组织、部门及个体活动成果的期望，是组织使命在一定时期内的具体化，是衡量组织、部门及个体活动的有效性标准。目标管理是根据组织的战略规划，运用系统的管理方式，高效、可控地开展各项管理实务，同时激励员工共同参与、努力工作，以实现组织和个人目标的过程。

(2) 目标管理法考核法的步骤。①确定组织目标。组织目标由组织高层领导根据组织的使命，在制订整个组织下一个绩效考核周期工作计划的基础上确定。②确定部门目标。各部门管理者与部门的主管领导分解组织目标，共同制订本部门的绩效目标。部门目标常以年度目标任务责任书的形式体现。③确定员工个人绩效目标。部门主管组织员工讨论部门目标，结合员工个体的工作岗位和职责，制订个人的绩效计划，明确个人的绩效目标。个人目标经常以绩效标准的形式体现。④绩效考核和反馈。在绩效周期结束后，部门主管通过对员工的实际绩效与绩效目标的比较，得出绩效考核的结果，然后考核者和被考核者就考核结果进行充分的沟通，并将其应用到实践中去。

(3) 目标管理考核法的优缺点。当然，目标管理考核法有优点也有缺点。它可以充分实现绩效考核中的公平和公正，具有较高的有效性，可以促进管理者和员工之间的交流。但同时目标管理考核法的管理成本较高，有时候还会缺乏必要的行为指导，也没有提供员工之间绩效比较的基础。对于是否应采用这种方法，还是要具体问题具体分析。

三、绩效考核表格的设计

绩效考核表格是进行绩效考核的关键部分，是对员工的工作业绩、工作能力、工作态度以及个人品德等进行评价和统计，并用于判断员工与岗位的要求是否相符的方法，也是企业奖惩制度实施的重要依据。

(一) 绩效考核表格设计的前提

绩效表格设计的前提应是目标清晰、可量化。一般情况下，绩效指标的设定是部门主管在与员工进行充分沟通的基础上完成的。而在具体的指标设定时应依照 SMART 原则。例如，在本年度3月30日之前，降低客户投诉指标，使得客户投诉指标从80％降到77％。这就是一个既有方向又有目标的考核指标。

(二) 绩效考核表格设计应遵循的原则

绩效考核表格的设计并不是随意的，在设计表格时，应该遵循一定的原则。以下是绩效考核表格设计的几大原则。

（1）表格设计应该适应行业特点与企业文化。绩效考核表格是为企业服务的，表格的设计要符合企业的行业特点和企业文化。每个企业都有自己的特点，绩效表格的设计并不是千篇一律的。

（2）考核指标应由质和量两类指标构成。绩效考核表格中要注重质量指标的考查和数量指标的设计。只有将两类指标结合起来才能够全面考核，得到较为客观的结果。

（3）考核表格中的指标和权重等内容要充分体现公司的战略目标。绩效考核实施的目的是为企业的战略目标服务，绩效考核表格是绩效实施的载体，所以考核表格的设计要通过指标和权重设计来体现公司的战略目标。

（4）绩效考核实施前应充分征求被考核员工的意见与建议。绩效考核不是管理人员单方面制订和实施的，绩效考核之前，管理人员要和员工进行全面的沟通，交换信息，认真听取被考核员工的意见和建议。在绩效考核表格设计中可以针对不同的员工，设计出符合他们自身情况的考核表格。

（5）考核表格设计中要注意绩效考核结果与反馈。通过绩效考核表格的填写，得到绩效考核的结果，但这不是考核的终结，还要将绩效考核的结果进行反馈，将其应用到实际工作中去。

（6）考核表格设计要尽可能清晰和灵活，设计结果的处理尽可能地科学合理。绩效考核表格的设计要遵循清晰和灵活的原则，要让被考核者清楚地知道应该如何去填写表格的内容。同时，对于绩效考核表格得到的结果要客观公正地进行处理，尽可能满足科学合理的要求。

（三）绩效考核表格的设计实例

绩效考核表格是一种被广泛应用的绩效考核手段之一，它根据限定的因素来对员工进行考核。绩效考核表格主要是在员工评价内容上进行评分判断。等级被分为优、良、中、可、差等几类。在确定好绩效考核的内容、绩效考核的标准以及权重之后，就可以设计绩效考核表格了。

第五节 绩效反馈

实施阶段结束以后，接着就是反馈阶段，这一阶段主要是完成绩效反馈的任务，也就是说上级要就绩效考核的结果和员工进行面对面的沟通，指出员工在绩效考核期间存在的问题并共同制订绩效改进的计划。为了保证绩效的改进，还要对改进计划的执行效果进行跟踪。此外，还需要根据绩效考核的结果对员工进行相应的奖惩。所以，绩效反馈并不仅仅只是将绩效考核的结果反馈给员工，更重要的是与上级和员工共同探讨绩效不佳的原因，并制订绩效改进计划，以提升绩效；同时，在绩效考核结果出来以后，企业还需要利用考核结果进行相应的奖惩，制订人事决策。综合来说，这个过程涉及绩效反馈、绩效考核结果的运用两个方面，而绩效考核结果的运用又包括绩效改进和相关人事决策的制订两方面的内容。

一、绩效反馈

（一）绩效反馈面谈的准备工作

为了确保绩效反馈面谈达到预期的目的，管理者和员工双方都需要做好充分的准备。

（1）对于管理者来说，应做好以下几方面的准备。①选择适当的面谈主持者。面谈主持者应该由人力资源部门或高层管理人员担任，而且最好选择那些参加过绩效面谈培训、掌握相关技巧的高层管理人员，因为他们在企业中处于关键位置，能够代表企业组织的整体利益，可以适应员工吐露心声的需要，从而有助于提高面谈的质量和效果。②选择适当的面谈时间和地点。由于面谈主要是针对员工绩效结果来进行的，所以一般情况下，可选择在员工的绩效考核结束后，在得出了明确的考核结果且准备较充分的情况下及时地进行面谈。③熟悉被面谈者的相关资料。面谈之前，面谈者应该充分了解被面谈员工的各方面情况，包括教育背景、家庭环境、工作经历、性格特点以及职务和业绩情况等。④计划好面谈的程序和进度。面谈者事先要将面谈的内容、顺序、时间、技巧等计划好，自始至终地掌握好面谈的进度。

（2）对于员工来说，应该做好以下准备。①回顾自己在一个绩效周期内的行为态度与业绩，收集准备好自己相关绩效的证明数据材料；②对自己的职业发展有一个初步的规划，正视自己的优缺点；③总结并准备好在工作过程中遇到的相关问题，反馈给面谈者，请求组织的理解帮助。

（二）绩效反馈面谈的实施

1. 面谈与反馈的内容

面谈的内容主要是讨论员工工作目标考核的完成情况，并帮助其分析工作成功与失败的原因及下一步的努力方向，同时提出解决问题的意见和建议，取得员工的认可和接受。谈话中应注意倾听员工的心声，并对涉及的客观因素表示理解和同情。对敏感问题的讨论应集中在缺点上，而不应集中在个人身上。要最大限度地维护员工的自尊，使员工保持积极的情绪，从而使面谈达到增进信任、促进工作的目的。

2. 面谈结束后的工作

为了将面谈的结果有效地运用到员工的工作实践当中，在面谈结束后，要做两方面的工作。

（1）对面谈信息进行全面的汇总记录。将面谈的内容信息详细列出，如实地反映员工的情况，同时绘制出一个员工发展进步表，帮助员工全面了解自己的发展状况。

(2) 采取相应对策提高员工绩效。面谈的结果应该有助于提高员工的绩效。经过面谈，一方面，对于员工个人来说，可以正确了解到自己的绩效影响因素，提高改进绩效的信心和责任感；另一方面，企业全面掌握了员工心态，据此进行综合分析，结合员工的各方面原因，有的放矢地制订员工教育、培养和发展计划，真正帮助员工找到提高绩效的对策。

（三）绩效反馈应注意的问题

1. 绩效反馈应当及时

在绩效考核结束后，上级应当立即就绩效考核的结果向员工进行反馈。绩效反馈的目的是指出员工在工作中存在的问题，从而有利于他们在以后的工作中加以改进，如果反馈滞后，员工在下一个考核周期内还会出现同样的问题，这样就达不到绩效管理的目的。

2. 绩效反馈要指出具体的问题

绩效反馈是为了让员工知道自己到底什么地方存在不足，因此反馈时不能只告诉员工绩效考核的结果，而是应当指出具体的问题。例如，反馈时不能只告诉员工“你的工作态度不好”，而应该告诉员工到底怎么不好，比如说：“你的工作态度很不好，在这一个月内你迟到了 10 次；上周开会时讨论的材料你没有提前阅读。”

3. 绩效反馈要指出问题出现的原因和改进建议

除了要指出员工的问题外，绩效反馈还应当和员工一起找出造成这些问题的原因，并有针对性地制订改进计划，帮助员工确定目标，提出员工实现这些目标的措施和建议。

4. 绩效反馈不能针对人

在反馈过程中，针对的只能是员工的工作绩效，而不能是员工本人，因为这样容易伤害员工，造成员工产生抵触情绪，影响反馈的效果。例如，不能出现“你怎么这么笨”“别人都能完成，你怎么不行”之类的话。

5. 注意绩效反馈时说话的技巧

由于绩效反馈是一种面谈，因此说话的技巧会影响到反馈的效果。在进行面谈时，首先，要消除员工的紧张情绪，建立起融洽的谈话气氛；其次，在反馈过程中，应当以正面鼓励为主，不指责、不批评、不评价员工的个性与习惯，同时语气要平和，不能引起员工的反感；再次，要给员工说话的机会，允许他们解释，绩效反馈是一种沟通，不是在指责员工；最后，控制好面谈时间，一般掌握在 20～40 分钟为宜，该结束的时候一定要结束，否则就是在浪费时间。

（四）绩效反馈效果的衡量

在绩效反馈结束以后，管理者还必须对反馈的效果加以衡量，以提高反馈效果。在衡量反馈效果时，应考虑以下问题。

（1）此次反馈是否达到了预期的目的？

（2）下次反馈时，应当如何改进谈话的方式？

（3）有哪些遗漏必须加以补充？有哪些无用的内容必须删除？

（4）此次反馈对员工改进工作是否有帮助？

（5）反馈是否增进了双方的理解？

（6）对于此次反馈，自己是否感到满意？

（7）对此次面谈的总体评价如何？

对于得到肯定回答的问题，在下一次反馈中就应当坚持；对于得到否定回答的问题，在下一次反馈中就必须加以改进。

二、绩效考核结果的运用

总体而言，绩效考核结果的运用包括两个层次的内容：一是改进作用，即对绩效考核的结果进行分析，诊断员工存在的绩效问题，找到产生问题的原因，制订绩效改进计划，帮助员工提高绩效；二是管理作用，即根据绩效考核结果做出相关的人力资源管理决策。

为了便于考核结果的运用，往往需要计算出最后的考核结果，并将结果区分成不同的等级。当用于不同的方面时，绩效项目在最终结果中所占的权重也应当有所不同，一般来说，用于改进时，工作业绩和工作态度所占的比重应当相对较高；用于管理时，工作业绩和工作能力所占的比重要相对较高，例如，规定绩效考核结果用于奖金分配和工资调整时，在最终结果中，工作业绩占60%，工作态度占30%，工作能力占10%；而用于职位调整时，工作业绩占50%，工作能力占40%，工作态度占10%。

此外，还要将最终计算出的考核结果划分成不同的等级，据此给予员工不同的奖惩，绩效越好，给予的奖励就要越大；绩效越差，给予的惩罚就要越大。例如，在百分制下，规定90分以上为A等，80～89分为B等，70～79分为C等，60～69分为D等，59分以下为E等。用于工资调整时规定，考核结果为A等的，工资增长10%；为B等的，工资增长为5%；为C等的，工资不变；为D等的，工资下调4%；为E等的，工资下调8%。用于职位调整时规定，连续三年为C等以上的才有资格晋升。

（一）绩效改进

绩效管理的根本目的是要不断提高员工和企业的绩效，以实现企业的发展目标，所以利用绩效考核结果来帮助员工提高绩效，是考核结果运用的一个非常重要的方面。绩效改进是一个包括一系列活动的过程：首先，分析员工的绩效考核结果，明确其中存在的不足和问题；其次，由管理者和员工一起对绩效问题进行分析，找出导致绩效问题出现的原因；再次，和员工一同沟通，针对存在的问题制订绩效改进目标和绩效改进计划，并与员工达成一致；最后，以绩效改进计划补充绩效计划，进入下一个绩效考核周期，适时指导和监控员工的行为，与员工保持沟通，帮助员工实现绩效计划。

1. 绩效诊断

绩效诊断的过程包括两层内容：指明绩效问题和分析问题出现的原因。绩效诊断通过绩效反馈面谈来实现。绩效反馈面谈提供了一个正式的场合，既让员工接受自己绩效的反馈，提高了员工的重视程度；也让企业在面谈中获得员工的意见、申述和反馈。诊断员工的绩效问题通常有两种思路：第一，从知识、技能、态度和环境四个方面着手分析绩效不佳的原因；第二，从员工、主管和环境三个方面来分析绩效问题。不管用哪种方法，都要全面地分析导致员工绩效不佳的原因。

2. 制订绩效改进计划

在绩效改进过程中，员工和直接上级都扮演着非常重要的角色。员工个人对自己的绩效负有责任，应尽力提高自己的绩效，以胜任工作岗位的职责要求；直接上级也应该对员工提供指导和支持，以帮助员工顺利提高绩效。

（1）个人绩效改进计划。制订个人绩效改进计划，应包括以下内容：首先，回顾自己上个周期内的工作表现、工作态度以及绩效反馈面谈中所确认的绩效病因，思考如何通过自己的努力去改善绩效不佳的状况；其次，制订一套完整的个人改进计划，针对每项不良的绩效维度提出个人可以采取的改进措施和方法，如需要学习的新知识和技能，向老员工讨教等；最后，针对改进措施，向组织提出必要的资源支持，综合调配自己的时间和可以利用的现实资源，以确保改进措施能够付诸实践。当然，个人绩效改进计划需要组织的支持和上级的配合，所以应该在制订完毕后，与上级主管沟通，获得他的认可。

（2）组织绩效改进支持。上级和组织的支持对于员工的绩效改进具有重要的作用。上级在这个过程中所需要做的工作主要包括：第一，凭借自己的经验为员工提供建议，告诉员工在改进绩效的过程中需要或可以采取的措施，帮助员工制订个人改进计划；第二，针对员工的计划，提出自己的完善意见，确保该计划是现实可行的，并且对绩效改进确实有帮助；第三，为员工提供必要的支持和帮助，如准假等，满足员工的需求；第四，管理者也可以从组织的角度出发，为员工指定导师或让员工参与某些通用的培训课程。

3. 指导和监控

在制订好绩效改进计划后，员工进入下一个绩效改进周期，管理者在这个过程中要不断与员工进行沟通，适时向员工提供指导和辅助，帮助员工克服改进过程中所遇到的困难，避免员工再次出现偏差，确保下一个绩效考核周期中，员工的绩效能够顺利实现提升。

（二）根据绩效考核结果做出相关的人力资源管理决策

将绩效考核结果作为依据，根据绩效考核结果做出的人力资源管理决策包括四个方面的内容。第一，薪酬奖金的分配。按照强化理论的解释，当员工的工作结果或行为符合企业的要求时，应当给予正强化，以鼓励这种结果或行为；当工作结果或行为不符合企业的要求时，应当给予惩罚，以减少这种结果或行为的发生。因此，企业应当根据员工绩效考核的结果给予他们相应的奖励或惩罚。最直接的奖惩就体现在薪酬的变动中，一般来说，为增强薪酬的激励效果，员工的报酬中有一部分是与绩效挂钩的，当然，不同性质的工作，挂钩的比例有所不同。根据绩效的好坏来调整薪资待遇或给予一次性奖金鼓励等，有助于员工继续保持努力工作的动力。第二，职务的调整。绩效考核结果是员工职位调动的重要依据，这里的调动不仅包括纵向的升降，也包括横向的岗位轮换。如果员工在某岗位上绩效非常突出，则可以考虑将其适当地调到其他岗位上锻炼或承担更大的责任；如果员工不能胜任现有的工作，在查明原因后可以考虑将其调离现有岗位，去从事他能够胜任的工作岗位。另外，对于调换多次岗位都无法达成绩效标准的员工，则应该考虑解聘。第三，员工培训。培训的目的包括两方面：帮助员工提高现有的知识和技能，使其更好地完成目前岗位的工作；开发员工从事未来工作的知识与技能，以更好地胜任将要从事的工作。绩效考核结果正好可以为员工的培训与开发提供依据，根据员工现任工作的绩效，决定让员工参与何种培训和再学习。第四，员工的职业生涯规划。根据员工目前的绩效水平和长期以来的绩效提高和培训过程，和员工协商制订长远的绩效与能力改进的系统计划，明确其在企业中的发展途径。

第七章　薪酬管理

第一节　薪酬管理概论

一、薪酬的概念

（一）报酬与薪酬

1. 报酬（Reward）

报酬是员工完成任务后，所获得的一切有形和无形的待遇。通常情况下，将一位员工为某一个组织工作而获得的各种他认为有价值的东西统称为报酬。

2. 薪酬（Compensation）

薪酬泛指因员工向用人单位让渡自己的劳动而获得的各种形式的报酬，包括薪资、福利和保险等各种直接或间接的报酬，其实质是一种公平的交易。薪酬有不同的表现形式，如精神的与物质的、有形的与无形的、货币的与非货币的、内在的与外在的等。

（二）薪酬的相关概念

1. 薪资

薪资即薪金、工资的简称。薪金（Salary）通常是指支付给以脑力劳动为主的白领或金领阶层的，以较长时间为单位计算的员工劳动报酬，一般支付周期较长，如月薪、年薪，国内常使用“薪水”一词。工资（Wage）通常指支付给以体力劳动为主的蓝领阶层的，以工时或完成产品的件数计算的员工应当获得的劳动报酬，一般支付周期较短，如计时工资（小时、日、周工资）或计件工资。

2. 收入（Earnings）

收入指员工所获得的全部报酬，包括薪资、奖金、津贴和加班费等项目的总和。

3. 薪给（Pay）

薪给主要取支付的含义，分为工资和薪金两种形式。

4. 奖励（Incentives）

奖励指员工超额劳动的报酬，如红利、佣金、利润分享等。

5. 福利（Benefits）

福利指公司为每个员工提供的福利项目，如带薪年假、各种保险等。

6．分配（Allocation）

社会在一定时期内对新创造的产品或价值即国民收入的分配，包括初次分配和再分配（或二次分配）。

二、薪酬的构成

总薪酬有时也称全面薪酬，它概括了各种形式的薪酬和福利，既包括基本薪酬、绩效薪酬、福利和服务，还包括一次性奖金、股票期权等其他多种经济性报酬。其中最重要的三个组成部分即基本薪酬、绩效薪酬以及福利和服务。

（一）基本薪酬

基本薪酬是指一个组织根据员工所承担或完成的工作本身或者是员工所具备的完成工作的技能或能力而向员工支付的相对稳定的经济性报酬。

（二）绩效薪酬

绩效薪酬是薪酬系统中与绩效直接挂钩的经济性报酬，有时也称浮动薪酬或奖金。绩效薪酬的目的是在绩效和薪酬之间建立起直接联系，这种业绩既可以是员工个人的业绩，也可以是组织中某一业务单位、员工群体、团队甚至整个公司的业绩。

（三）福利和服务

福利和服务不是以员工向组织提供的工作时间为计算单位的，它一般包括非工作时间付薪、向员工个人及家庭提供的服务、健康及医疗保健、人寿保险以及法定和补充养老金等。福利通常可以划分为法定福利和企业自主福利两大类。

三、薪酬的实质

从某种意义上说，薪酬是组织对员工的贡献包括员工的态度、行为和业绩等所给予的各种回报，其实质是一种公平的交易。从广义上来说，薪酬包括工资、奖金、休假等外部回报，也包括参与决策、承担更大的责任、归属感和挑战性的工作等内部回报。

外部回报是指员工因为雇佣关系从自身以外所得到的各种形式的回报，也称外部薪酬。外部薪酬包括直接薪酬和间接薪酬。直接薪酬是员工薪酬的主体组成部分，既包括员工的基本薪酬，即基本工资，如周薪、月薪、年薪等；也包括员工的激励薪酬，如绩效工资、红利和利润分享等。间接薪酬即福利，包括公司向员工提供的各种保险、非工作日工资、额外的津贴和其他服务，比如单身公寓、免费工作餐、子女入托、老人护理和带薪假期等。

内部回报指员工自身心理上感受到的回报，主要体现为一些社会和心理方面的回报。包括参与企业决策，获得更大的工作空间或权限、更大的责任、更有趣的工作、融洽的同事关系、个人成长的机会和活动的多样化等。内部回报往往看不见，也摸不着，不是简单的物质付出，对于企业来说，如果运用得当，就能对员工产生较大的激励作用。然而，在管理实践中内部回报方式经常会被管理者忽视。管理者应当认识到内部回报的重要性并合理地运用。

四、影响薪酬的因素

影响薪酬的因素，如表7—1所示。

表7—1 影响薪酬的因素

环境因素	组织因素	工作因素	个人因素
国家的有关法律和法规、劳动力市场的供求状况、地区及行业特点与惯例、当地生活水平、来自竞争对手的压力、工会的力量	公司的管理哲学和企业文化、本单位的业务性质与内容、公司的经营状况与支付能力、企业的发展战略和薪酬策略、组织的地理位置	该岗位对公司的贡献、工作难度及复杂性、工作的危险性、工作对人体的危害、岗位的社会评价度	学历层次、工作经验、年龄与工龄、技能或工作能力、工作绩效、工资谈判能力

五、薪酬的职能

薪酬职能是指薪酬在运用过程中具体功能的体现和表现，是薪酬管理的核心，包括补偿职能、激励职能、调节职能、效益职能和统计监督职能。

（一）补偿职能

职工在劳动过程中体力与脑力的消耗必须得到补偿，保证劳动力的再生产，劳动才能继续，社会才能不断进步和发展。同时，职工为了提高劳动力素质，要进行教育投资，这笔费用也需要得到补偿。否则就没有人愿意对教育进行投资，劳动力素质就难以提高，进而影响社会发展。

（二）激励职能

薪酬制订的公平与否，直接影响员工的工作积极性。薪酬的激励职能的典型表现是奖金的运用。奖金是对工作表现好的员工的一种奖励，也是对有效超额劳动的补偿，对员工有很大的激励作用。

（三）调节职能

薪酬的调节职能主要表现为引导劳动者合理流动。劳动力市场中劳动力供求的短期决定因素是薪酬。薪酬高，劳动供给数量就大；薪酬低，劳动力供给数量就少。

（四）效益职能

从雇主的眼光来看，薪酬具有效益职能。薪酬对企业来说是劳动的价格，是投入的可变成本。所以，不能将企业的薪酬投入仅看成货币投入。它是资本金投入的特定形式，是投入活劳动（通过劳动力）这一生产要素的货币表现。因此，薪酬投入也就是劳动投入，而劳动是经济效益的源泉。此外，薪酬对劳动者来说是收入，是生活资料的来源。

（五）统计监督职能

薪酬是按劳动数量与质量进行分配的，所以，薪酬可以反映出劳动者向社会提供的劳动量（劳动贡献）。薪酬是按一定价格来购买与其劳动支出量相当的消费资料的，所以，薪酬还可以反映出劳动者的消费水平。因此，通过薪酬就把劳动量与消费量直接联系起来了。

六、薪酬管理的含义及目标

薪酬管理是指根据企业总体发展战略的要求，通过管理制度的设计与完善，薪酬激励计划的编制与实施，最大限度地发挥各种薪酬形式如工资、奖金和福利等的激励作用，为企业创造更大的价值。进行薪酬管理，要达到以下目标。

（1）保证薪酬在劳动力市场上具有竞争性，吸引并留住优秀人才。

（2）对各类员工的贡献给予充分肯定，使员工及时得到相应的回报。

（3）合理控制企业人工成本，提高劳动生产效率，增强企业产品的竞争力。

（4）通过薪酬激励机制的确立，将企业与员工长期、中短期经济利益有机地结合在一起，促进公司与员工结成利益关系共同体，谋求员工与企业的共同发展。

七、薪酬管理的原则

薪酬管理的原则是企业价值观的体现。它告诉员工：企业为什么提供薪酬，员工的什么行为或结果是企业非常关注的，员工的薪酬构成是为了对员工的什么行为或结果产生影响，员工在什么方面有提高时才能获得更高的薪酬等。目前，企业普遍认为进行有效的薪酬管理应遵循以下原则。

（一）对外具有竞争性原则

支付符合劳动力市场水平的薪酬，确保企业的薪酬水平与同行业、类似企业的薪酬水平相当。虽然不一定完全相同，但是相差不宜过大，否则薪酬太低会使企业对人才失去吸引力。

（二）对内具有公平性原则

支付相当于员工岗位价值的薪酬。在企业内部，不同岗位的薪酬水平应当与这些岗位对企业的贡献相一致，否则会影响员工的工作积极性。薪酬的设定应该对岗不对人。无论男女老少在同一岗位上工作都应当享受同等的薪酬，即同工同酬。它的前提是每个员工都是按照岗位说明书经过严格的筛选被分配到该岗位的，岗位与员工匹配程度高。

（三）激励性原则

适当拉开员工之间的薪酬差距。根据员工的实际贡献付薪，并且适当拉开薪酬差距，使不同业绩的员工能在心理上觉察到这个差距，并产生激励作用。让业绩好的员工认为得到了鼓励，业绩差的员工认为值得去改进，以获得更好的回报。

（四）经济性原则

在实现前面三个基本原则的前提下，企业应当充分考虑自己的经营状况和实际的支付能力，根据企业的实际情况，对人工成本进行必要的控制。

（五）合法性原则

企业报酬制度必须符合党和国家的政策法律。

第二节 薪酬管理的相关理论

一、现代西方工资决定理论

（一）边际生产力工资理论

19 世纪末，西方经济学发生了一场著名的“边际革命”，杰文斯和门格尔两名经济学家同时提出了边际效用理论，该理论成为现代西方经济学的主要理论基础。以边际理论为基础，美国著名经济学家约翰·贝茨·克拉克首先提出了边际生产力工资理论。直至今日，该理论仍是最广泛流行的工资理论。

边际生产力工资理论的前提是一个充满竞争的静态社会。这个静态社会有以下特征。

（1）在整个经济社会中，不论是产品市场还是要素市场均是完全自由竞争的市场，价格和工资不由政府或串通的协议操纵。

（2）假定每种生产资源的数量是已知的，顾客的爱好或者工艺的状态都没有发生变化，即年年都是用相同的方法生产出同等数量的相同产品。

（3）假定资本设备的数量是固定不变的，但是这些设备的形式可以改变，可以与可能得到的任何数量的劳动力最有效地配合。

（4）假定工人可以相互调配，并且具有同样的效率。也就是说，完全没有分工，对同行业的工人只有单一的工资率，而不是多标准的工资率。

在静态社会这一理论前提下，克拉克认为，劳动和资本是两个重要的生产要素，每个要素的实际贡献按其投入量而变动，并且呈边际收益递减的趋势。用劳动边际生产力递减来解释工资的决定，用资本边际生产力递减来解释利息的决定。

劳动边际生产力递减是指随着工人的人数不断增加，刚开始产量会增加，但人数增加到一定数量后，每增加一个工人，工人所分摊到的设备数量减少，从而每一单位劳动力的产品数量减少，追加的新工人的边际生产力递减，最后增加的工人的边际生产力最低。

根据边际生产力工资理论，工资取决于劳动的边际生产力，换句话说，工资是由投入的最后一个劳动单位所产生的边际产量决定的，雇主雇用的最后那个工人所增加的产量等于付给该工人的工资。当工人所增加的产量大于付给他的工资时，企业愿意继续增加工人，只有在工人所增加的产量等于付给他的工资时，雇主才不再多雇用工人。这是因为企业的目的是获得最大收益，如果再增加工人，该工人所增加的产量就会小于付给他的工资，没有收益。比如，在雇用4个员工之前，产量递增；超过4个员工后，产量递减；直至雇用第9个员工，其产量最小，企业就不再雇人也不再减人。

（二）均衡价格工资理论

边际生产力工资理论只是从劳动力的需求方面揭示了工资水平的决定，而没有考虑劳动力的供给方面对工资的影响。英国经济学家阿弗里德·马歇尔从劳动力供给和需求两个方面研究了工资水平的决定，他是均衡价格工资理论的创始人，认为工资是劳动力供给和需求均衡时的价格。

从劳动力的需求看，工资取决于劳动的边际生产力。根据克拉克的理论，劳动的边际生产力递减，所以雇主愿意支付的工资水平也递减。

从劳动力的供给看，工资取决于两个因素：一是劳动者及家属的生活费用以及接受培训和教育的费用，二是劳动的负效用。所谓劳动的负效用是指由劳动引起的不舒适和不愉快程度，劳动的负效用需要用金钱或闲暇来补偿。所以，工资水平提高，对工人就业的吸引力也随之增加，劳动力的供给递增。

（三）集体谈判工资理论

集体谈判是指以工会为一方，以雇主或雇主组织为另一方进行的谈判。早在18世纪，亚当·斯密等经济学家就注意到了在劳动力市场上集体交涉对工资决定的影响，但是并没有重视起来。第二次世界大战后，工会在西方发达国家迅速发展，工会对工资决定的影响也越来越大。集体谈判工资理论认为，在一个短时期内，工资的决定取决于劳动力市场上劳资双方在谈判中交涉力量的对比。在工业化初期，工资谈判是在雇员工人与雇主之间个别进行的，由于工人的相互竞争，所以单个工人无法遏制工资水平的下降。随着工业社会的发展，雇佣单位和雇员之间的谈判力量进行组合与分化，双方工资谈判的过程日益趋向于集体方式。工会成为劳动力供给的垄断者，工会的壮大有效地阻止了工人之间的恶性竞争，工会能够控制劳动力的供给量和工资量。所以，集体谈判工资理论实际上也是工会起作用的工资理论。工会提高工资的方法一般有四种：限制劳动供给、提高工资标准、改善对劳动的需求、消除雇主在劳动力市场上的垄断。

（四）人力资本理论

人力资本理论不是工资决定理论，但它对工资具有影响。1960 年美国经济学家西奥多·舒尔茨发表的演讲——《人力资本投资》认为，人的劳动能力不是与生俱来的，而是通过家庭和社会的培养以及个人的努力，通过大量稀缺资源的投入而形成的，劳动者之间不会由于遗传的原因而具有同样的才能。人的劳动能力同样也具有资本形态，是以资本存量的形式（包括劳动者的知识存量、技能存量和健康存量等）投入生产性活动。人力资本是通过人力资本投资形成的，人力资本投资是多方面的。

第一，有形支出。有形支出又称直接支出或实际支出，主要投资形式包括教育支出、保健支出、劳动力国内流动（移居）支出或用于移民入境支出（为了寻找工作）等，其中最主要的投资形式是教育支出。

第二，无形支出。无形支出又称机会成本，它是指因为投资期间不可能工作，至少不能从事全日制工作而放弃的收入。

第三，心理损失。心理损失又称精神成本或心理成本，它是指诸如学习艰苦、令人厌烦，寻找职业令人乏味和劳神，迁移需要远离朋友等。

二、对劳动力供求模型的理论修正

劳动力供给与需求模型虽然证明了劳动力市场上薪酬水平与劳动力供求关系之间的经济依存关系，但它难以解释个别企业或劳动者所做出的决策和选择。

（一）对劳动力需求模型修正的三种理论

在现实中，为什么不同的企业支付给同种职位上员工的薪酬是不同的？为什么某个企业支付的薪酬比理论上市场决定的薪酬还要高？为了解释这种现象，专家们从单个企业的角度，对传统经济模型进行了修正，提出了薪酬差异、效率工资和信号工资三种理论。这几种微观的经济模型，从理论上修正并说明了为什么一些企业薪酬水平会高于或低于市场工资水平，从而揭示了单个企业薪酬决策的动机和内涵。

1. 薪酬差异理论

亚当·斯密认为，每个人必须综合考虑“不同工作的利与弊”，在此基础上进行薪酬决策，为谋求“纯收益”最大化服务。如果某项工作具有负面特性，企业就必须支付更高的薪酬来弥补。这些负面特性包括：①培训费用很高；②工作安全性差；③工作条件差；④成功机遇少等。工作岗位的差异性说明了劳动力市场存在不同薪酬的基本原因。薪酬差异理论看起来颇具吸引力。但是却很难证明其可行性，因为测量和控制参与纯收益计算的各种因素是比较困难的。

2. 效率工资理论

传统经济模型的基本假设是：企业只能够被动地接受市场决定的薪酬。效率工资理论不赞成这个基本假设。相反，它认为有时企业支付的薪酬高于市场薪酬水平，这不仅不会增加劳动成本，反而会降低劳动成本。通过以下方法，高薪酬可以提高企业效率：①吸纳高素质应聘人员；②减少跳槽人数，降低员工的流失率；③员工对企业的高度认同感，会促使员工更加努力地工作；④因为被解雇的代价增加，工人会尽量避免“怠工”；⑤减少管理及其相关人员的配备。前四项通过提高劳动生产率来补偿增加的劳动成本；而最后一项是从外延上提高了劳动生产率。效率工资理论的基本假设是薪酬水平决定员工的努力程度。同薪酬差异理论一样，该理论成为企业薪酬决策的重要依据。国外的许多薪酬专家，对效率工资理论进行了研究。他们的研究成果表明，员工的薪酬越高，“怠工”率就越低。失业率越高，员工找另外一份工作的困难越大，“怠工”率也就越低。因此，研究者得出了高薪降低怠工率的结论，但他们不能确定怠工率降低的收益是否足以弥补薪酬增加的成本。

3. 信号工资理论

信号工资理论是对劳动力需求模型的另一种修正，它不但能解释薪酬水平的差异，而且能解释企业为什么设计低于市场薪酬水平的薪酬。企业战略是企业未来的行动指南，信号工资理论指出，企业可有意地将薪酬决策纳入组织发展战略，如果有两种薪酬决策：一是基本工资低于市场工资率，但奖金丰厚，培训机会多；二是基本工资与市场工资率相当，但它没有与业绩挂钩的奖金，那么它们将向应聘者发出不同的信号，吸纳不同的应聘者。例如，基本工资低而奖金高的企业，给应聘者一个明确信号，即希望员工勇于承担风险。应聘者可以通过该企业的相对薪酬水平，来推测此岗位的情况，如工作任务、工作条件、责任权限、同事关系等。

国外大量的研究资料表明，薪酬水平是吸纳应聘者的一个重要因素。一项对即将离校的毕业生的薪酬意向调查结果说明，除了薪酬水平之外，还有很多其他的薪酬因素影响着他们的工作选择。他们倾向于寻找薪酬水平高的工作，同时还要考虑企业薪酬的具体形式，如绩效工资、激励工资、福利保险等方面的情况。该项调查还根据他们的个性特征，将他们分为物质型、冒险型、自信型、保守型等多种类型。

信号工资理论也能对劳动力供给模型做出同样的修正和解释，例如，学业成绩突出，训练有素或工作经验丰富的应聘者，也会给潜在的雇主传递“我正是企业所需要的优秀人才”这样的信息。他们所传递的信息，甚至可能与企业发出的信息一样确切。因此，人力资本（学历、技能、工作经验）、薪酬水平（领先、相当、滞后）和薪酬混合体（奖金、福利选择）都可作为某种信号，帮助员工与企业进行信息交流。

（二）对劳动力供给模型修正的三种理论

当研究的视角从劳动力需求模型转向劳动力供给模型时，即以员工为重点而不以企业为重点对薪酬决策进行分析时，出现了三种微观工资修正理论，即保留工资理论、劳动力成本理论和岗位竞争理论，这些理论进一步证明了影响员工应聘的决策行为的因素。

1. 保留工资理论

许多薪酬专家把薪酬描绘成“不得不支付的薪酬”。他们认为，应聘者心里都有一个工资底线，即保留工资，若某项工作的工资低于保留工资，那么不管这项工作的其他方面多么诱人，他们都将拒绝接受它。如果某项工作提供的薪酬没有达到他们的最低标准，那么该项工作的其他任何方面都不能弥补这个缺陷。应聘者的保留工资可能会比市场工资率高，也可能会比市场工资率低。保留工资理论试图解释员工对各种薪酬差异的反应。

2. 劳动力成本理论

劳动力成本理论也许是解释薪酬差异的最有影响的经济理论。它的理论前提是，通过自我投资（如教育、培训、经验）来提高工作能力的人将获得更高的薪酬。该理论假设人们得到的薪酬都是边际产品的价值；培训投资或身体素质投资可以提高个人的工作能力，从而增加个人的边际产品。个人获得技能和能力需要花费时间、金钱或利用各种资源。

3. 岗位竞争理论

岗位竞争理论与人力资本理论在某种程度上有些相似，它们都意味着劳动力供给的减少导致企业劳动力成本的增加。劳动力成本理论认为，企业劳动力成本增加的直接原因是薪酬水平提高，而工作岗位竞争理论则认为，劳动力成本增加的直接原因是企业必须承担额外的培训费用。该理论认为，在劳动力市场上，劳动者并不是为薪酬而相互竞争，因为每一岗位的薪酬都已经预先规定。他们凭自身条件参与岗位的竞争。应聘者为增加自己的就业机会，必然会努力地不断提升自我，从而导致劳动力供给者之间的激烈竞争。

影响企业获得劳动力的其他因素还有很多，如工作之间流动的地理障碍、工会的要求、职位空缺信息的不对称、工作风险大小和失业率等。

总之，劳动力供求是决定企业薪酬水平的主要因素。然而，任何企业都必须有足够的收入来支付各种费用。因此，企业的薪酬水平受其产品或劳务在市场上竞争力的影响。可见，产品市场状况在很大程度上决定企业支付能力。

影响产品市场的两个关键因素是产品市场的竞争程度和产品需求。这两个因素都影响着企业按正常价格出售产品和劳务的能力。如果价格不变，销售量下降，收入减少，那么企业确定更高薪酬水平的能力就会受到限制。

劳动力市场状况为企业设计吸纳足量员工的薪酬水平画了一条最低线，而产品市场又为企业的薪酬水平画了一条最高线。如果企业的薪酬水平超过最高线，那么它必须提高价位，把薪酬水平的超出量转嫁到顾客身上；或在原有价位不变的状况下，从总收入中拨出更多的份额作为劳动成本。

三、工资效益理论

工资效益是指工资投入所产生的直接经济效益，即每支付一定量工资产生多少产品或创造多少价值，它反映投入的工资成本所能得到的利润。工资效益是决定工资水平的重要依据。只有企业经济效益好，有了财务支付能力，员工的工资水平才能提高。工资的增长是对员工劳动的认同，必然会激励员工更加有效地劳动，为企业进一步提高效益创造条件，实现工资和效益的良性循环。反之，工资提高而效益下降，会导致通货膨胀，物价上涨，经济衰退，企业的人工成本提高，产品的市场竞争力下降，效益下滑。

工资效益统计可以量化地反映实行某种薪酬制度所取得的经济效益。常用的工资效益统计指标如表7－2所示。

表7－2　常用的工资效益统计指标

序号	指标名称	计算公式
1	每百元工资产品产量	每百元工资产品产量＝产品产量/工资总额（百元）
2	每百元工资产品产值	每百元工资产品产值＝产值/工资总额（百元）
3	每百元工资利润额	每百元工资利润额＝实现利润总额/工资总额（百元）

工资效益即一定的工资所带来的产出，可以分解为一定的工资带来的劳动量和一定的劳动量带来的产出，而产出又等于总产值减去物耗价值。提高工资效益的手段有按效益投入工资、增加工资带来的劳动量、增加劳动的产出量。

第三节　薪酬管理的主要内容

概括来说，薪酬管理包括薪酬制度设计和薪酬日常管理两个方面。薪酬制度设计主要是指薪酬策略设计、薪酬体系设计、薪酬水平设计、薪酬结构设计等。薪酬制度设计是薪酬管理最基础的工作，如果薪酬制度有问题，企业薪酬管理不可能取得预定目标。薪酬日常管理是由薪酬预算、薪酬支付、薪酬调整组成的循环，这个循环可以称为薪酬成本管理循环。薪酬制度建立起来后，应密切关注薪酬日常管理中存在的问题，及时调整公司薪酬策略，调整薪酬水平、薪酬结构以及薪酬体系以实现效率、公平、合法的薪酬目标，从而保证公司发展战略的实现。薪酬管理具体包括以下内容。

一、环境分析

环境分析就是通过调查分析、了解企业所处的内外环境的现状和发展趋势，它是薪酬管理的前提和基础。环境分析是一项复杂而重要的工作。说它复杂是因为企业所处的环境非常复杂，不仅包括经济、社会、生活水平、国家政治法律、产业政策、劳动供给和失业率等因素构成的外部环境，还包括企业的性质、规模、发展阶段、企业文化、组织结构、工作特征、员工素质等因素构成的内部环境。而且，每一种环境因素又处于一种动态的发展过程之中。这就要求企业不仅要清楚这些环境因素的现实状况，还要根据各自变化的规律对其未来的情况做出准确的预测。

环境分析是薪酬管理的首要步骤，它为后面几个步骤提供了重要的基础性材料。所以，环境分析的质量直接影响到薪酬策略的选择、工作分析以及岗位评价等重要过程的工作质量。一个好的薪酬体系必须表现出与环境之间的动态适应性。可以说，薪酬环境分析关系到企业薪酬目标的实现。尤其对于那些处在创业期的企业，能否准确地分析和预测环境，不仅关系到能否吸引和留住人才，更决定着企业的发展命运。

二、岗位评价

（一）岗位评价的含义

岗位评价又称职位评估、工作评估或岗位测评，是在工作分析的基础上，对工作岗位的责任大小、工作强度、工作复杂性、所需资格条件等特性进行评价，以确定岗位相对价值的过程。在对企业所有岗位的相对价值进行科学分析的基础上，通过排列法、配对比较法和要素计点法等对岗位进行排序。岗位评价是新型薪酬管理的关键环节，要充分发挥薪酬机制的激励和约束作用，最大限度地调动员工的主动性、积极性和创造性。在设计企业的薪酬体系时就必须进行岗位评价。岗位评价解决的是薪酬的内部公平性问题。

（二）岗位评价的方法

1. 排列法

排列法是采用非分析和非定量的方法，由评定人员凭着自己的判断，不将工作内容分解为组成要素，而只是根据工作岗位的相对价值按高低次序进行排列，从而确定某个工作岗位与其他工作岗位的关系。排列法是一种最为简单、最易操作的岗位评价方法。

排列法的优点是：①简便易行；②作为一个整体对各岗位进行评定，避免了因工作要素分解而引起的矛盾和争论；③直观，适用于岗位数量不多的测评。

排列法的缺点是：①在工作岗位数多且不相近时，难以找到熟悉所有工作内容的评定人员；②评价主观，缺乏严格、科学的评判标准，评价结果弹性大，易受到其他因素的干扰；③排列法本身并不能为等级划分提供依据，且无法衡量工作等级之间的差异程度；④只适用生产单一且岗位较少的中小企业。

2. 配对比较法

配对比较法也称相互比较法，就是将所有要进行评价的职位列在一起，两两配对比较，价值较高者可得 1 分，最后将各职位所得分数相加，其中分数最高者即等级最高者，按分数高低顺序将职位进行排列，即可划定职位等级。通过计算平均序数，便可得出岗位相对价值的次序。配对比较法操作示意表如表 7－3 所示，职务评价排序表如表 7－4 所示，配对比较法职务评价结果的权衡如表 7－5 所示。

表 7－3 配对比较法操作示意表

比较职务	被比较职务							得分总计
	A	B	C	D	E	F	G	
A		1	1	0	1	1	1	5
B	0		0	0	1	0	1	2
C	0	1		0	1	1	1	4
D	1	1	1		1	1	1	6
E	0	0	0	0		0	0	0
F	0	1	0	0	1		1	3
G	0	0	0	0	1	0		1

表 7－4 职务评价排序表

职务	分数	序列顺序
D	6	1
A	5	2
C	4	3
F	3	4
B	2	5
G	1	6
E	0	7

表 7－5 配对比较法职务评价结果的权衡

职务	A	B	C	D	E	F	G
甲评定结果	1	3	4	2	5	6	7
乙评定结果	2	1	4	3	—	5	—
丙评定结果	1	—	2	3	6	4	5
评定序数和（Σ）	4	4	10	8	11	15	12
评定本职务的总人数	3	2	3	3	2	3	2
平均序数	1.33	2	3.33	2.67	5.5	5	6
岗位相对价值的次序	1	2	4	3	6	5	7

配对比较法的优点是两两进行比较，相对比较全面。缺点是当职位比较多时，工作量过大，且岗位之间可能不具有可比性，操作起来比较困难。

3. 要素计点法

（1）要素计点法的含义。要素计点法又称点数加权法或点数法，是目前大多数国家最常用的方法。这种方法预先选定若干关键性薪酬因素，并对每个要素的不同水平进行界定，同时给各水平赋予一定分值，这个分值也称为“点数”，然后按照这些要素对职位进行评估，得出每个职位的总点数。

（2）要素计点法的步骤。

步骤一：确定和评价要素。选取报酬要素并对其进行定义，一般来讲，要素的数量在5～15个左右。报酬要素即各职位中所包括的有助于组织目标实现的要素。常见的报酬要素有以下四种：工作技能、努力程度、工作责任和工作条件。通常情况下，在主要报酬要素选定以后，还会选择其相关子要素，如工作技能的子要素会包括专业知识、技术水平、经验等。报酬要素选定以后，还要对报酬要素进行定义。以外部沟通为例，外部沟通定义界定及等级划分如表7－6所示。

表7－6 外部沟通定义界定及等级划分

要素名称：外部沟通	
要素定义：主要指职务要求的与直接工作部门以外的人员交往的强度。其主要依据与外界交往的程度和所要解决问题的重要性	
等级	等级定义
1	除直接工作部门的同事和上级外，极少与外界交往
2	与外界较少接触，沟通量不大
3	与外界有中等程度交往，解决常规性的问题
4	与外界有中等至频繁程度交往，一般解决常规性问题，涉及少数非常规性问题

步骤二：划定评价要素等级。等级划分的依据是组织中各职位在该报酬要素上的差异程度。差异越大，则报酬要素的等级数量越多。表7－6给出了一个关于技术水平要素定义及等级划分的例子，而表7－7则进行了报酬要素等级点数确定。

表 7－7　报酬要素等级点数确定

报酬要素	报酬要素权重/%	对应总点数	等级划分	等级点数
决策	25	250	1	50
			2	100
			3	150
			4	200
			5	250
监督管理责任	25	250	1	50
			2	100
			3	150
			4	200
			5	250
知识	20	200	1	40
			2	80
			3	120
			4	160
			5	200
技能	10	100	1	20
			2	40
			3	60
			4	80
			5	100
任务的复杂性	15	150	1	30
			2	60
			3	90
			4	120
			5	150
工作条件	5	50	1	14
			2	26
			3	38
			4	50
合计	100	1000	—	—

步骤三：确定评价要素比重，通常情况是设定全部要素为100，各要素用百分比表示各报酬要素的权重。应根据各报酬要素在整个评价体系中的重要性程度，确定其所占的百分比。

步骤四：各评价要素等级的点数配给。首先，要确定整个评价体系的总点数。一般来说，待评价的职位数量越多，总点数就越大。然后根据各报酬要素所占权重，计算出各报酬要素相应的点数。最后确定每一报酬要素内部各等级的点值。这一过程可以采取经验判断的方法，但是为了保证评价的客观性，一般采用等比或等差等有规律的方法。实际上，表 7－7 是以要素计点法建立的一个评价标准体系。

步骤五：运用报酬要素评价标准体系，评价各待评价职位，并根据评价结果建立职位等级结构。在进行评价时，评价者要考虑被评价的职位在各个报酬要素上所处的等级，然后加上这些等级所对应的点数，得出该职位所获得的总点数，即最终评价结果。待所有待评价职位的总点数都计算出来以后，根据点数的大小对所有职位进行排列。

（3）要素计点法的优点。①主观随意性较少，可靠性强；②相对客观的标准使评估结果让人易于接受；③通俗，易于推广；④可使用统计方法来分析数据。

（4）要素计点法的缺点。①费时，需投入大量人力；②因素定义和权重确定有一定技术难度；③方法并不完全客观和科学，因素的选择、等级的定义和因素权重的确定在一定程度上受主观因素的影响；④该方法适用于大型企业，对中小企业来说，可能不是最好的办法。

三、薪酬调查

薪酬调查指一个组织通过收集信息来判断其他组织所支付的薪酬状况的系统过程，这种调查能够向实施调查的组织提供市场上的各种相关组织（有时也包括竞争对手）向员工支付的薪酬水平和薪酬结构等方面的信息。

企业的薪酬体系必须在薪酬体系设计之初进行详细的薪酬市场调查，摸清行情，随机而动。只有这样，才能保证薪酬体系的激励性和吸引力，才能真正发挥薪酬这把双刃剑的作用。

四、制订薪酬策略

薪酬策略是有关薪酬分配的原则、标准、薪酬总体水平的政策和策略。应在对组织环境进行系统分析的基础上，明确怎样的薪酬策略才符合企业的实际情况和企业战略的要求。企业设计薪酬首先必须在发展战略的指导下制订企业的薪酬策略，企业薪酬策略的制订包含水平策略和结构策略两个方面。

（一）薪酬水平策略

薪酬水平是指组织整体平均薪酬水平，包括各部门、各岗位薪酬在市场薪酬中的位置。薪酬的水平策略主要是制订企业相对于当地市场薪酬行情和竞争对手薪酬水平的企业自身薪酬水平策略。供企业选择的薪酬水平策略有以下几种。

1. 市场领先策略

采用这种薪酬策略的企业，薪酬水平在同行业中是处于领先地位的。市场领先策略一般基于以下几点考虑：市场处于扩张期，有很多的市场机会和成长空间，对高素质人才需求迫切；企业处于高速成长期，薪酬的支付能力比较强；在同行业的市场中处于领导地位；经济处于繁荣期。

2. 市场跟随策略

采用这种策略的企业，一般都建立或找准了自己的标杆企业，企业的经营与管理模式都向标杆企业看齐，薪酬水平跟标杆企业差不多。处于经济发展的平稳期，企业的战略为稳定战略的前提下，适合采用市场跟随策略。

3. 市场滞后策略

市场滞后策略即企业在制订薪酬水平策略时不考虑市场和竞争对手的薪酬水平，只考虑尽可能地节约企业生产、经营和管理的成本，这种企业的薪酬水平一般比较低。采用这种薪酬水平的企业一般实行成本领先战略，经济处于萧条期，企业处于初创或转型期，甚至处于衰退阶段。

4. 混合薪酬策略

混合薪酬策略就是在企业中针对不同的部门、不同的岗位、不同的人才，采用不同的薪酬策略。比如对于企业核心与关键性人才及岗位采用市场领先薪酬策略，而对一般的人才、普通的岗位采用非领先的薪酬水平策略。

企业要明确界定各类员工的薪酬水平，以实现员工与企业之间公平的价值交换，这是薪酬管理的重要内容。其基本原则是按照员工对企业的贡献，确定不同的薪酬水平。同时，为了体现薪酬管理对外竞争性的基本原则，还必须根据劳动力市场的供求关系以及社会消费水平的变化，及时对企业员工的总体薪酬水平适时地进行调整。

（二）薪酬结构策略

市场薪酬调查的目的就是为企业确定薪酬结构和薪酬水平提供参考。薪酬结构是薪酬体系的骨架，有广义和狭义之分。狭义的薪酬结构是指同一组织内部不同岗位薪酬水平的对比关系，广义的薪酬结构还包括不同薪酬形式在薪酬总额中的比例关系，如基本薪酬与可变薪酬、福利薪酬之间的不同薪酬组合。薪酬结构主要是指企业总体薪酬所包含的固定部分薪酬（主要指基本工资）和浮动部分薪酬（主要指奖金和绩效薪酬）所占的比例。供企业选择的薪酬结构有以下几种。

1. 高弹性薪酬模式

高弹性薪酬模式是一种激励性很强的薪酬模式，绩效薪酬是薪酬结构的主要组成部分，基本薪酬等处于非常次要的地位，所占的比例非常低（甚至为零），即薪酬中固定部分比例比较低，而浮动部分比例比较高。在这种薪酬模式下，员工能获得多少薪酬完全依赖于工作绩效的好坏。当员工的绩效非常优秀时，薪酬则非常高；而当绩效非常差时，薪酬则非常低甚至为零，比如保险业务一般采用这一薪酬结构。

2. 高稳定薪酬模式

高稳定薪酬模式是一种稳定性很强的薪酬模式，基本薪酬是薪酬结构的主要组成部分，绩效薪酬等处于非常次要的地位，所占的比例非常低（甚至为零），即薪酬中固定部分比例比较高，而浮动部分比较少。在这种薪酬模式下，员工的收入非常稳定，几乎不用努力就能获得全额薪酬，行政性工作岗位适合这一薪酬结构。

3. 调和型薪酬模式

调和型薪酬模式是一种既有激励性又有稳定性的薪酬模式，绩效薪酬和基本薪酬各占一定的比例。当两者比例不断调和变化时，这种薪酬模式可以演变为以激励为主的模式，也可以演变为以稳定为主的薪酬模式。

五、设定薪酬等级

薪酬变动范围又称为薪酬区间，指在某一薪酬等级内部允许薪酬变动的最大幅度。薪酬变动范围说明的是在同一薪酬等级内部，最低薪酬水平和最高薪酬水平之间的绝对差距问题。

等级划分的数目受组织的规模和工作性质的影响，没有绝对的标准。一般来说，等级数目少，薪酬宽度大，员工晋升慢，激励效果差；等级数目多，岗位层次多，管理成本就会增加。可见，薪酬等级与组织结构密切相关，薪酬等级的确定必须考虑组织的结构因素。宽带薪酬模式就是一种与企业组织扁平化相适应的新型设计。

六、设计薪酬体系

（一）薪酬体系的概念

薪酬体系是指薪酬中相互联系、相互制约、相互补充的各个构成要素形成的有机统一体，其基本模式包括基本工资、津贴、奖金、福利、保险等形式。薪酬体系一般来说是指支付薪酬基准，即绝对本薪（基本工资）的根据是什么，按其差异可区分薪酬性质和特征。可见，狭义的薪酬体系决策的主要任务是确定企业基本薪酬的依据。企业可以从职位、技能、能力三个要素中选择其一作为确定薪酬体系的依据。企业可以只选用一种薪酬结构，也可能会同时使用两种或三种薪酬体系，比如对生产人员、职能管理人员、技术研发人员和销售人员采用不同的薪酬体系等。

（二）薪酬体系的类型

薪酬体系要体现公平性和激励性，要能够激发员工的积极性和创造性。选择何种类型的薪酬体系，取决于企业所面对的多种内外部因素。目前，通行的薪酬体系类型主要有岗位薪酬体系、技能薪酬体系和绩效薪酬体系三种。

1. 岗位薪酬体系

岗位薪酬体系是应用最为广泛，同时也是最为稳定的薪酬体系类型。所谓岗位薪酬体系，就是指根据员工在组织中的不同岗位特征来确定其薪酬等级与薪酬水平。岗位薪酬体系以岗位为核心要素，建立在对岗位的客观评价基础之上，对事不对人，能充分体现公平性，操作相对简单。企业如果岗位明晰，职责清楚，工作程序性较强，那么就比较适宜采用岗位薪酬体系。

2. 技能薪酬体系

随着人力资源被提升到战略地位，人才的市场竞争日趋激烈，企业的生存越来越取决于员工的素质能力和聪明才智的发挥。为了增强对人才的吸引力，充分发挥各类人才的工作积极性和潜力，一些企业转而把与企业发展息息相关的员工技术和能力水平作为薪酬等级和水平的确定依据，技能薪酬体系便应运而生。技能薪酬体系又可分技术薪酬体系和能力薪酬体系两种类型。

技术薪酬体系是指组织根据员工所掌握的与工作有关的技术或知识的广度和深度来确定员工薪酬等级和水平。这种薪酬体系根据员工的技术状况来决定个人的薪酬等级与水平，能够吸引和留住高技能水平的员工，也有利于激发这些员工的学习积极性和潜力。对于科技型企业或专业技术要求较高的部门和岗位，这种薪酬体系具有较强的适用性。

能力薪酬体系是以员工个人能力状况为依据来确定薪酬等级与薪酬水平的。这种制度适用于企业中的中高层管理者和某些专家，他们所从事的工作往往难以用职位说明书进行清晰的描述，工作具有很强的创造性、不可预测性和非常规性，工作目标的实现更多地依赖于个人的综合能力。这里说的能力是一种抽象的、综合性的概念，在不同的组织会具体体现为领导力、组织协调能力、控制能力、决策能力等各种具体能力特征的组合，因而在实际工作中，要设计和建立比较完整的能力薪酬体系是比较困难的。

3. 绩效薪酬体系

绩效薪酬体系将员工个人或者团体的工作绩效与薪酬联系起来，根据绩效水平确定薪酬结构和薪酬水平。员工工作绩效主要体现为完成工作的数量和质量所产生的收益以及对企业的贡献。在绩效薪酬体系下，企业需要建立一套客观、公正的绩效考核体系。因此，这种薪酬体系主要适用于工作程序性、规则性较强，绩效容易量化的岗位或团队，以便能够清楚地将绩效与薪酬挂钩。目前，绩效薪酬体系多以个人绩效为基础。这种模式操作简便，有利于促进个人工作积极性的提高。企业也可以团队为基础建立绩效薪酬模式，这种做法既体现了组织发展的趋势和要求，又有利于强化组织内部的沟通与合作。

上述三种类型的薪酬体系各有利弊。在进行薪酬体系的选择与设计时，主要看这种薪酬体系能否与企业的内外环境相适应，能否有利于激发员工的工作热情，能否提高企业的竞争力，能否有助于企业战略目标的实现。对于规模庞大且构成复杂的企业，在进行薪酬体系设计时，可同时采用多种薪酬体系。

（三）薪酬体系设计

1. 岗位薪酬体系设计

岗位薪酬体系根据每个岗位的相对价值来确定薪酬等级，通过市场薪酬水平调查来确定每个等级的薪酬幅度。这种薪酬体系的基本思想是：不同的岗位有不同的相对价值，相对价值越高的岗位对企业的贡献就越大，因而就应该获得较高的报酬。实行岗位薪酬体系的企业要求岗位说明书清楚明晰、组织环境稳定、工作对象比较固定。设计岗位薪酬体系的关键在于科学合理地确定能够反映岗位相对价值的因素、指标和权重，并对每个岗位所包含的价值进行客观评价。

岗位薪酬体系以岗位评价为基础，其优点非常明显，不仅容易实现同岗同薪，凸显公平性，也便于按岗位进行系统管理，管理成本较低。当然，这种岗位薪酬体系也为员工的发展规划出一条清晰的路线，从一定意义上来讲，也有助于员工的发展。但是，这种过于清晰的、单一化的晋升路线却忽略了员工的个性特征，所以，也容易错误地引导员工盲目地追求岗位的晋升，从而影响员工个人的职业生涯发展。特别是那些技术类的员工，一旦达到一定的岗位，就再也没有上升的空间。这种薪酬体系的不足还表现为另外两个方面：一是岗位薪酬体系直接与岗位挂钩，忽视同一岗位可能存在的绩效差异，可能会挫伤许多员工的工作热情和积极性；二是岗位薪酬体系属于高稳定薪酬模式，这种模式虽然可使员工获得比较强的安全感，但缺乏对员工的有效激励，还在一定程度上加剧了组织缺乏灵活性和弹性的现象。

岗位薪酬与组织结构、岗位设置、岗位特征密切相关，实质上是一种等级薪酬。岗位薪酬体系首先要对每个岗位所要求的知识、技能以及职责等因素的价值进行评估，根据评估结果将岗位分成不同的薪酬等级，每个薪酬等级包含若干个综合价值相近的岗位，再经过市场薪酬调查来确定适合本企业的薪酬水平，按职位的权重对应不同的薪酬等级，从而形成“薪酬金字塔”。

2. 技能薪酬体系设计

技能薪酬体系以员工所掌握的与职位相关的知识和技术的深度与广度为依据来确定薪酬等级和薪酬水平。要采用技能薪酬体系，企业必须首先建立一套技能水平评估标准，员工薪酬随着技能等级的变化而变化。技能薪酬本质上是一种激励薪酬，能够刺激员工不断扩展知识、技能的深度和广度，最终有利于企业绩效的提高。随着员工知识、技能的深化和扩展，其工作面也将变得开阔，每人都能成为多面手，岗位调动比较容易。但是，盲目地参加培训和学习深造会增加人力资源提升的成本，也容易造成人才、知识的浪费。技能薪酬体系的设计程序如同岗位薪酬体系的设计过程，只不过它是以技能为分析、评价对象，结果是得出对应不同薪酬水平的技能等级。

技能分析是对某个工作所需技能信息进行收集和分析，技能评估就是获得不同技能相对价值的过程。技能评估以技能分析为基础，因此，技能分析的内容决定着技能评估的合理性、真实性，决定着技能薪酬体系运作的有效性。对技能的分析要能体现不同薪酬等级所要求具备的技能的种类、数量和质量。技能分析的基本内容包括技能单元和技能模块。

（1）技能单元。技能单元是技能分析的基本元素，是最小的分析单元，是对特定工作的具体说明。技能单元的描述和职位描述相一致，比如“将螺帽紧扣在螺钉上”是对工作任务的描述，它的技能描述就是“具备使用扳手拧紧螺钉的能力”。对工作任务的描述是技能分析的第一步，它是指从事某项具体工作任务所需要的技术或者知识。

（2）技能模块。技能模块是指从事某项具体工作任务所需要的技术或知识。技能模块的本质是对技能单元进行分组，比如“拧螺钉”是一种技能，它可以被划分到“维修机器”这一技能模块中。技能模块是技能薪酬设计的基础，是区别于岗位薪酬的显著特征。技能模块的形式决定了技能薪酬的不同类型，包括技能等级模块和技能组合模块两种。

七、制订薪酬制度

薪酬体系设计完成之后必须制度化、标准化，才能成为企业薪酬制度。通过实施薪酬制度才能实现薪酬的战略及目标。在正式实施之前，企业要对将要实施的薪酬结构和水平进行必要的宣传，并且注重和员工特别是中层人员进行有效沟通，以广泛征求意见，为薪酬制度的实施做好充分的准备。

企业薪酬制度设计是企业薪酬管理的一项重要任务。不同的企业薪酬制度有不同的适用对象和范围，关键是要选择与企业总体发展战略以及实际情况相适应的薪酬制度。

第四节　福利

一、福利的含义和特点

在企业员工的薪酬体系中，除了基本工资和绩效工资外，还有比较重要的一部分内容就是福利。所谓福利就是企业向所有员工提供的，用来创造良好工作环境和方便员工生活的间接薪酬，一般包括健康保险、带薪假期或退休金等形式。与基本工资、绩效工资和奖金相比，福利具有以下几个明显的特点。

（一）稳定性

与企业薪酬的其他部分相比，福利项目具有更大的稳定性，一般在确定以后，很难更改或取消。

（二）潜在性

福利消费具有一定的潜在性。基本工资、绩效工资以及奖金是员工能拿到手中的货币支付工资，而福利则是员工所消费或享受到的物质或者服务。所以，员工可能会低估企业的福利成本，并抱怨其某些要求得不到满足。同样，管理人员也可能意识不到福利的成本及作用。

（三）延迟性

福利中的很多项目是免税的或者税收是延迟的。这在无形中减少了企业的开支，使企业能把更多的资金用在改进工作效率或者改善工作条件上，提高员工的福利水平。

二、福利的本质

福利本质上是一种补充性报酬，往往不以货币形式直接支付给员工，而是以服务或实物的形式支付给员工，例如带薪休假、成本价的住房、子女教育津贴等。福利有多种形式，包括全员性福利、特殊福利和困难补助。它们在形式上的不同，源自内容的差异。其中，全员性福利针对所有的员工，例如子女的教育津贴；而特殊福利只针对某一些群体，例如只给部门经理级以上员工报销手机费；困难补助是针对有特殊困难的员工，例如给身患癌症的员工发一些慰问金。

三、福利的种类

福利自身包含的项目较多，从不同的角度可以对福利进行多种分类。

（一）依据福利的表现形式分类

依据福利的表现形式，可以分为经济性福利和非经济性福利。前者包括企业支付的各种保险项目、住房补贴等；后者主要表现为职业培训、职业生涯设计、良好的工作环境等。

（二）依据福利的灵活性分类

依据福利的灵活性，可以分为固定福利和弹性福利。固定福利设定后，员工没有选择的余地；而在弹性福利计划下，员工可以根据自己的偏好在一定范围内灵活选择。

（三）依据福利项目是否具有法律强制力分类

依据福利项目是否具有法律强制力，可以分为法定福利和企业自主福利。法定福利主要包括基本养老保险、基本医疗保险、失业保险、工伤保险、生育保险和住房公积金、法定假期。企业自主福利是在国家强制之外由企业提供的福利项目，包括企业年金、团体人寿保险、补充医疗保险、弹性福利和其他福利。

1. 法定福利

所谓法定福利，是由国家相关法律和法规规定的福利内容。国家法定福利具有强制性，任何企业都必须执行。《中华人民共和国劳动法》第七十六条明确规定："用人单位应当创造条件，改善集体福利，提高劳动者的福利待遇[①]。"我国目前的法定福利主要包括社会保险和法定休假。

（1）养老保险。养老保险制度是国家和社会根据一定的法律和法规，为解决劳动者在达到国家规定的解除劳动义务的劳动年龄界限，或因年老丧失劳动能力、退出劳动岗位后的基本生活而建立的一种社会保险制度。养老保险具有强制性、互济性、储备性、社会性等特点。目前世界上实行养老保险制度的国家可分为三种类型，即投保资助型（也叫传统型）养老保险、强制储蓄型养老保险（也称公积金模式）和国家统筹型养老保险。

---

① 2018年12月29日第十三届全国人民代表大会常务委员会第七次会议《关于修改〈中华人民共和国劳动法〉等七部法律的决定》第二次修正。

（2）失业保险。我国过去称失业保险为待业保险，是指劳动者因失业而暂时中断生活来源时，在法定期间从国家和社会获得物质帮助的一种社会保险制度。失业保险制度包括国家强制性失业保险、非强制性失业保险、失业补助制度、综合性失业保险制度等。

（3）医疗保险。医疗保险是指国家立法规定并强制实施的、在人们生病或受伤后由国家或社会给予一定的物质帮助，即提供医疗服务或经济补偿的一种社会保险制度。医疗保险具有与劳动者的关系最为密切、和其他人身保险相互交织、存在独特的第三方付费制、享受待遇与缴费水平不是正相关等特点。

（4）工伤保险。工伤保险又称职业伤害保险或伤害赔偿保险，是指依法为在生产工作中遭受事故伤害和患职业性疾病的劳动者及其亲属提供医疗救治、生活保障、经济补偿、医疗和职业康复等物质帮助的一种社会保险制度。工伤保险制度有三条实施原则，即无过失补偿原则，风险分担、互助互济原则，个人不缴费的原则。

（5）生育保险。生育保险是指妇女劳动者因怀孕、分娩而暂时中断劳动时，获得生活保障和物质帮助的一种社会保险制度。实行生育保险是对妇女生育价值的认可，对于保证生育女职工和婴儿的身体健康，促进优生优育，真正实现男女平等具有十分重大的意义。

（6）住房公积金。住房公积金是指国家机关、国有企业、城镇集体企业、外商投资企业、城镇私营企业及其他城镇企业、事业单位、民办非企业单位、社会团体及其在职职工缴存的长期住房储金。

（7）法定假期。

①公休假日。目前我国实行每周休息两天的公休假日制度。公休假日是劳动者工作满一个工作周期之后的休息时间。国家实行劳动者每日工作时间不超过 8 小时，平均每周工作时间不超过 44 小时的工时制度。用人单位应当保证劳动者每周至少休息一天。在公休日加班的员工应享受相当于正常工资的 200％。

②法定节假日。根据《国务院关于修改〈全国年节及纪念日放假办法〉的决定》，我国自 2014 年 1 月 1 日起法定节假日共 11 天，包括：元旦，放假一天（1 月 1 日）；春节，放假三天（农历正月初一、初二、初三）；清明节，放假一天（农历清明当日）；劳动节，放假一天（5 月 1 日）；端午节放假一天（农历端午当日）；中秋节，放假一天（农历中秋当日）；国庆节，放假三天（10 月 1 日、2 日、3 日）。在法定节假日加班的员工应当享受相当于正常工资的 300％。

③带薪年休假。带薪年休假是指员工工作满一定的时间后可带薪休假一定的

时间。《劳动法》第45条规定，国家实行带薪年休假制度。职工连续工作1年以上的，享受带薪年休假。其中累计工作已满1年不满10年的年休假为5天；已满10年不满20年的年休假为10天；已满20年的，年休假15天。国家法定节假日和公休假日不计入年休假的假期内。

④其他假期。在我国，员工还可以享受探亲假、婚丧假、产假与配偶生育假、病假等。员工因为身体疾病不能正常工作时，应享有病假。员工在规定的病假期内能够享受正常的薪资待遇。

2. 企业自主福利

（1）企业年金。企业年金也叫企业补充养老保险，是企业及其职工在依法参加国家基本养老保险的基础上，在国家相关法律法规框架内，根据本企业特点自愿建立的补充养老保险计划，是延期支付的工资收入，是员工福利制度的重要组成部分。

（2）团体人寿保险。团体人寿保险是企业为员工提供的集体福利项目，是市场经济国家比较常见的一种企业福利形式。

（3）补充医疗保险。由于国家的基本医疗保险只能满足参保人的基本医疗需要，超过基本医疗保险范围的医疗需求可以通过其他形式的医疗保险予以满足。由用人单位和个人自愿参加，它能补充基本医疗保险的不足，负责封顶线以上的医疗费用开支。有利于保证企业职工队伍稳定，增强企业凝聚力和竞争力。能适应不同群体的需求，有利于建立多层次医疗保障制度。

（4）弹性福利。弹性福利是指企业在考虑员工需要的基础上，设计一套员工可以有限度地自主选择福利项目的制度。员工可以自主选择满足自己需要的福利项目，无形中就增加了福利对员工的价值。同时，由于给员工自由选择的权利，在一定程度上的员工感到自己被尊重，进而激发员工为企业的发展服务的潜能。对企业而言，这种福利制度能提高员工的满意度进而提高企业的竞争能力。不足的是这种制度设计起来难度比较大，管理的难度和费用都比较高。

（5）其他福利。除了以货币形式提供的福利，企业为员工和员工家庭提供旨在帮助员工克服生活困难和支持员工事业发展的福利形式。其他福利主要包括为员工提供心理咨询、家庭援助等福利安排，为员工提供定期健康检查，根据实际情况自主决定向员工提供一些其他的福利项目。由于不具有强制性，因而其他福利也没有统一的标准。常见的其他福利项目有员工个人发展福利和住房补助福利。员工个人发展福利，主要包括培训、继续教育或深造。住房补助福利是指企业可以通过向员工提供免费单身宿舍、夜班宿舍、廉价公房出租、购房利息贷款和购房补贴等解决员工的住房困难问题。此外，企业组织的集体活动、交通费补贴、午餐补贴等都是比较常见的福利项目。

第八章　人力资源管理者队伍建设

人力资源管理者是做好组织人力资源管理的重要保证。人力资源管理者必须有先进的人力资源管理理念、过硬的人格品质、合理的知识结构、较强的工作能力、健全的心理素质与一定的人事工作经验。加强人力资源管理者队伍建设十分重要。

第一节　人力资源管理者的职业化

一、人力资源管理者的概念

人力资源管理者也即人力资源管理人员，是从事人力资源规划、员工招聘选拔、绩效考核、薪酬福利管理、培训与开发、劳动关系协调等工作的专业管理人员。人力资源管理者的任务是选人、育人、用人、留人，调动各类员工的积极性和创造性，同时也必须运用劳动法规和劳动合同来规范人力资源管理活动，协调处理企业的劳资纠纷，从而求得人与事相适应，达到事得其人、人适其事、人尽其才、事竟其功的目的。人力资源管理者的作用越来越受到企业决策层的重视，许多企业逐渐走出了人事管理的误区，把人力资源管理看成是一种战略性的管理，并把人力资源经理或管理者称为战略合伙人。

就企业组织结构来讲，一般企业的组织都可以分成三个管理层次，即：决策层、中间层和操作层。组织的层次划分通常呈现金字塔式，即决策层的管理者少，执行层的管理者多一些，操作层的管理者更多。通常我们也称决策层的管理者为高层管理者，执行层的管理者为中层管理者，操作层的管理者为基层管理者。不同层次不同岗位的管理者，在组织运行中扮演着不同的角色。高层管理者最重要的角色是决策角色，确定公司经营的大政方针、发展方向和规划，掌握政策，制订公司规章制度以及进行重要的人事组织及其变动等，也就是说，凡关系到公司全局、长远发展的重大问题，凡是与外部协作和市场竞争有关的重大问题，均由高层经理处理决策。基层管理者则主要是调动下属成员进行团队合作，组织一线职工努力完成生产计划和工作任务。而作为中间的企业中层管理者是企业的中坚力量，则承担着企业决策、战略的执行及基础管理与决策层的管理者沟通的工作。他们的工作具有既承上启下，又独当一面的特点。人力资源管理者属于执行层。

二、人力资源管理者的职业化

在人力资源管理的理念和实践萌芽与发展初期，人力资源管理者很多是从一线员工中调任的，通常是在经营业务上并不出色却善于与人相处的管理人员，甚至有部分是因为在工作中不能胜任或即将退休而被调配到该部门。部门多定位于从事行政性、事务性的工作，这与当时的工业时代背景和管理意识相一致。在知识化、网络化和竞争化的时代进程中，人力资源管理人员的职业化、专业化趋势日渐成熟，人力资源管理逐渐开始由一个专业成为一个职业。

职业和工作并非对应的概念，工作是职业的初级阶段随着社会分工的细致和知识体系的强化与扩张，工作发展到一定阶段时，才成为职业。职业是具有较高社会地位的知识性工作，包含四个基本特征：专业化知识、自治、对其他次要工作群体的权威以及一定程度上的利他主义。因此，从工作向职业转变的过程可以说就是职业化的过程。

基于这种认识，关于职业的特征成为社会学家研究的重点。1915 年，来克斯纳最早描述职业的六点特征：个人责任感、科学和学问的基础、实用的专门化知识、通过组织分享普遍的技术、自组织形式、利他主义意识。1957 年柏林沃德又为职业给出了更为清晰的界定：系统化的理论、权威、社区约束力、伦理规范、一种文化。在此基础上，社会学家豪斯将诸多特征融合为两个，即专门化的知识训练以及坚守行为标准。1968 年，社会学家帕森在其一篇论文中将其描述为：正规的训练、高标准的技术、能够确保社会责任。1970 年，社会学家墨尔的研究特别令人瞩目，他将职业化看成一个发展过程，包括的几个阶段：工作、职业、正规化的组织、要求教育的组织、倾向服务的组织以及享有独立自治权的组织。从中可以看出职业化的最高阶段即组织享有健全的职业自治权。

专家指出，工作如果能够向社会证明其将有的贡献性就能够成为职业，比如责任感、较高的教育水平以及服务意识等，这些特征能够证明其符合公认的职业地位。对于职业特征的研究最终发展出职业主义意识形态，研究法规成功的企业在价值和职业主义方面与其他企业相比具有鲜明的特色。职业主义的两个基本要素就是专门化的知识和自治权，职业化是基于共同知识的专业化与基于独立利益的自治的形成过程。基于共同知识的专业化意味着共同的知识话语与规则的形成，但是“知识话语的确立并不仅仅涉及知识的重新布局，而且势必涉及社会利益格局某种程度的改变，涉及利益的社会再分配”。也就是说，它意味着拥有共同的文化资本，分享共同的文化背景，以及拥有同样的生产关系（话语的生产和分配）的阶段的形成。这里的自治包括职业独立，独立于政府和社会之外；也包括职业自律，职业角色通过职业理念和精神的内化而成为职业良心。

职业化是劳动社会化分工条件下的组织原则，也是劳动力市场构建的一种方式。职业化使工作跳出了自由竞争的劳动力市场，市场的准入资格、竞争程度、薪资水平等都发生了变化，各种形式的职业同盟逐渐形成。

随着人力资源管理在组织中的地位日益重要，人力资源管理者的角色定位被提升到前所未有的高度：组织的战略合作伙伴。在传统的人力资源管理中，更为强调个体人力资源的产出（营业额、满意度以及绩效），各个人力资源职能相互之间是分离而独立的。但在战略人力资源管理中，战略是商业导向，关注于组织的整体效能；人力资源则被作为资产、资源，采用广泛的、权变和一体化的方法进行管理。战略化意味着人力资源对其他工作、职业的影响力以及在组织绩效的影响中权重更大。立足于职业化的角度，人力资源战略化的基础和核心是人力资源职业自治。

工业革命以前，技能型工匠保持了其对于工作的职业控制。工业革命开始后，他们慢慢丧失了这种权力而成为机械生产下的一般技术工人。早期的工艺依然存在，但是工人对于工作方式的控制权被工厂主（或者管理者）剥夺掉了，职业的特性也随之改变、消失。工人不再被看作“独立的承包人”，而成了依附于组织的“零部件”。行政管理工作在组织内的地位和工作控制权不断提升。社会学家在对一些专业如何重获对于工作控制权的研究中发现，不同的工作就谁能胜任何种职业以及在多大程度上影响组织总体绩效不断地进行协商与博弈。以前，人力资源管理对组织绩效的影响是与其他职能的作用混杂在一起的，而在当前的有些组织内人力资源管理定位不高，也主要是由于其无法明确对于组织整体绩效的贡献程度。尚未成为组织战略合作伙伴的人力资源管理者们不断地营销其拥有商业导向的人力资源知识和技能的权限主张，努力使最高管理层接受以提高其职业地位。

然而，要想使人力资源管理在组织内真正成为战略性职能，必须将其当成独立的职能部门来看待，即为了有效地向企业内部客户提供服务，人力资源管理者对于工作的控制权和自主权理应得到加强。在美国的一些企业中，高层人力资源管理者已经开始把人力资源管理作为战略性业务单元来看待，试图根据他们的顾客基础、顾客需求以及满足顾客需求的技术等条件来界定其业务内容。这种理念的根本正是与职业化理念相契合的，其基础都是要赋予人力资源管理以职业自治权。因此，可以说，人力资源管理的战略化进程正是人力资源管理职业化发展的体现，职业化的成熟将会为人力资源管理在组织内的定位和运作提供良好的基础和平台。

美国是人力资源管理职业化较早的国家，在人力资源管理领域职业化发展进程中最具有代表性，在某种程度上已达到了上述标准，成为一个职业。美国拥有人力资源管理协会、国际人力资源管理协会（lFMA）、雇员关系促进委员会（PERC）等众多著名的人力资源职业资格认证机构。总部位于弗吉尼亚的国际人力资源管理协会（IFMA）主要从事公共机构人力资源从业者的职业资格认证，而总部位于亚特兰大的雇员关系促进委员会（PERC）主持的认证项目是劳资关系专家证书（CERP）认证。美国人力资源管理协会成立于1948年，在美国之外的120个国家设有分会，拥有175000名会员，是目前世界上最大的人力资源管理组织。该协会由从事人力资源管理的专业人士制订认可的人力资源管理标准；对通过其专业经验和综合书面考试、满足人力资源管理标准的人力资源人士进行认证；向有志成为人力资源管理专业的人员提供信息和申请材料，回答办理有关证书手续方面的问题；评估换证申请，负责颁发新证和换证；监督证书考试操作机构的运作；保存所有获得证书的人力资源管理专业人员的数据库；向董事会提供行政管理和人员支持。另外，美国在薪酬福利、人力资源信息管理、培训开发等领域还分别具有相应的专门组织机构。尽管每个协会都有适合自己的一套道德行为准则，但是，这些准则在诚实、守法、熟练程度、忠诚以及保密等五个方面提倡的内容具有共通性。

在美国，人力资源领域的应用研究机构主要是高校、咨询机构以及职业性机构，在研究成果和人力资源管理实践之间尚存有一定的差距，这不仅仅是知识的缺口，还是“知行”之间的矛盾。美国人力资源实践方面的知识体系由人力资源认证协会整理汇总，这包括：管理实践、培训开发、薪酬福利、员工关系以及健康、安全、保障等。

人力资源管理者的职业化已经成为大趋势。目前，我国已经出台相关的规定，对人力资源管理者进行规范，我同已经形成比较规范的人力资源管理者职业体系。根据人力资源和社会保障部有关规定，人力资源管理者的职业等级分为四个，分别为：企业人力资源管理员（国家职业资格四级）、助理企业人力资源管理师（国家职业资格三级）、企业人力资源管理师（国家职业资格二级）、高级企业人力资源管理师（国家职业资格一级）。目前开展有人力资源管理员（国家职业资格四级）、助理人力资源管理师（国家职业资三级）、人力资源管理师（国家职业资格二级）的全国统一鉴定、颁发证书工作。

第二节　人力资源管理者的任务

现代人力资源管理是一个人力资源的获取、整合、保持、激励、控制、调整及开发的过程，包括求才、用才、育才、激才、留才等内容和工作任务。一般说来，现代人力资源管理主要包括以下几大系统：人力资源的战略规划、决策系统；人力资源的成本核算与管理系统；人力资源的招聘、选拔与录用系统；人力资源的教育培训系统；人力资源的工作绩效考评系统；人力资源的薪酬福利管理与激励系统；人力资源的保障系统；人力资源的职业发展设计系统；人力资源管理的政策、法规系统；人力资源管理的诊断系统。具体地说，现代人力资源管理主要包括以下一些具体内容和工作任务。

一、制订人力资源计划

人力资源管理者的首要任务就是制订人力资源规划。人力资源规划是预测未来的组织任务和环境对组织的要求，以及为了完成这些任务和满足这些要求而设计的提供人力资源的过程。它要求通过收集和利用信息对人力资源活动中的资源使用活动进行决策。对于一个企业来说，人力资源规划的实质是根据企业经营方针，通过确定企业人力资源来实现企业的目标。人力资源规划分战略计划和战术计划两个方面。

（一）人力资源的战略计划

战略计划主要是根据企业内部的经营方向和经营目标，以及企业外部的社会和法律环境对人力资源的影响，制订的较长期计划，一般为两年以上。但同时要注意其战略规划的稳定性和灵活性的统一。在制订战略计划的过程中，必须注意以下几个方面因素：

（1）国家及地方人力资源政策环境的变化。包括同家对于资源的法律法规的制订，对于人才的各种措施，如国家各种经济法规的实施，国内外经济环境的变化，国家以及地方对于人力资源和人才的各种政策规定等。这些外部环境的变化必定影响企业内部的整体经管环境，使企业内部的人力资源政策也应该随着有所变动。

（2）企业内部的经营环境的变化。企业的人力资源政策的制订必须遵从企业的管理状况、组织状况、经营状况变化和经营目标的变化，由此，企业的人力资源管理必须依据以下原则，根据企业内部的经营环境的变化而变化。一是变定原则。变定原则要求企业不断提高工作效率，积累经营成本，企业的人力资源应该以企业的稳定发展为管理的前提和基础。二是成长原则。成长原则是企业在资本积累增加、销售额增加、企业规模和市场扩大的情况下，人员必定增加。企业人力资源的基本内容和目标是为了企业的壮大和发展。三是持续原则。人力资源应该以企业的生命力和可持续增长，并保持企业的永远发展潜力为目的。必须致力于劳资协调，人才培养与后继者增加工作。现实中，企业的一时顺境并不代表企业的长远发展，这就要求企业领导者和人力资源管理者，具有长远目标和宽阔的胸襟，从企业长远发展大局出发，协调好劳资关系，做好企业的人才再造和增加接班人的工作。因此企业的人力资源战略必须是企业整体战略的一个有机组成部分，而人力资源战略就是联系企业整体战略和具体人力资源活动的一座桥梁。

(3) 人力资源的预测。根据公司的战略规划以及企业内外环境的分析而制订人力资源战略计划，为配合企业发展的需要，以及避免制订人力资源战术计划的盲目性，应该对企业的所需人才做适当预测。在估算人才时应该考虑以下因素：因企业的业务发展和紧缩而需增减的人才；因现有人才的离职和退休而潜在补充的人才；因管理体系的变更、技术的革新及企业经营规模的人才。

(4) 企业文化的整合。企业文化的核心就是培育企业的价值观，培育一种创新向上、符合实际的企业文化。在企业的人力资源规划中必须充分注意企业文化的融合与渗透，保证企业经营的特色企业经营战略的实现和组织行为的约束力，只有这样，才能使企业的人力资源具有延续性，具有符合自己发展的本企业的人力资源特色。总之，一个企业的人力资源规划，必须充分与企业外部环境和内部环境协调，并融合企业文化特色。

（二）企业人力资源的战术计划

战术计划是根据企业未来面临的外部人力资源供求的预测以及企业的发展对人力资源需求量的预测，而制订的具体方案，包括招聘、辞退、晋升、培训、工资政策和组织变革等。在人力资源的管理中有了企业的人力资源战略计划商，就要制订企业的人力资源战术计划。人力资源的战术计划一般包括四部分：

(1) 招聘计划。针对人力资源所需要增加的人才，应制订出该项人才的招聘计划，一般一个年度为一个时期。其内容包括：计算各年度所需人才，并计算考察出可内部晋升调配的人数；确定各年度必须向外招聘的人才数量；确定招聘方式；寻找招聘来源，对所聘人才如何安排工作职位，并防止人才流失。

(2) 人才培训计划。人才培训计划是人力资源计划的重要内容，人才培训计划应按照公司的业务需要和公司的战略目标，以及公司的培训能力，分别确定下列培训计划：新进人才培训计划；专业人才培训计划；部门主管培训计划；一般人员培训计划；人才选送进修计划；考核计划。一般而言，企业内部因为分工的不同，对于人才的考核方法也不同，在市场经济情况下，一般企业应该把员工对于企业所做出的贡献作为考核的依据。这就是绩效考核方法。绩效考核计划要从员工的工作成绩的较量和质量两个方面对员工在工作中的优缺点进行判断。如市场营销人员和公司财务人员的考核体系就不一样，因此在制订考核计划时，应该根据工作性质的不同，制订相应的人力资源绩效考核计划。它包括以下三个方面：工作环境的变动性大小；工作内容的程序性大小；员工工作的独立性大小。绩效考核计划做出来以后，要制订相应的考核办法。一般有以下主要方法：员工比较法；关键事件法；行为对照法；等般鉴定法；目标管理法。

二、激发员工积极性

现代企业人力资源管理的主要目的是通过卓有成效的管理和开发措施，充分调动职工的工作积极性，保证生产经营目标的实现。建立激励机制正是调动职工积极性的重要措施，具有十分重要的意义。人力资源管理者要通过物质激励、精神激励等多种途径充分调动员工的工作积极性。

（一）物质激励

物质激励是指通过发放工资、奖金、实物等物质性手段对员工产生的激励作用。物质激励是建立企业激励机制的重要途径。设立科学合理的物质激励方案是现代企业管理的一项重要内容。过去，我国企业过分强调精神激励的作用，忽视了物质激励的重要性，导致职工积极性不高，企业工作效率低下等很多问题。改革开放以后，我国企业开始重视物质激励的重要作用，物质激励在企业管理中的作用日益重要。相对而言，西方国家对物质激励的研究起步早，方法科学，有很多我们可以借鉴的地方。

在企业人力资源管理中，要非常重视工资的激励作用。工资不仅仅是员工劳动的报酬，也是激励员工努力工作的重要手段。如何使工资成为激发员工努力工作的动力，是企业人力资源管理的一项重要内容。过去，我国企业普遍实行“大锅饭”的工资体制，这极大地制约了员工积极性的提高。在现代企业制度下必须对企业的工资制度进行认真的研究和改革。

1. 拉开工资差距

拉开工资差距是充分发挥工资激励作用的有效办法。如果企业员工工资水平基本相同，员工就有可能没有追赶的目标，感到再努力工作也不会提高收入，从而影响工作积极性。拉开工资差距要考虑三个因素：

一是工资差距要根据企业不同岗位承担的不同工作确定，真正使贡献大的员工得到高收入，体现按劳分配的原则。

二是实行高工资的员工数量应少，如果多数员工普遍提高工资就不能称为拉开工资差距，也起不到激励作用。这就需要企业在确定哪些岗位和人员实行高工资时，应权衡企业的实际需求状况，进行综合对比。

三是工资差距要合理。工资差距过小，起不到激励的作用；工资差距过大，企业难以承受。因此，确定工资差距一定要合理。在具体标准上，高工资应是低工资的10倍以上，20倍以下。

2. 保证最低需要

保证最低需要要求企业在确定工资标准时，必须参照当地的生活水平和国家有关规定，使内部员工工资都能够满足基本的生活需要。如果企业做不到这一点，员工就会由于基本生活没有保障而无法安心工作，企业人力资源的各项措施都难以发挥成效。

3. 保持工资涨幅

企业在设计工资制度时，要使员工工资在固定基数的基础上，随企业效益的变化适当上涨。一般地说，多数企业都会及时调整员工工资。员工工资上涨必须保持一定的幅度。这个幅度要合理，不能太大，也不能太小。如果这个幅度过大，可能导致员工保持较高的期望值，一旦企业经济效益下降，员工期望值不能得到满足时，就会影响员工积极性的发挥。过高的工资涨幅也使企业的自我积累减少，容易削弱企业发展后劲。但是，涨幅过小又不能起到激励员工的作用。因此，研究符合我国企业实际情况的工资涨幅十分必要。

4. 照顾多数员工

企业设计工资制度时，既要体现按劳分配的原则，充分调动员工的工作积极性，形成竞争激励机制，又要注意照顾多数员工的利益。企业的发展要依靠广大员工的共同努力，否则就不能有大的发展。因此，企业要保证有足够的财力照顾多数员工的利益，保证多数员工的基本生活需要。在此前提下设计工资制度。

在发挥好工资作用的同时，也要运用好奖金、实物等方法的激励作用。同时，在物质激励手段的运用中应坚持一定的原则。一是坚持按劳分配原则。按劳分配使拥有劳动能力的人都能够努力为企业工作，坚持按劳分配原则能够体现出激励的作用，促使职工努力工作。二是保证企业发展后劲的原则。搞好物质激励必须建立企业内部的自我约束机制，服从和服务于企业生产经营的需要。这就要求企业坚持分配总额与经济效益紧密挂钩，既使企业员工收入不断提高，又不能影响企业的发展后劲。三是物质激励和精神激励相结合的原则。物质激励不是万能的，这一点已经被中外企业实践和理论界所证明。因此，企业在对员工进行物质激励时一定要与思想教育相结合，引导员工正确看待物质利益，切实关心员工、爱护员工，从灵魂深处激发员工的工作积极性。

（二）精神激励

精神激励是相对于物质激励而言的。它是通过表扬、鼓励等思想工作的手段，使员工受到肯定和尊重，从而激发他们工作热情，努力完成承担的工作任务。马克思主义哲学认为，内因决定外因。物质激励属于外因，精神激励才是调动员工积极性的动力。实践证明，当员工取得成就时，最渴望得到承认和表彰。

三、进行岗位分析

岗位分析是人力资源管理者的一项重要任务，它是一个全面的评价过程，这个过程可以分为四个阶段：准备阶段、调查阶段、分析阶段和完成阶段，这四个阶段关系十分密切，它们相互联系、相互影响。

（一）准备阶段

是岗位分析的第一阶段，主要任务是了解情况，确定样本，建立关系，组成工作小组。具体工作如下：明确工作分析的意义、目的、方法、步骤；向有关人员宣传、解释；与员工建立良好的人际关系，并使他们做好心理准备；组成工作小组，确定调查和分析对象的样本，同时考虑样本的代表性；把各项工作分解成若干工作元素和环节，确定工作的基本难度。

（二）调查阶段

是岗位分析的第二阶段，主要任务是对整个工作过程、工作环境、工作内容和工作人员等主要方面做一个全面的调查。具体工作如下：编制各种调查问卷；灵活运用各种调查方法，如面谈法、问卷法、观察法、参与法、实验法、关键事件法等。广泛收集有关工作的特征以及需要的各种鼓励；重点收集工作人员必需的特征信息；要求被调查的员工对各种工作特征和工作人员特征的重要性和发生频率等做出等级评定。

（三）分析阶段

是岗位分析的第三阶段，主要任务是对有关工作特征和工作人员特征的调查结果进行深入全面的分析。具体工作如下：仔细审核收集到的各种信息；创造性地分析、发现有关工作和工作人员的关键成分归纳、总结出工作分析的必需材料和要素。

（四）完成阶段

是岗位分析的最后阶段，前三个阶段的工作都是以达到此阶段作为目标的，此阶段的任务就是根据规范和信息编制“工作描述”和“工作说明书”。

四、人才的招聘与选拔

选拔与招聘人才是人力资源管理者的根本任务之一。人力资源管理者既要招聘并储备大量适合人才，又要做好人员及文化整合，搞好培训，做好员工职业生涯管理，实现企业与员工发展的双赢。

在人才的招聘问题上，首先要明确一个前提：是选择最优秀的还是选择最适合企业的。也许有人认为，最优秀的人才才能为企业带来更多的创新和价值。而事实上，经过企业层层考核和筛选，最优秀的人才却往往和企业环境格格不入，有时似乎业绩也很一般，最终还是带着种种不如意选择离开，企业用来面试、评估的时间、成本，一切投入都将付诸东流。如果说一次情况的出现可能只是巧合，而作为企业人力资源管理者却总是陷入这样的困境。研究表明，只有最适合企业的人才，才能很好地认同企业的文化，发挥他们的积极性和创造性。那么，如何招聘最适合企业的人才，以下几方面作了很好的解释。

（一）要对企业发展阶段和外部环境有清醒的认识

企业处于不同的发展阶段，对员工的要求也不同。在初创阶段，企业需要大量有经验的人员来完善企业的业务和制度，他们的经验对于企业来说是一笔财富；当企业处于快速成长期，对人员的要求主要偏重于创新和变革的能力，没有创新和变革能力的人，他们可能会把原有的工作开展得很好，但是企业在产品、服务和经营方式上却少有创新，因此很难帮助企业取得进一步的发展。对于企业外部环境的评估也是很重要的一个方面。当企业的外部环境复杂、变化很快时，其员工必须有敏锐的洞察力，同时具有快速学习、分析问题和解决问题的能力。这样的员工才能很好适应外部环境的变化，对面临的问题做出正确的判断。

（二）对应聘者的评估

在招聘过程中，企业的人力资源管理者一般都是以职位分析和描述来设计面试问题，但是这些问题只能提供关于工作内容的信息，无从得知做好该职位应具备哪些行为方式。因此，在面试问题的设计上就要权衡各方面的因素。好的问题能够探究应聘人员的行为方式，获得信息说明应聘人员是否有能力做好工作。另外，不能将评估的标准统统设置在是否符合岗位的任职技能方面，将对任职技能的评估代替对应聘者综合能力以及与企业匹配程度的评估。

（三）双方的沟通

招聘是个双向选择的过程，在企业评估、选择应聘者的同时，也是应聘者对企业评估、选择的过程。招聘是为了让合适的人来企业工作。在与应聘者沟通的过程中，招聘人员为了吸引优秀的人才，往往只倾向于谈论工作和企业的积极因素，同时去粉饰不那么吸引人的现实。他们不去帮助应聘人员客观地评价个人技术和工作、组织目标间的适合程度，使应聘者对企业产生了过高的期望。这种在招聘过程中，应聘者与企业签订的“精神契约”会与未来工作中的现实感相差甚远，这种差距很可能导致员工离职。所以，在与应聘者的沟通过程中，人事经理应该采取开诚布公的原则，客观、真实地介绍企业的情况。要让应聘者真实地了解个人在企业中可能的职业发展道路。当应聘者对企业有一个客观真实的认识的时候，应聘者会做出对个人和企业都适合的选择。这可能会使企业失去一小部分出众的应聘者，但有助于企业招到真正适合企业的人。

当然，人才的具体招聘要根据企业的岗位需要及工作岗位职责说明书，利用各种方法和手段，如接受推荐、刊登广告、举办人才交流会、到职业介绍所登记等从组织内部或外部吸引应聘人员。并且经过资格审查，如接受教育程度、工作经历、年龄、健康状况等方面的审查，从应聘人员中初选出一定数量的候选人，再经过严格的考试，如笔试、面试、评价中心、情景模拟等方法进行筛选，确定录用人选。人力资源的选拔，应遵循平等就业、双向选择、择优录用等原则。

（四）正确处理劳资关系

员工一旦接受组织聘用，就与组织形成了一种雇佣与被雇佣的、相互依存的劳资关系，为了保护双方的合法权益，人力资源管理者必须正确处理双方的关系，构建和谐的劳动关系。

目前，不少企业不重视劳动关系的和谐，如在制订企业薪资介配制度时，只注重向企业的忠心员工即少数中高层管理人员倾斜，面对一线员工收入分配的公平性考虑较少，有的企业由于资金紧张，欠职工工资奖金、业务酬金和福利费用等，个别企业领导管理方法僵化，工作中只是发号施令，不注意和员工沟通交流，部分基层企业不注重生产条件及工作环境的改善，职工的身心健康和安心生产难以得到保障等。这些问题极大地制约了企业的发展，人力资源管理者的重要任务就是在建立劳动关系中做出应有的努力。在构建和谐劳动关系中，要做到以下几点：

（1）坚持以人为本，实现促进企业发展与构建和谐劳动关系的有机统一。发展是企业永恒的主题，但发展是一项系统工程，既需要好的战略和制度，更需要一支优秀的奋发进取的员工队伍。因此，企业要千方百计调动职工积极性，充分发挥职工在企业发展中的重要作用。必须把职工利益放在重要位置，不论企业出现什么问题，都不能以牺牲职工利益为代价换取发展。

（2）建立注重激励的薪酬分配制度，努力实现分配公平。权利公平、机会公平、规则公平、分配公平，这四个公平是对社会主义和谐社会提出的新要求。而分配公平又是全社会关注的焦点。不公平则心不平，心不平则气不顺，气不顺则难和谐。企业要发展，必须切实重视一线员工的收入分配公平问顺，在注重提高企业中高层管理人员收入的同时，适当提高一线员工（包括劳务工）的收入水平，实现员工和企业的和谐发展。

（3）注重亲情管理，实现领导和职工、职工和企业的和谐相处。职工是企业的主体，只有满意的职工，才能创造满意的客户，企业领导在任何时候都要把关心职工、善待职工放在心上。首先，要创造条件为职工提供安全舒适的生产条件和工作环境，增强职工为企业工作的荣耀感。其次，要尊重职工，走近职工，与职工和谐相处。企业领导与职工的和谐相处是企业发展的一个重要问题。企业的管理者要与职工携手共创美好明天。

（4）注重教育培训，提高员工素质。当今企业的竞争主要表现为知识的竞争、人才的竞争，因此，加强员工的教育培训、提高员工素质成为构建和谐劳动关系的一项重要内容。只有高素质的员工，才能适应企业未来发展的要求，才能在激烈的市场竞争中实现稳定就业。企业要加大对员工教育培训的力度，使员工掌握各种业务技能，提高知识素养，成为知识型、技能型员工，实现改革发展中凭知识参与竞争、凭知识创造价值、凭知识掌握命运的目的。

（五）入职教育、培训和发展

任何应聘进入一个组织（主要指企业）的新员工，都必须接受相应的教育，这是帮助新员工了解和适应组织、接受组织文化的有效手段。入职教育的主要内容包括企业的历史发展状况和未来发展规划、职业道德和组织纪律、劳动安全卫生、社会保障和质量管理知识与要求、岗位职责、员工权益及工资福利状况等。为了提高广大员工的工作能力和技能，有必要开展富有针对性的岗位技能培训。对于管理人员，尤其是对即将晋升者有必要开展提高性的培训和教育，目的是促使他们尽快具有在更高一级职位上工作的知识、熟练技能、管理技巧和应变能力。

当然，人力资源管理者的任务十分繁重，可以说人力资源管理者的任务涵盖了人力资源管理的所有工作。不同时期、不同企业人力资源管理的侧重点各有不同，需要人力资源管理者体会、把握。

第三节　目前我国企业人力资源管理者现状

目前，我国企业人力资源管理者队伍建设存在问题较多，人力资源管理者素质普遍较低，不能满足企业发展的要求。尤其是一些大型企业人力资源管理者队伍素质与企业经营规模不适应，在一定程度上制约了企业的发展。这种状况可以分为两个方面。

一、企业自身对人力资源管理者不重视

企业没有把人力资源管理者放在重要位置，而是作为一般管理人员对待。大部分企业缺乏针对人力资源管理者的有效管理和激励机制，人力资源管理者流失问题已成为各类企业中存在的普遍性问题。由于企业的人力资源管理者普遍具有强烈的自我发展需求，如果企业不能通过有效手段满足他们的这一需求，就很容易造成中层管理人员的流失。而人力资源管理者的流失会对企业战略执行的一贯性造成影响。

二、人力资源管理者素质不能满足企业需要

企业的人力资源管理者缺乏有效的执行能力，在企业战略执行过程中就会出现决策方案标准渐渐降低，与原标准发生偏离，或者不能在有效时间内完成必要

的任务，或者造成企业制订的一些政策在执行过程中力度越来越小，许多工作做得虎头蛇尾、没有成效等方面问题。造成这一状况的主要原因，与企业人力资源管理者素质低下有重要关系。目前，国内大多数企业人力资源管理者的素质分为以下几种：

（1）缺乏劳动政策和人力资源管理的专业知识。这类人力资源管理人员大多分布在新成立的小型企业中。由于部分企业经理单纯重视技术、产品与市场的重要性，而对人力资源管理工作的重要性认识不够，选用人力资源管理者随意性很强，这些企业的人力资源管理者基本上是身兼多职，没有任何人力资源管理专业知识与经验，不能满足工作要求。

（2）有一定基础知识，但缺乏实际经验。这类管理者基本上是人力资源管理或相关专业毕业的学生。他们有系统的专业知识，有十分活跃的头脑，敢想敢干，可塑性十分强。这些人员分布在各种类型的企业中，特别是外资企业和高新技术企业聘用较多。但是，人力资源管理是一个知识与经验并重的工作。一个优秀的人力资源管理者不仅要懂得专业知识，熟悉劳动法律、法规与相关的政策，更要有大量的实践经验，这些都需要长时间的刻苦钻研和积累才能掌握，而这种类型的人力资源管理者往往没有实践工作经验，对于工作中遇到的很多具体问题没有处理的能力。

（3）有经验但管理方式老化、观念陈旧。这类管理者曾长期在企业人事部门工作，年龄多在 40 至 55 岁之间。计划经济时期形成的管理经验与模式，在他们的头脑中留有深深的时代印痕。他们有一定实际经验，但缺乏市场意识与现代企业管理知识，面对当前人力资源市场如此之大的流动性和劳动关系的复杂性，知识储备不足，处理新问题的相关经验不足，适应性差，处事被动。另外，对外语、计算机、网络等方面的知识掌握也是弱项，不能满足工作需要。

第四节　人力资源管理者的素质要求

人力资源管理者的素质要求是由人力资源管理的任务、职能以及人力资源管理者的角色决定的。现代企业中需要人力资源管理者具有多方面的知识，在理论和实践经验方面都拥有过硬的专业素质，具体应包括如下素质。

一、过硬的人格品质

人格，是一种内在修养，是一个人能力、气质、品格的综合反映。人格是人的一切品质的总和，人力资源管理者则应当具有高尚健全的人格，要有成熟的自我意识，具有自爱、自尊、自信、自强等心理品质，有强烈的责任感、事业心，能够全身心地投入到工作中去。人的素质是决定工作质量的根本因素。人的素质既与他的知识、能力和悟性有关，也与其人格密不可分，并以人格为中轴线。因此，人格在一定程度上决定着一个人事业和社会活动的效果和成败。从内涵的角度看，主要是指人的心理素质、思维方式、个性特点和进取精神。由此进一步产生了人格的重要特征：使命感和责任心、敏感性和创新意识、合作精神、有目标的行为强度。人格的外延则是指，因重要的人格特征结构而产生的个人形象，以及对周围人的影响力。人脑海中智慧的释放不仅需要组织的物质动力，更需要来自他人和群体的精神感召与激励。

人格本身便是一种有价值的力量。作为人力资源管理者，只有依靠其人格所产生的威望（地位和权力难以产生人格魅力）潜移默化地影响企业的员工。因此，人力资源管理者既是组织人格化的体现，也代表了组织人力资源管理的总体水平。实践证明，导致企业人力资源管理水平低下的诸多要素，无不与人力资源管理者的品质（人格）有关。所以，有学者认为，未来的企业管理会以人格管理为核心。

企业人力资源管理的首要任务是：物色和引进具有良好人格的专业人才。人力资源管理与开发如若忽视员工管理，企业其他的管理措施将收效甚微，甚至出现负面效应。国内的企业管理者应尽快完成由“政治人格”向“经济人格”的转变，以适应企业持续发展的要求。

企业如若忽视人力资源管理者的人格培养，即使建立了现代的薪酬管理、员工培训、业绩评价体系，也难以真正实现人力资源管理的理想目标。正确处理好人格与才能之间的关系，企业方能拥有“德才兼备”的管理者与员工。人力资源管理者的人格品质不应成为一个空洞的口号，它应包括两方面的内容：即思想修养与职业道德。

人力资源管理者的思想修养一般包括以下内容：①具有坚定的人生观和全心全意为员工服务的精神，时刻以企业的利益为重，不为个人或小团队谋私利。②有先进的理论水平和正确的世界观和方法论，坚持理论联系实际的作风。③坚定不移地贯彻执行国家的法律法规，敢于同危害国家及企业利益的行为做斗争。④事业心强，有朝气、有干劲、有胆识，为企业建设勇于探索、锐意改革，做出积极贡献。⑤解放思想、实事求是、尊重如识、尊重人才。⑥有优良的思想作风和严格的组织纪律，谦虚谨慎，公平正派，作风民主，平易近人。人力资源管理者的职业道德的基本要求是：①爱心：爱职业、爱员工、敬重领导。②责任心：认真做好工作中的每一件“小事”。人力资源管理工作事无巨细，事事重要，事事都是责任。③业务精益求精：时时、事事寻求合理化，精通人力资源管理业务，知人善任，用人有方，追求人与事结合的最佳点。④具有探索、创新、团结、协调、服从、自律、健康等现代意识。⑤树立诚信观念，诚信乃做人做事之本。

二、合理的知识结构

所谓合理的知识结构，就是既有精深的专业知识，又有广博的知识面，具有事业发展实际需要的最合适、最优化的知识体系。当然，建立合理的知识结构是一个复杂长期的过程，必须注意如下原则：①整体性原则，即专博相济，一专多通，广采百家为我所用。②层次性原则，即合理知识结构的建立，必须从低到高，在纵向联系中，划分基础层次、中间层次和最高层次，没有基础层次，较高层次就会成为空中楼阁，没有高层次则显示不出水平。因此任何层次都不能忽视。③比例性原则，即各种知识在顾全大局时数量和质量之间合理配比。比例性原则应根据培养目标来定，成才方向不同知识结构的组成就不一样。④动态性原则，即所追求的知识结构决不应当处于僵化状态，而须是能够不断进行自我调节的动态结构。

人力资源管理者必须具有合理的、广博的知识，其知识结构应是“金字塔”式的，基础知识是塔基，相关知识是塔身，而塔尖则是专业知识。作为人力资源管理者，起码应掌握哪些领域的知识呢？专家们认为，对人力资源管理工作有益的主要的知识领域大体如下。

（一）专业知识

人力资源管理是专业性很强的工作，必须掌握与人力资源管理相关的专业知识，主要有以下几个方面。

（1）人力资源管理者战略与企业文化：根据企业的发展规划，诊断企业现有人力资源状况，结合企业经营发展战略，考虑未来的人力资源的需要和供给状况，如何把人力资源管理者战略与企业文化紧密地结合起来。

（2）组织结构设计：根据企业战略目标、资源状况、现有的核心流程以及同行企业的最佳实践模式，分析公司的组织结构，设计企业组织机构。

（3）流程分析与流程再造：流程是组织内部从供应商到客户的价值增长过程，流程的有效性与效率将直接影响到组织的有效性、效率与客户满意度。

（4）工作分析：工作分析是人力资源管理的一项传统的根本职能与基础性工作。一份好的职位说明书无疑是一幅精确的“企业地图”，指引着人力资源的方方面面。

（5）基于战略的绩效管理：绩效问题是任何公司都面临的长期挑战，人力资源管理者必须掌握绩效管理与绩效目标分解的工具、方法；绩效制度设计与基本操作、绩效目标设定与分解等相关知识。

（6）全面薪酬战略体系：薪酬的不同要素该如何正确地组合才能有效地发挥

薪酬的作用；薪酬管理有效支持公司的战略和公司价值的提升的方法和工具。

（7）能力管理：建立素质模型，将素质模型应用到人力资源管理的不同领域，从而真正将人力资源管理回归到建构组织能力和人力资源开发利用上。

（8）招聘：制订人才选择战略，进行准确的工作分析和胜任特征分析，有效的人力资源分析与规划，应聘者的专业技能及综合能力的评估；对招聘成本的评估。

（9）培训体系的建立与管理：培训是促成“以人为本”的企业文化的重要手段，制订有效的年度培训计划是人力资源管理者面临的严峻挑战。

（二）其他领域的知识

企业在选择人力资源管理者时，要非常注重对候选人所掌握的专业知识的考察，但是，人力资源管理者要参与企业的战略决策，要与其他业务部门沟通，仅仅具备人力资源方面的专业知识显然是远远不够的。还必须掌握其他领域的知识，这样才能符合新时期对一个合格的人力资源管理人员的要求，那就是成为企业的战略合作伙伴、企业的人力资源管理领域的技术专家。相关知识包括：组织行为学、心理学、项目管理、经济学、统计学、市场营销学、财务管理学、生产管理学、战略学、法律等。这些学科对提高人力资源管理者的专业水平十分重要。通过学习哲学，探索人类特性和人类行为的本质。通过学习伦理学，处理和解决道德观念和价值判断问题。通过学习逻辑学，讨论推理规律和原则。通过学习数学，推理数量、体积、系统之间的精确关系。通过学习心理学，研究个人意识和个人行动的现象。通过学习社会学，研究人类群体的形式和功能。通过学习人类学，研究自然、环境同人类社会和文化形态之间的关系。通过学习医学，明白所有分支都旨在保障人类的健康。通过学习历史学，吸取历史经验教训。通过学习经济学，旨在对有限资源的各种竞争的用途做出最佳选择。通过学习管理学，研究对有组织的人员的灵活领导。通过学习组织行为学，提高管理能力，促使管理者达成近期和远期目标，并使他们所管理的人的目标也同时得以实现。

三、先进的人力资源管理观念

先进的人力资源管理观念主要是“管理观念”和“价值观念”的转变。先进的人力资源管理观念，强调提高员工的素质与能力，具体包括下述管理观念的转变。

（1）指导思想的转变：由“对工作负责”“对上级负责”到“对工作的人负责”。

（2）管理方法的转变：由“教你如何”到“叫你如何”，再到“引导你如何”。

（3）管理手段的转变：由管理者的“中心指挥”变为“中心导向”。

（4）管理组织的转变：由下属的“参与管理”到“共同肩负责任”。

(5) 管理职能的转变：由“组织、控制、指挥、协调”到“育才为中心，提高人的素质为目的”。

(6) 管理环境的转变：由“简单”“缓慢”到“复杂”“多变”。

(7) 管理者自我意识的转变：由“上级比下级高明”到“下级的具体专长和具体能力应高于上级”。

(8) 管理内容的转变：由“简单的任务完成”到“建设高情感的管理场所”。

(9) 管理目标的转变：由追求“一般”到追求“卓越”。

(10) 管理效果的转变：由“差强人意”到“主动精神”。

尊重人才，尊重知识，是现代价值观的核心，为了确立起这一个新的价值观念，必须丢弃以“长（官）者为尊”的旧的传统价值观念。切实做到“不唯上，不唯书，只唯实”的处事准则。在人才使用中，要遵守应有的原则：一是用其所长：用人所长，容其所短，把人才放在最能充分显示其才能的岗位上，管者尽其谋，勇者尽其力。二是用其所愿：在服从工作需要和服从分配的前提下，尽可能与个人的意愿、兴趣、特长结合，力求个人自身价值的实现和企业的发展目标相统一。三是用当其时：珍惜人才的使用年限和最佳年龄。打破论资排辈、求全、平衡、照顾的束缚，大胆破格破例录用资历洁、资质好的青年人才。对业绩卓越、时代感强、身体健康的人才，即使到了退休年限，经审批仍可延期任用。同时，要保护积极做事的人，保护那些有干劲、有棱角、锋芒毕露的人。成功的人往往是个性很强的人，个性强的人，干得多，说得多，错得自然也多。只要能保住他，就要尽量保住他。只要不是原则问题、道德问题，而是个性特征问题，如冒失、自认第一、易得罪人等，只要不影响大局，就应给予保护。

四、基本的工作能力

仅有合理的知识结构、先进的人力资源管理理念，对一个人力资源管理者来说是远远不够的，要胜任此工作，还必须具备大量的直接经验，这些直接经验体现于基本的工作能力之中。人力资源管理者的基本工作能力有写作能力、组织能力、表达能力、观察能力、应变能力、交际能力。

（一）写作能力

写作是人力资源管理者的基本任务，人力资源部门的规章制度、文书通告等大多出自人力资源管理者之手。所以写作能力是人力资源管理者的基本功。符合人力资源工作要求的文字写作本身就是人力资源工作的有机组成部分。人力资源管理者写作任务的范围是比较广泛的，可能有制度、通告、新闻稿件、公共关系简报、信笺、致辞、演讲稿、有关公告、祝贺卡上的祝贺语等。人力资源管理者应是一名写作高手，在写作的文字中不仅要能够准确表达意思，而且要能准确地表达态度和情感。简单来说，人力资源管理工作的文字写作不仅要符合一般的写作要求，而且要符合人力资源工作的要求。

1. 内容要真实准确

人力资源管理工作的基本原则之一就是“真实”，人力资源管理者在进行文字写作时，一定要反映真实的情况，让事实说话。

2. 立场要公正

既不能偏袒组织的利益，也不能迎合公众不正当的要求和情趣，人力资源管理者要客观公正地反映情况。

3. 形式要多样

人力资源管理工作的文书，大多是干巴巴的公文，但也有洋溢着善意、向员工传递友好情感的慰问信等。涉外单位如宾馆等单位的人力资源管理者，还应有较强的外语表达能力。

（二）组织能力

人力资源管理者的组织能力是指人力资源管理者在从事人力资源管理活动过程中计划、组织、安排、协调等方面的活动能力。人力资源管理者的组织能力包括以下内容。

1. 计划性

人力资源管理活动是要有计划的，不仅要明确为什么进行，进行什么和怎样进行，而且要知晓先做什么，后做什么。只有明确了这些，人力资源管理活动才能有条不紊地顺利进行，否则将陷入杂乱无章的境地。

2. 周密性

要保证人力资源管理活动成功，就要对方方面面的问题考虑周全。作为人力资源管理者不仅要重视大的方面如活动的内容、形式，而且对一些细小的方面如员工的接待、环境的布置、仪表、仪容、穿着服装等足够注意，不要因为细节方面的失误而破坏总体效应。

3. 协调性

一项人力资源管理活动并不是少数几个人力资源职员的事，而是需要各方面的配合和支持。所以组织能力强的人力资源管理者也应是一个协调关系的专家，调动积极性的高手，争取各方面的帮助，把人力资源管理工作做好。

（三）表达能力

作为经常要和各方联系的人力资源管理者，具有较强的交际能力是很有必要的。要善于借助报告、信件、演讲和谈话来表达自己的想法；要学会用笑、点头、拍肩膀来激励手下的员工，通过各种方式肯定下属所取得的成绩；要不失时机地安慰失望者和悲伤者，充分支持和关怀下属。善于与人交流永远都是人力资源管理者必备的素质。在进行交流表达时，必须学会用积极的说话方式，这样有助于改善态度，更有力地影响周围的人。

（四）观察能力

人力资源管理者的观察能力是人力资源管理者在人力资源管理理论的指导下，对周围的人和事从人力资源管理者角度予以审视、分析、判断的能力。人力资源管理者观察能力的强弱对于人力资源管理工作的效果和组织的人力资源管理状态来说至关重要。人力资源管理者的观察能力可以从三方面表现出来：①对周围的事从人力资源管理的角度予以审视。人力资源管理者的头脑中应有一根人力资源管理意识的弦，把周围发生的事与维持良好的人事关系结合起来。②对周围的事从人力资源管理的角度予以分析。人力资源管理者应能准确地分析周围所发生的事件的前因后果，能够从此预测出人力资源管理发展的趋势。③对周围的事从人力资源管理的角度予以判断。人力资源管理者应能对周围的事物现象给组织的人力资源管理状态所带来的影响做出正确的判断。人力资源管理者若能做到上述几方面，那么他的观察能力便是强的，便会有利于人力资源管理工作的开展。

（五）应变能力

人力资源管理者的应变能力是指人力资源管理者在遇到一些突发性的事件或问题时的协调和处理能力。人力资源管理工作的内容有时是多变的，因而对于人力资源管理者来说，具备较强的应变能力也成为从事人力资源管理工作的基本要求之一。在人力资源管理工作上，应变能力强不是指一般意义上的化险为夷，保证员工不受伤害，而是指人力资源管理者在遇到突发性的问题并亲自解决时，使自己的工作对象——员工也不受到伤害，始终与员工处在良好的关系状态上。人力资源管理者的应变能力应包括这样的内容：①遇事不慌张，从容镇定。应变能力首先要求的是遇到突如其来的事或问题，不可惊慌失措，而要保持镇静，迅速地寻找对策。②忍耐性强，不可急躁发火。突发性的事件或问题，有些会令人力资源管理者难堪，这时，人力资源管理者要有较强的情感驾驭能力，要尽可能地克制和忍耐，耐心地说服和解释。③思维灵活，迅速想出解决的办法。应变能力不是被动的能力，而是主动的，也就是说要根据突如其来的事件，找出解决问题的办法，或变通的办法，使工作不受突发性事件的影响。④提高预见性，打有准备之仗。应变能力严格来说不是一时间的奇想，而是经验的总结和积累。如果对各种可能出现的情况都有所考虑，那么当问题形成或出现时，也比较容易解决。

（六）交际能力

人力资源管理工作要求人力资源管理者具有一定的交际能力，人力资源管理者的交际能力不是日常生活中的应酬，而是与交往对象——员工迅速沟通，赢得好感的特殊才能。人力资源管理者的交际能力可以包括下列方面：对交际礼仪的掌握。交际有一定的规范和要求，交际活动还要有序地遵守这些规范和要求。像服装、体态、语言、人际距离、宴会的座位安排等在交际活动中如运用得当可以大大增强人际沟通的效果。人力资源管理者应通晓这些交际中的礼仪。②交际艺术的掌握。交际艺术是指交际中的技巧，人力资源管理者掌握了这种技巧可以帮助他们更好地、更有效地与员工沟通。交际艺术涉及对时间地点的巧妙运用，对交际形式的创造性发挥，有助于消除对方心理障碍等。③变际手段的运用。交际能力也可在对交际手段的运用上表现出来。如怎样恰到好处地赠送礼品、纪念品；怎样准确地使用语言和非语言；怎样驾驭自己的情感等。

（七）其他能力

其他能力包括综合分析能力、直觉能力和认识自己的能力等。

1．综合分析能力

人力资源管理者因其掌握着本单位的特殊业务而充满自信。然而，面对今后更加激烈的竞争环境，仅仅依靠自信是不够的。具有求知的欲望、分析问题的技巧、系统的方法、开放的思想以及立体的思维将是非常重要的，而且是必不可少的。总之，应具备融会贯通的综合分析能力。

2．直觉能力

人力资源管理者的工作实际上是人情味很浓的工作。平时，员工不仅仅和人力资源管理者商谈工作，甚至有可能和人力资源管理者沟通生活中的事情。如果人力资源管理者能凭借个人的直觉，与员工建立起良好的关系，它将有助于单位同事之间的相互沟通与信任。

3．认识自己的能力

成功的管理者往往注重对自身实力、弱点、机会和威胁等进行定期分析，这有助于不断提高个人的素质，增强责任感。

（八）健全的心理素质特征

人力资源管理者应当具有健全的心理素质，以下为心理素质的内容。

1．基本心理素质

人力资源管理者的基本心理素质包括性格、积极性、心愿、才智、意识、直觉、虚心、有说服力等内容。具体地说，第一，人力资源管理者必须有使人信任的性格和正直的品质。第二，人力资源管理者是主动工作的人。他提出的主意，有成功的机会，同时也冒失败的风险。第三，为员工服务的心愿。人力资源管理者相信并听取员工的意见，愿意帮助他们成长并有所发展。第四，人力资源管理者必须有高水平的思维能力。对复杂事物能有效地加以分析，学习得快，并对学习有持续的兴趣。第五，意识和洞察力。人力资源管理者不但意识到他的周围在进行什么，而且有洞察力去评价对单位和人的重要性。第六，预见和远见。人力资源管理者有直觉和预见，有远见地意识到什么能影响环境和环境中的人们的各种可能情况，能够预测一些事件的发生。第七，虚心和灵活性。人力资源管理者是虚心考虑事实、有新思想的人，具有灵活性而不优柔寡断。第八，有说服力。人力资源管理者应有较强的表达力（口头和文学），并对人有共情感。

2. 具有情商

情商是指通过知觉、调整、控制自己的情绪以适应环境需要的能力。生活质量高、工作业绩好的人，往往不是智商高的，而是情商高的人。情商低的人在不顺心时必然情绪低落，此时，再高的智商也会因不断受到情绪压抑而无从发挥。人力资源管理者一方面是领导的助手、参谋，另一方面人力资源工作又直接关系到组织成员任免调迁、薪酬福利等员工的切身利益，这种角色特点决定受委屈和受气是免不了的，所以必须具有较高的情商。情商高的第一要求是具备识别情绪的能力，不但能分辨出自己的不同情绪，还要能准确地判断别人的情绪，并且对不同情绪的前因后果有深刻的了解。及时准确地判断自己和他人的情绪，是进行人际交往、做好人力资源管理工作的首要条件。

一般地说，获得良好情绪要遵循以下方法：

（1）管理习惯：人的每一个小小的习惯都在时时影响着自己的处事方式。习惯导出行为，行为带出感觉，感觉产生情绪，所以，要获得良好的情绪，首先要管理好自己的习惯。无论是起居饮食，还是待人处事，保持自己已具有的良好习惯，改善不良习惯，不断尝试新的良好做法。从一点一滴做起，并且立即开始，持之以恒，决不可坐等奇迹出现。

（2）乐观向上。情商高的人会时时处处提醒自己，先看到好的、美的、长的、优胜的一面，把消息压缩到低限度。情商高的人还善于逆向思维，如，感激伤害你的人，因为他磨炼了你的心态；感激欺骗你的人，因为他增进了你的智慧；感激鞭打你的人，因为他激发了你的斗志；感激遗弃你的人，因为他教会你独立；感激一切使你坚强的人。

（3）与人为善、助人为乐。多为别人着想，多帮助别人，世界会变得更加美好，情绪更容易调整。

（九）工作方法得当

人力资源管理要走向制度化、规范化，必须摒弃那些凭经验的随意性的管理方法。人力资源管理者应掌握以下人力资源管理的先进方法。

1. 任务管理法

通过时间运作研究确定标准作业任务，并将任务落实到人，这样一个组织中的每一个人都有明确的责任，按职责要求完成了任务，就付给一定的报酬。任务管理法的基本要求是规定组织中每一岗位人员在一定时限内完成任务的数额。也就是平常说的金额工作量科学管理和经验管理的区别，不在于是否给组织的成员分配任务，而在于所分配的任务的质和量是否用科学方法计算得来的，用科学方法去计算任务的质量要求，就必须进行时间和动作研究。任务管理法最明显的作用在于提高组织的效率，而提高效率的关键又在于科学地进行时间、动作的研究。

2. 权变管理法

权变管理法的基本点可概括如下："组织及其管理的权变认为，组织是一个由分系统所组成并由可识别的界限与其环境系统分开来的系统。权变观不仅探索了解组织与组织环境之间的相互关系，而且了解分系统之内和各分系统之间的相互关系，从而得出变化因素的关系模式或构图。它强调组织的多变特性，并力图研究组织在变化的条件下和在特殊的情况中如何进行经营管理。各种权变的最终目标是提出最适用于具体情况的组织设计和管理活动。"这就说明，权变方法是以组织的系统理论为基础，是组织系统理论在管理实践中的运用。权变理论指出了管理人员做选择时至关重要的四个因素：一是组织中人员的性格；二是任务和技术的类型；三是组织的经营活动所在的环境；四是组织面临的变化和不确定程度。大多数研究都是针对后三个因素进行的。运用组织管理的权变方法，首先要求我们善于"诊断"组织和环境的特点。根据组织和环境的特点来确定组织的目标，并调整组织结构，协调组织活动，使组织能适应环境的变化而存在和得到发展。

3. 法律管理法

组织管理的法律化只有通过法律制度才能贯彻和落实，因为组织管理的显著特点之一是法律管理。《中华人民共和国劳动法》等法律法规从法律角度保护企业人力资源管理的顺利开展，为推进企业人力资源管理的顺利进行提供了法律依据，因此人力资源管理者要充分运用国家法律搞好人力资源管理，处理人力资源管理中的各种问题，提高管理。

4. 经济手段法

经济手段是指按照客观经济规律的要求，运用经济手段调节各方面的经济关系，以提高企业经济效益和社会效益的管理方法。在实际工作中，使用的经济手段有工资、奖金、罚款、经济责任等。运用这些经济手段，调节各方面的经济关系，有利于调动广大员工的积极性，有利于提高工作效率和效益。经济手段法的实质是贯彻物质利益原则，使员工从经济利益上关心自己的工作成果，积极主动地开展各项经济活动，实现管理目标。各种经济手段的使用，都有一定的环境和条件要求，在使用过程中，要对经济环境和经济条件进行分析，不能硬性规定，不能机械搬用。

5. 定量分析法

定量分析方法已越来越普遍地被运用到企业的组织管理中。定盘技术最重要的作用是，迫使管理人员以明确的形式表述一个问题。人力资源管理者在人力资源管理活动中能够量化的工作尽量量化，这有利于增强工作的针对性和可操作性。

五、我国对人力资源管理者任职资格的规定

根据中华人民共和国人力资源和社会保障部制订的《企业人力资源管理人员国家职业标准（试行）》的规定，我国对不同层次企业人力资源管理者的任职条件有不同规定，具体如下：

（1）人力资源管理员（国家职业资格四级）必须具备以下条件之一：①具有大专学历，连续从事本职业工作 1 年以上，经本职业人力资源管理员正规培训达到规定标准学时数，并取得毕（结）业证书。②具有大专学历，连续从事本职业工作 2 年以上。③具有高中或中专学历，连续从事本职业工作 4 年以上，经本职业人力资源管理员正规培训达到规定标准学时数，并取得毕（结）业证书。④具有高中或中专学历，连续从事本职业工作 5 年以上。

（2）助理人力资源管理师（国家职业资格三级）必须具备以下条件之一：①取得本职业人力资源管理员职业资格证书后，连续从事本职业工作 2 年以上，经本职业助理人力资源管理师正规培训达到规定标准学时数，并取得毕（结）业证书。②取得本职业或相关专业硕士学位，经本职业助理人力资源管理师正规培训达到规定标准学时数，并取得毕（结）业证书。③具有大学本科学历，连续从事本职业工作 1 年以上，经本职业助理人力资源管理师正规培训达到规定标准学时数，并取得毕（结）业证书。④具有大专学历，连续从事本职业工作 3 年以上，经本职业助理人力资源管理师正规培训达到规定标准学时数，并取得毕（结）业证书。⑤具有大专学历，连续从事本职业工作 4 年以上。⑥具有高中、中专学历，连续从事本职业工作 7 年以上，经本职业助理人力资源管理师正规培训达到规定标准学时数，并取得毕（结）业证书。⑦具有高中、中专学历，连续从事本职业工作 8 年以上。

（3）人力资源管理师（国家职业资格二级）必须具备以下条件之一：①取得本职业助理人力资源管理师职业资格证书后，连续从事本职业工作 3 年以上，经本职业人力资源管理师正规培训达到规定标准学时数，并取得毕（结）业证书。②取得本专业或相关专业博士学位，经本职业人力资源管理师正规培训达到规定标准学时数，并取得毕（结）业证书者。③具有本专业或相关专业硕士学位，连续从事本职业 3 年以上。④具有本专业或相关专业学士学位，连续从事本职业工

作6年以上。⑤具有大专学历，连续从事本职业工作8年以上，经本职业人力资源管理师正规培训达到规定标准学时数，并取得毕（结）业证书。⑥具有高中、中专学历，连续从事本职业工作10年以上，经本职业人力资源管理师正规培训达到规定标准学时数，并取得毕（结）业证书。

第五节　人力资源管理者的培养

人力资源管理者的培养是一项系统的工程。总体上，要按照人力资源管理者的素质要求采取切实措施，改进其素质、增强其能力、提高其工作积极性。

一、建立人力资源管理者的激励机制

建立有效的激励约束机制是人力资源管理的关键与难点，但通常所说的激励，往往是指如何调动领导者的积极性，而有关人力资源管理者的激励问题却言之甚少。其实，企业的激励问题是一个系统工程，政策制订者要用系统的观点来考虑问题，谋求建立一条完整的“激励链”。因此，建立人力资源管理者的激励机制是非常重要的。

随着市场竞争的日益激烈，人力资源管理者将成为各类企业“争夺”的重点。在一些企业里，人力资源管理者缺乏准确定位，从现代企业管理责权利角度分析，这是一个典型的矛盾体。他们收入接近一般员工，却享有某些政治待遇和一些与其贡献不相称的职务津贴。用人体制的不规范，堵死了许多人力资源管理者的升迁之路。权责失衡，升迁无望，严重挫伤了人力资源管理者的积极性。绝大多数人变成了“维持会长”。企业和人力资源管理者之间仅靠行政权力维系，缺乏共同的价值取向，企业的人才流失在所难免。一个技术工人带走的也许仅是一项技术，而一个人力资源管理者带走的可能是新技术和管理技术，更为严重的是造成了人心波动和士气低落，这对企业的稳定和凝聚力是一个很大的冲击。随着企业改革的深化，企业的产权结构将发生根本性转变，资本的力量日益显现，企业对人才的需求空前高涨，人才竞争日益激烈。作为企业的核心人力资源，人力资源管理者势必成为各类企业争夺的目标。目前很多企业的薪酬体制不能留住人才，如果不未雨绸缪，提前做好准备，企业的关键人才很有可能在一夜之间“消失殆尽”。

人力资源管理者是企业的稀缺资源，是实现企业目标的原动力。在企业里，人力资源管理者起到承上启下的作用。企业的管理理念靠他们来传递，人力资源管理工作靠他们来组织实施。人力资源管理者的业务素质和工作态度直接影响企业的管理效率和经济效益。经营者的激励毕竟处于宏观层面上，对企业来说，微观层面上的激励问题往往是最关键的，也是最重要的。人力资源管理者是企业微观层面的核心部分，正确认识它们的价值，重点研究相关激励措施是企业不可或缺的。多数人力资源管理者具有丰富的实践经验和较高的业务水平，是人力资源中最为稀缺的部分。培养一名合格的人力资源管理者，企业需要付出巨大成本和代价。从一名普通员工成长为一名合格的人力资源管理者，通常需要十年左右时间，投入的金钱更是无以计数。一些具有管理潜质和创新意识的人力资源管理者本身就是企业一种特殊的无形资产，具有不可替代性，对企业的发展关系重大。因此，企业应将人力资源管理者作为一项重要的长期投资来看待，像经营有形资产一样，不断开发他们的潜力，使其为企业带来成倍的收益。

人力资源管理者是基层团队的带头人，是企业理念的传递者。所谓团队必须具备三方面的条件，首先是一个具有凝聚力的整体，其次是要有共同的愿景和价值取向，三是要有学习与创新能力。现代企业的经营理念是企业文化的核心，是企业在长期实践中摸索出来的，具有深厚的人文底蕴和先进的管理思想，最关键的是要获得员工的认同。在企业经营理念的传递过程中，人力资源管理者是关键的一环，起到承上启下的作用。企业经营理念的传递不同于贯彻一般规章制度，很大程度上需要自觉自愿地接受。如果人力资源管理者缺乏热情和对企业的忠诚，那么经营理念的传递在人力资源管理者这一级就会大打折扣。为什么许多企业的员工乃至人力资源管理者跟不上企业决策层的思路，不是理解不了，而是不愿意接受。人力资源管理者是基层单位的带头人，先进理念的传播者、实践者，其价值取向、学习能力、人格魅力和组织能力构成了团队的内核，对团队成员具有极强的吸引力和导向作用。

从需求角度出发，激发人力资源管理者的活力。研究人力资源管理者的激励问题，首先要分析他们的需求状况。马斯洛的需求层次理论说明人的行为是由主导需求决定的，只有未满足的需求才能起到激励作用。而赫茨伯格的双因素理论则认为：导致工作满意的因素和导致工作不满意的因素应区别对待。管理者消除了工作中令员工不满意的因素，只能维持没有不满的“保健”状态，而不会对员工产生积极的激励作用。如工资水平、工作环境、劳动保护等因素，处理不好会引发人们产生对工作的不满情绪。但处理好也只能预防和消除这种不满，而不能起到真正的激励作用。两种激励理论都有其不同的侧重面，单纯利用其中任何一种都有失偏颇。在分析人力资源管理者的需求因素时要有权变管理的思想。综合利用两种理论工具，可以较为全面地展示人力资源管理者需求状况，为制订有效激励方法提供科学依据。如果企业人力资源管理者的工资远远低于同行业水平，或者是与经理层的工资水平差距过大，人力资源管理者就会觉得自己所得到的薪酬与主观愿望有很大的差距，其工作积极性和绩效水平就会降低。在这种情况下，提高收入就是一项主要激励措施。如果人力资源管理者收入水平相对较高，那么增加工资就成为“保健因素”而不能起到激励作用。此时应该考虑与工作本身所具有的内在激励因素有关，如工作表现机会带来的愉悦，工作成就感，由于良好的工作成绩而得到的奖励，对未来的期望职务上的责任感等与自我价值实现有关的激励因素。

采用科学方法形成有效激励机制。人力资源管理者是一个特殊的群体，大多都有成就一番事业的目标和冲动。如果简单地来用“胡萝卜加大棒”“重赏之下，必有勇夫”等措施，几乎起不到激励作用，有时可能适得其反。对人力资源管理者的激励应采用“动静”结合、“长短”结合的办法。“动静”是指动态与静态激励因素相结合，其中“静态”因素包括职务工资、职务消费等与职务相联系的待遇，“动态”因素包括绩效工资、项目工资等与工作效果与效率有关的收入。“长短”是长期与短期因素相结合。其中“短期”因素包括年度目标奖励、年度绩效评价与评比等以一个年度为周期的激励措施，“长期”因素包括期股期权、长期培训、签订长期雇用合同等与企业长期目标与可持续发展相关的激励因素。在建立现代企业制度方面，许多企业只关注领导者的激励问题，对人力资源管理者的激励缺乏深入研究。高层管理人员实行了年薪制或期股期权，其人力与管理资本参与企业收益分配，而人力资源管理者的工资模式仍停留在旧体制上，通常情况下，高层管理人员的收入是人力资源管理者的 5 到 10 倍。收入差距过大，使高层管理人员与人力资源管理者的分配机制失去联动效应，“激励链”在人力资源管理者这个环节上断裂。在企业改革过程中，宏观与理论研究固然重要，但涉及企业具体问题的研究也必不可少。缺少了激励，研究就失去了操作性和有效性，像此类的激励问题应该引起企业的高度重视。

二、适时进行工作岗位轮换

很多企业领导人认为，使潜在的领导者轮换不同的职责是最有价值的领导才能发展技巧。企业要培养出能够独当一面的复合型人力资源管理人才，内部的岗位轮换可以说是一种经济又有效的方法。

定期改变人力资源管理者的工作部门或岗位，让他们到各个部门或岗位去丰富工作经验，扩大对企业各个工作环节的了解，以使他们对企业的经营管理或其他岗位的职责有更全面的了解，对人力资源管理者提高工作的分析能力和内部的沟通协调能力十分有帮助。不同地域之间的岗位轮换可以增进员工对不同文化的理解，部门之间的岗位轮换，可以提高部门之间的协作，减少部门摩擦。具体形式可以是只在每个部门做观察员，但更有效的方式是让受训者实际介入所在部门的工作，通过实际了解所在部门的业务，包括销售、生产、财务和其他业务，使人力资源管理者“通才化”。

三、对人力资源管理者搞好辅导

提高人力资源管理者的素质，不少企业重视对人力资源管理者搞好辅导。具体做法类似为每一位人力资源管理者配备一位导师，导师应是企业中富有经验的资深人员，他有培养被指导人的责任和义务，在日常的工作中对被指导者进行在职知识指导和提出职业发展规划建议。

某汽车公司对管理人员的培训就包括这种导师制度。在公司内部外部都选一些表现很出色的、他们认为将来可能成为领导人的人，然后给他们配备一些资深的高级管理人员做他们的导师，帮他们筹划职业计划，指导他们工作，公司会为他们提供一些课程。在公司，各级人员的一项重要工作内容就是在实际工作中对下级人员进行培养，提高下级人员的管理水平。培养下级人员差不多要占去一个管理人员大半的工作时间，因此，在该公司中能不断涌现出各种管理人才。公司每年还要去大学或研究院聘请获得管理硕士的研究生，经过一段时间培养观察后，再派往一些公司担任职务。

有些公司的见习经理管理培训计划也非常有特色，被选中的“见习经理”除了业务上的教练，还单独安排一位在公司工作5年以上、经验丰富的资深经理担任导师，教授他们如何培养领导能力、如何与人沟通等职业经理人的技巧与处世原则。公司还制订了见习经理与导师每周面谈的制度，同时也教见习经理和导师之间随时沟通。有时见习经理和导师在不同的城市工作，公司就会安排他们每两周见面一次，由公司负责来回机票和餐饮住宿等费用。

另外，还有一些公司用较有经验的现任人力资源管理者作为直接下属或新进员工的导师，负责对其直接下属的辅导，给下属下放职权，提供学习管理的机会，提供帮助。这种方法有助于确保当现任人力资源管理者因退休、提升、调动、辞职等离开岗位而出现职位空缺时，企业能有训练有素、熟悉业务进展情况的人员顶替，避免导致较严重的衔接问题。

四、使人力资源管理者参与企业决策

让人力资源管理者参与企业的重大决策，是培养人力资源管理者能力、提高素质的重要手段。很多企业让人力资源管理者参与高层次会议，让他们就高层次管理问题，如组织结构、经营管理人员的奖酬机制、部门之间冲突的协调等提出自己的建议，供企业董事会参考。这样可以为人力资源管理者提供分析和处理整个企业范围内的高层决策问题的机会和经验，促进了他们的成长。它同时挖掘了管理者的创造力，给管理层带来了新思路。这一过程本身又促使人力资源管理者仔细研究政策问题，为自己的决策承担责任。特别是在企业酝酿变革的时候，采取这种方式让人力资源管理者更多地了解企业发展，让他们有更多机会参与决策过程，非常有利于人力资源管理者理解公司的发展状况，支持企业的变革。

五、塑造人力资源管理者健康的人格

塑造人力资源管理者的人格品质可从以下几个方面开展。

（一）充实考评内容

一直以来，企业对人力资源管理者的考核与评估过多着眼于其工作表现和业绩，而几乎不关注人力资源管理者个人智力价值的发挥与实现、心理素质的养成以及人格的塑造。实质上，从人格的内涵和外延两个方面考察、评价人力资源管理者行为，并积极引导和发现他的优良品质，进而提高其综合素质，正是企业重要的责任之一。企业的人力资源管理应立足长远战略，通过人格塑造和针对性的评估，以建立不带浓重政治色彩的人力资源管理者人格档案。同时，管理者要避免强制性灌输，运用心理学技巧，对人力资源管理者进行个性化的成才设计、形象策划和挫折咨询等辅导。

（二）纠正观念偏差

目前，我国企业界在人力资源管理者的选聘与任用上，常常侧重从企业短期目标导向出发，只偏重人力资源管理者的文凭与知识，因此把人才价值等同于专业技能，却很少深入到人格层面考验他们，因此难免失去价值。最新理论研究表明，个人的专业技能与知识结构同其人格发展成正比关系——良好的人格有助于专业技能的提高和发挥。因此，企业应修正自身的人才观念，在招聘、日常管理和人才培养等环节，充分考虑人格因素，建立相关测评体系。

（三）拓宽培训视界

目前，众多跨国企业已开始从人格塑造的深度，研究、培养人力资源管理者良好的心理素质与完美的人格。企业人力资源管理者培训与学校教育本质的不同在于，学校仅让学生知道别人也知道的知识，因此学校教育期间只需要学生具有一般的人格；而企业对人力资源管理者的培训往往要求他们学会别人尚未掌握的知识，所以需要特殊的人格培养。企业培训的特点决定了“学习型企业”并不等于“学校式企业”，其培训功能不能局限于知识的灌输，高科技企业也不例外。企业对人力资源管理者的人格教育与培训不能完全以课堂教学的方式进行。企业可以采用一些更为灵活的办法，如以会代训：通过会议向人力资源管理者传输新知；以责代训：通过轮岗、承担项目等形式授权负责；阶段性特视角色：通过角色转换，培养、锻炼和提高人力资源管理者能力；以教代训，安排有经验的人力资源管理者承担培训新人的任务，让其得到特殊的培训，提高纵观全局以及与人合作的能力。

（四）超前关注人格

目前，越来越多的企业把支持教育发展视为自己的社会责任和发展机遇，并将某些学校的学生视为企业未来的人力资源。企业在经济资助之余，要刻意提前介入学校教育，超前关注企业未来人力资源管理者的人格教育，以本企业的理念道德影响和改变相对封闭、抽象的学校教育。此外，企业从学校直接招聘人力资源管理者，应从学校得到毕业生成长与现状的材料。但目前我国绝大多数大中专毕业生的评语、鉴定只有寥寥数行文字，且有很多套话，无法反映学生的心理素质与人格特征。因此，如果企业不超前介入教育阶段，对学生施加道德影响，会增加大学生毕业后的管理难度。

六、进行反馈和评价

每个人在认知上，都存在四个部分，第一部分是竞技区，就是自己知道别人也知道的部分。第二部分是掩饰区，是自己知道别人不知道的部分。第三部分是盲区，是别人知道自己不知道的部分。第四部分是未知区，是自己不知道别人也不知道的部分。同样，在对自己的认知上，每个人也都存在一个盲区，只有得到别人的反馈，才能全面认识自己，才能了解自己的优点和需要改进的地方。因此，很多企业推行了反馈评价办法，据此对人力资源管理者搞好培养。

在具体操作中，要通过人力资源管理者身边的上级、下级、同事对其本人的评价，发掘出人力资源管理者自身的优势和劣势，帮助人力资源管理者本人清晰地认识自我，并在未来的工作中加以改进。对人力资源管理者胜任力的评价分为计划、质量管理等几大指标，每一指标下又分多个子指标，以保证每个指标都是切实可评价的。评分结果需短，但要相当实用。

当然，除了上面提到的几种方式，企业还可以对人力资源管理者采用有针对性的一些管理课程进行培训。现在市场上有各种各样的培训课程可供选择，企业可以根据企业中人力资源管理者的实际需要选择。总之，在任何一个企业，人力资源管理者的培养都是一个长期持续不断的过程，企业需要综合考虑培养目标、培养内容、培养对象及企业资源等因素，在具体的管理实践中不断摸索、创新，将这些工具变成适合自己和为了自己的管理模式，才能在企业竞争中取得优势。

第九章　人力资源管理的发展

第一节　人力资源管理的历史

人力资源管理是一门新兴的学科，问世于20世纪70年代末。人力资源管理的历史虽然不长，但人事管理的思想却源远流长。从时间上看，从18世纪60年代开始的工业革命，一直到20世纪70年代，这一时期被称为传统的人事管理阶段。从20世纪70年代末以来，人事管理让位于人力资源管理。

人力资源管理阶段又可分为人力资源管理的提出和人力资源管理的发展两个阶段。“人力资源”这一概念早在1954年就由彼德·德鲁克在其著作《管理的实践》中提出并加以明确界定。20世纪80年代以来，人力资源管理理论不断成熟，并在实践中得到进一步发展，为企业所广泛接受，并逐渐取代人事管理。进入20世纪90年代，人力资源管理理论不断发展，也不断成熟。人们更多地探讨人力资源管理如何为企业的战略服务，人力资源部门的角色如何向企业管理的战略合作伙伴关系转变。战略人力资源管理理论的提出和发展，标志着现代人力资源管理的新阶段。

一、人事管理阶段

人事管理阶段又可具体分为以下几个阶段：科学管理阶段、工业心理学阶段、人际关系管理阶段。

（一）科学管理阶段

20世纪初，以弗雷德里克·泰勒等为代表，开创了科学管理理论学派，并推动了科学管理实践在美国的大规模推广和开展。泰勒提出了“计件工资制”和“计时工资制”，提出了实行劳动定额管理。1911年，泰勒出版了《科学管理原理》一书，这本著作奠定了科学管理理论的基础，因而泰勒被西方管理学界称为“科学管理之父”。

（二）工业心理学阶段

以德国心理学家雨果·芒斯特伯格等为代表的心理学家的研究结果，推动了人事管理工作的科学化进程。雨果·芒斯特伯格于1913年出版的《心理学与工业效率》，标志着工业心理学的诞生。

（三）人际关系管理阶段

1929年，美国哈佛大学教授梅奥率领一个研究小组到霍桑工厂进行了长达9年的霍桑试验，真正揭开了对组织中的人的行为的研究序幕。

二、从传统人事管理到现代人力资源管理

人事管理的起源可以追溯到非常久远的年代，对人和事的管理是伴随着组织的出现而产生的。现代意义上的人事管理是伴随着工业革命的产生而发展起来的，并且从美国的人事管理演变而来。20世纪70年代后，人力资源在组织中所起的作用越来越大，传统的人事管理已经不适用，开始从管理的观念、模式、内容、方法等全方位向人力资源转变。从20世纪80年代开始，西方人本主义管理的理念与模式逐步凸现。人本主义管理，就是以人为中心的管理。人本主义管理被作为组织的第一资源，现代人力资源管理便应运而生。它与传统的人事管理，已经不仅是名词的转变，而且在性质上有了较本质的转变。

（一）传统人事管理

（1）传统人事管理概念。传统人事管理是指运用某种原理、原则、制度和方法，对人事工作所进行的计划、组织、协调、监督、控制等一系列管理活动。其主要是人事档案管理，如记录员工的进出、工资、晋升、职务升降、岗位变动以及奖惩等情况，是对人事制度的贯彻与实施，是国家管理活动的重要组成部分。

（2）传统人事管理活动。早期的人事管理工作只限于人员招聘、选拔、分派、工资发放、档案管理等琐碎的工作。后来逐渐涉及职务分析、绩效评估、奖酬制度的设计与管理、人事制度的制订、员工培训活动的规划与组织等。

（3）传统人事管理工作的性质。传统人事管理基本上属于行政事务性的工作，活动范围有限，以短期导向为主，主要由人事部门职员执行，很少涉及组织高层战略决策。

（4）传统人事管理在组织中的地位。由于人事活动被认为是低档的、技术含量低的、无须特殊专长的工作，因而传统人事管理工作的重要性并不被人们重视，人事管理只属于执行层次的工作，无决策权可言。

（5）传统人事管理的特点有四点。①以事为重心，为人找位，为事配人。人事管理部门的管理纯属一种业务管理，主要从事日常的事务性工作，不管人与事的整体、系统性的有效配合和发展。②强调单方面静态的制度控制和管理，人才结构处于相对固定、静止和封闭状态，管理的形式和目的是控制人，视人为组织的财产，重拥有不重开发，员工被动接受工作安排，无选择余地和有序流动。③传统人事管理是战术性管理，着眼于当前，就事论事。人事管理与组织目标没有直接关系，人事管理计划和过程也不直接服务于组织目标，不根据组织目标发

展、修改人事管理计划与执行过程，缺乏长远的人才战略规划。④传统人事管理照章办事，按计划办事，无科学性、创新性，只重视数量不重视质量。管理主体是行政部门，管理制度受领导人意志左右，个人和组织均是被动的接受者。人事的重大决策集中在政府行政部门，企业在机构设置、干部任免、职工进出、工资标准等方面无自主权。

（二）现代人力资源管理

（1）现代人力资源管理的概念。现代人力资源管理的指导思想，就是把人看作最重要的资源，十分重视人的才能的发挥和潜力的挖掘。所谓人力资源管理，是指针对人力资源的取得、开发、利用和保持等进行计划、组织、指挥和控制，使人力、物力保持最佳比例，以充分发挥人的潜能，提高工作效率，实现组织目标的管理活动。

（2）现代人力资源管理的特点。现代人力资源管理强调管理的系统化、规范化、标准化及管理手段的现代化，突出管理诸要素之间互动以及管理活动与内外环境间的互动。

现代人力资源管理的特点有五点。①现代人力资源管理以人为重心，把人作为第一资源加以开发，既重视以事择人，也重视为人设事。利用和激发人的潜能和活力，让员工主动地、创造性地开展工作。人力资源被提高到了战略地位。②现代人力资源管理是动态管理，将人力资源作为劳动者自身的财富，强调人员的整体开发。结合组织目标和个人情况，进行员工的职业生涯规划，进行横向或纵向的岗位职务调整，充分发挥个人才能，做到人尽其才、才尽其用。③现代人力资源管理理性与感情化的管理并重，较多地考虑人的情感、自尊、价值，以人为本，多激励，少惩罚，多授权，少命令，发挥个人特长，体现个人价值，追求创新性的科学方法。④现代人力资源管理的主体是市场运行的主体，行为受市场机制左右，遵循市场通行规则和人力资源管理自身特有的规律。多为主动开发型，根据组织现状和目标，有计划地展开工作。⑤现代人力资源管理上升到决策层，直接参与计划和决策，是企业最主要的高层决策部门之一，把人的潜能开发和利用作为重要内容。人力资源部门对企业管理起决策支持作用，他们是企业管理方案的制订者、人力资源政策和制度执行的监督者。

（三）现代人力资源管理与传统人事管理的主要区别

（1）区别一：现代人力资源管理是将传统人力资源管理的职能提高扩大，从行政的事务性的员工控制工作转变为实现组织的目标，提高组织的竞争能力，建立一个人力资源规划、开发、利用与管理的系统。现代人力资源管理与传统人事管理的最根本区别在于现代人力资源管理具有战略性、整体性和未来性。它被看作一种单纯的业务管理，从技术性管理活动的架构中分离出来。根据组织的战略目标而相应制订人力资源管理与战略，成为组织战略与策略管理的具有决定意义的内容。

（2）区别二：现代人力资源管理将人看作组织的第一资源，更注重对其开发，因而更具主动性。现在，组织对人力资源的培训与继续教育越来越重视，其投资在不断增加，培训内容从一般管理的基本理论与方法到人力资源规划。组织中参加培训与教育的人员越来越多，从高层到基层员工，从新员工到即将退休的员工，每一个层次与年龄段的员工均参加培训与教育。人力资源开发的方式也有较大改变，工作内容的丰富化、岗位轮换、更多机会的提供、员工职业生涯的规划均成为新型人力资源开发方法，传统的院校培训、企业使用，或者企业自己培养、自己使用的方式，也转变为更注重对员工的有效使用。人力资源管理部门成为组织的生产效益。人力资源的功能的根本任务就是用最少的投入来实现组织的目标，即通过职务分析和人力资源规划，确定组织所需要的最少人力数量和最低人员标准，通过招聘与录用规划，控制招聘成本，为组织创造效益。

人力资源开发功能则更加能够为组织创造经济效益。一方面，人力资源开发的最终结果是能够为组织带来远大于投入的产出。另一方面，通过制订切实可行的人力资源开发计划，可在成本上为组织节约更多的投入。人力资源的整合与调控的目的在于增加员工的满足感，提高其劳动积极性，发挥人力资源的整体优势，为组织创造效益。组织是一个开放的社会系统，是一个与社会环境互相作用而影响的投入产出系统，因此既要注重人力资源的自然性，注重员工能力的识别、发掘、提高与发挥，更要注重人力资源的社会属性，注重员工的社会心理，注重组织与社会的协调发展，注重员工与组织的协调发展；既要着眼于生产力与效益的提高，又要着眼于员工满意度与工作生活质量的提高。同时，组织是一个“整体增长”系统。组织在对人力资源进行开发与管理的过程中，既要注重员工个体的作用，更要注重员工之间的合作与协调，强调团队的整体优势与组织的整体优势；既要注重员工在岗位上发挥其应有的作用，更要注重员工在组织中最适合其潜能发挥的岗位上为组织效力。人力资源的补偿功能同样也能够为组织带来效益。激励是人力资源管理的核心工作，目的在于激发员工的工作动机。合理的奖酬与福利作为激励最直接的手段，可以调动员工工作的积极性，发挥员工的作用，为组织效力。合理的奖酬与福利也可以为组织节约成本，因为合理的奖酬与福利由两个因素决定：一是报酬与福利；二是能够反映出本地区同行业相应的报酬与福利水平。

（3）区别三：人力资源管理对员工实行人本化的管理。现代人力资源管理认为员工是“社会人”，而不视员工为“经济人”，它认为，组织的首要目标是满足员工自我发展的需要。在当今人本化的管理模式下，人力资源部门在对员工进行管理时，更多地实行“人格化”管理，注重员工的工作满意度和工作生活质量的提高，尽可能减少对员工的控制和约束，更多地为员工提供帮助与咨询，帮助个人在组织中成长与发展。业界形成了比较成熟的人事管理模式，但是这一传统的、被动的、事务化的、缺乏前沿性的劳动力管理，随着企业发展的内外部环境变化和市场竞争的日益激烈，在西方经济学理论界以西奥多一舒尔茨为代表的现代人力资本理论推动下，逐渐向现代人力资源管理方式转变。

人力资源是现代企业的第一资源，是企业获得竞争优势的根本，关系企业的生死存亡，这已成为中外企业管理者的共识。当前我国正处于经济转型的关键时期，许多企业改革和发展过程中的问题，最深层次的原因应该归结于人力资源管理。中国企业亟待变革人力资源模式，实现由传统、落后的人力资源模式向现代人力资源模式的转变。

第二节　人力资源管理的现状

“人力资源”一词是当代著名管理大师彼得·德鲁克于1954年在其《管理的实践》一书提出的。在这部学术著作里，德鲁克提出了管理的三大广泛的职能：管理企业、管理经理人员、管理员工及其工作。在讨论管理员工及其工作时，德鲁克引入“人力资源”这个概念。他指出，和其他资源相比，唯一的区别就是它是人，并且是经理们必须考虑的具有“特殊资产”的资源。德鲁克认为，人力资源拥有其他资源所没有的素质，即“协调能力、融合能力、判断能力”。经理可以利用其他资源，但是人力资源只能自我利用，“人对自己是否工作绝对拥有完全的自主权利”。

第二次世界大战之后，由于科技的发展运用于管理，人的作用曾经被忽略，但是在21世纪的知识经济中，企业必须依赖其管理人员与技术人员的创造性与主动性来赢得竞争优势，这样就不可能低估人的作用，于是人本主义管理上升为主流管理价值观，即把人当作企业的主体，确立人在企业中的主导地位，把企业的一切管理活动主要围绕调动员工的积极性、主动性和创造性来进行和开展。传统企业的经济目标是追求利润最大化，而现代企业的目标是追求经济效益与社会效益。

人力资源是进行社会生产最基本、最重要的资源，和其他资源相比，人力资源具有能动性、两重性、时效性、再生性和社会性。

一、如何加强企业人力资源的管理

（一）确立“人本管理”的价值取向

市场经济是一种效能经济，谁的效率高，能力强，谁就会在竞争中占优势，赢得高附加价值、低成本的回报。因此，企业人力资源管理的核心价值取向，也必须由权力本位、亲情本位向效率本位、能力本位转变。

企业领导必须带头转变观念，树立“以人为本，效能优先”的管理观念，把人用好、用活、用到最适宜发挥作用的地方。制订与之适应的制度，尤其是公平、公正的员工评价、激励和约束制度，真正做到“能者上，庸者下”，调动员工的积极性，发挥员工的创造潜能。

把人力资源当作企业发展的第一资源，把优化人力资源配置当作最重要的资源配置，盘活人力资源，优化结构，合理配置，发挥团队、群体、组织的效能。

（二）树立人力资源是企业重要的资源

人力资源的内涵包括人力资源的开发。人力资源的开发是培养职工知识技能、经营管理水平和价值观念的过程，也是劳动者的内在需求，因此，作为企业最能动、最活跃的资源——人力资源，其管理和开发必须是一个开放的、动态的体系。

1. 优化人力资源配置

优化人力资源配置是一个系统工程，它至少包括以下体系：组织分工体系、员工评价激励约束体系、员工社会保障体系。其中组织分工体系是最重要的体系，必须实行动态管理。

（1）根据企业内外部环境的变化及时调整组织结构和劳动分工，力争人力资源的最有效组合。

（2）根据每年员工的业绩考评给予晋升，力争达到“能级对应”。

（3）加强中层管理人员交流，使他们更了解企业的经营思想、管理特色、业务流程等。

2. 开发人力资源潜能

目前，我国人力资源普遍存在三大缺陷：数量多，质量差，结构不合理。当然，这只是一种暂时现象，通过有目的、有计划的培训，挖掘员工的潜能，还是可以改变的。这就是许多国际公司企图把企业做成“学习型组织”的原因。

（三）建立完善的绩效评价系统

人力资源部门应该通过职位分析形成规范的岗位说明书，明确员工的责任，确定员工的工作目标或者任务。通过岗位评估判断职位的相对价值，建立公司的薪酬政策，使员工产生清晰的期望。

现代企业的绩效考评一般建立在两个假设的基础上：一是大多数员工为报酬而努力工作，能够获得更高的报酬他们才关心绩效评价；二是绩效考评过程是对管理者和下属同时评估的过程，因为双方对下属发展均有责任。绩效评价有两部分内容：结果和成绩（目标、权利、责任、结果），绩效要素（态度表现、能力)。结果一般以量化指标进行衡量,成绩一般以责任标准来考核;绩效要素包括主动性、解决问题、客户导向、团队合作和沟通。

(四)制订可行策略,吸引、留住人才

对员工进行公正评价,有利于公司人员相对稳定,但是要真正留住人才,却非一时就可以完成。为了使人才流失降到最低,现代企业应该制订并且执行科学合理的转换成本策略,即员工试图离开公司时会因为转换成本而放弃。这就需要在制订薪酬政策时充分考虑短期、中期、长期报酬的关系,为特殊人才设计特殊的薪酬方案。薪酬政策是吸引、保留和激励员工的重要手段,是公司经营成功的影响因素。影响薪酬水平的因素有职位、员工和环境,即职位的责任和难易程度、员工的表现和能力以及市场的影响。薪酬政策的目的是提供本地区具有竞争力的报酬,激励员工更好地工作,最终留住人才。

(五)为员工创造持续发展的空间

现代企业在要求员工创造价值的同时,也应该积极鼓励员工自身合理持续发展。员工适应新环境的能力对于公司和个人都是至关重要的。现代企业积极鼓励持续发展,为员工提供机会以改善适应能力,并且从变化中受益,通过对人力资源的充分利用,适应变化并且利用变化取得竞争优势。现代企业应该鼓励所有的员工积极主动投入竞争的挑战中来,责任和权力互相平衡,尽可能贴近工作实际,以方便最大的利用、发挥员工的创造力和主动性。现代企业必须发展和实施基于三种价值观(专业进取、尊爱至诚、锲而不舍)的用人哲学,以实现共同的目标。现代企业不断追求长远的目标,寻求各种方法来解决在实现目标的道路可能遇到的难题。

(六)建设良好的企业文化

企业发展到今天,已经不仅是一个工作场所,而且是一个文化体系。在人们的生活中,企业文化对于企业家和员工都有越来越重要的作用,员工们如果能够在一个非常优良的文化氛围中工作,对于自身的发展与企业的壮大都有很大的作用。在做好这项工作时,务必融合中西文化,突出时代特色。众所周知,东西文化大不相同,东方文化以儒家思想为基础,强调和谐、协作、道德、实用,其中和谐是精髓。但是我国很多企业目前没有正确理解和运用这一精髓,未能以此协调企业内的人际关系和企业间的关系,往往形成很多内耗,提高了企业的经营成本,降低了企业的效益。

随着时代的变化,社会经济的发展,科学技术的进步,组织形式的不断革新以及作为人力资源管理的对象——人的变化,人力资源管理在管理理论、管理实践和管理方式等方面不断变化。经济的全球化趋势改变各个领域的管理哲学与管理实践,人力资源管理首当其冲,人力资源管理实践必须符合并且适应现代管理

理论的新趋势。

21世纪的人力资源管理面临外部环境的变化——经济全球化和知识化所带来的挑战。许多学者将经济全球化和知识化作为影响人力资源管理的重要因素之一。未来企业更加重视国际的而不再是国内的竞争机会。在全球化的同时，知识经济已经成为当今和未来世界经济的主要形式，作为知识经济微观基础的知识型企业，应该更加重视知识的创造、整合与利用，重视知识的管理。知识管理能力开始成为企业核心的竞争能力，知识成为企业竞争优势的源泉。

二、21世纪的企业人力资源管理

经济全球化是近些年来世界变革最重要的趋势之一，全球化主要是由于全球经济的发展和国内市场对外国市场的开放。原来的计划经济体制向市场经济体制的转轨也对全球化进程产生了深刻的影响。全球性的市场为企业特别是全球企业的发展提供了很多机会，但是同时也提出了各种挑战。无论是管理者还是理论的研究人员，都将全球企业竞争力问题视为在21世纪面临的主要问题之一。在复杂和动态的环境中，企业需要开发和培养企业所独有的资源和能力系统。然而企业的核心能力不会一成不变，而会逐渐变成未来发展的阻力，全球企业必须不断开发和更新核心能力。核心能力实际上是企业的一种平衡能力，是保持对经济全球化的反应能力和维持稳定和平衡的能力。协作是全球企业建立核心能力和取得竞争优势的关键，全球企业必须采用不同于传统公司的战略，通过全球战略、联盟战略和合作战略来建立和维持竞争力。这些战略有助于企业成为有效的、创新的、学习型的和有竞争力的企业。在新的全球经济中，竞争能力将越来越多地依赖于创新能力。谁能够成为全球性的、创新的和拥有丰富关系资源的企业，谁就能够拥有更为强大的能力和竞争优势。因此，越来越多的全球企业重视人力资源，并且开始全面提高企业的人力资源的能力。正如国际组织与生产力中心所指出的，真正的全球性组织成功的关键因素是将人力资源的作用与组织的国际目标相整合。全球企业需要建立全球人力资源战略，如全球激励政策和全球培训等，来实现在全球范围对人力资源的配置。全球化的人力资源战略是实现全球企业战略和柔性战略的工具。总之，面对企业地理环境的扩张，面对更加复杂的环境，全球企业需要改进人力资源管理，包括改善其功能、观念、战略以及采用新的工具。

三、建立人力资源管理战略

（一）培养全球观

全球观，也可称为全球世界观，是有关企业如何考虑其国际经营活动的理念。全球性考虑企业的经营活动、全球性开展企业的研究与开发活动以及全球性进行商务活动，是衡量企业是否形成全球观的标准。换言之，全球观是有关企业的思维方式。

（二）培养协作与团队精神

全球性的战略协作以其地理上的柔性、多样性以及对当地市场和当地政府的应对性，在优化企业重大活动方面发挥着重要作用。全球性的协作是对各业务单位所构成的网络资源流动、共同体意识和范围经济的管理。全球企业的任何人必须彼此依靠，而彼此之间的伙伴关系是企业的重要资源。通过团队合作，协作机制就能够逐步形成。人力资源管理需要在激励机制中更多地强调团队合作，鼓励员工互相帮助。对于21世纪的全球企业，与其他组织的员工进行有效合作也是非常重要的。全球企业中协作机制的发展，依赖于员工沟通技能和团队合作能力的提高。企业在沟通技能和合作能力上的投入越多，新的跨文化的观点越有利于协作关系的发展。

（三）培养全球范围内有效的沟通

有效的沟通是组织的一种资源。全球信息和知识系统帮助全球企业在不同的业务单位之间整合和分享有价值的消息与知识，并且能够有效促进知识库的建构。

（四）开发全球经理人员和全球知识工作者

全球企业用多种方法开发全球人才，有些全球企业甚至通过“买”和“借”的方式获得高质量的人才。同时，越来越多的全球企业开始利用咨询人员等外部关系，利用市场交易等方式从其他国际企业或者当地组织获得人才，在获得知识和经验的同时，保持人力资源方面的柔性。

（五）建立新的全球激励机制来适应新挑战

新的全球激励机制需要提高柔性战略下员工对企业的忠诚度，这需要报酬制度的创新，需要重新设计新的激励机制来鼓励知识的分享。同时，人力资源管理也应更新企业的绩效评价系统，特别要强调网上论坛的团队合作与参与。

（六）通过安排跨文化培训，建立企业不同的事业部、不同公司、不同文化之间的信任

信任能够促进沟通，鼓励合作，并且降低冲突。但是在全球环境下培养信任是困难的。为了培养不同单位、不同文化的信任，全球企业需要进行跨文化培训，需要建立信息共享系统，也需要强调对公司全球绩效的贡献。而在伙伴企业之间培养彼此信任是公司实践最重要的趋势。在企业合作存在关系风险的情况下，信任是企业竞争力的源泉。

四、国外有关人力资源管理的研究进展

人力资源管理在过去仅作为维持组织正常运作的一项管理职能，如今已发展

到企业管理战略的层次，具有与财务管理、市场营销等工作的同等地位。人力资源管理对于提高企业绩效的作用已经逐渐被认可，其在战略层次上与企业绩效的正相关关系也为国内外企业实践所证实，随着人力资源管理的发展和实践深入，人力资源管理已经成为一门关于企业管理的新兴学科，成为管理学的一个重要学科分支。

目前，人力资源管理的研究与实践已经超越员工招聘与配置、培训与发展、工作设计、业绩考评、薪酬设计等传统内容，形成三个新的发展方向。

(1) 战略人力资源管理，将人力资源管理与组织发展战略目标的实现结合在一起。

(2) 国际人力资源管理，强调经济全球化形势下跨文化的人力资源管理。

(3) 政治化的人力资源管理，探讨企业文化、非正式组织的活动对人力资源管理的影响。这些方面的研究正在改变已有人力资源管理的概念、分析框架，促进人力资源管理理论体系的形成和完善。

“人力资源”的出现约在1970年以后，并逐渐取代“人事”或“人力”等狭隘的字眼。这种转变并非偶然，而是发达国家在过度强调物质资源与财政资源之后，认识到了人在组织中的关键地位，再回头给予重新定位，并视人为组织中最重要的资产。对于一个组织而言，其所能够运用的资源主要有三种：物质资源，如土地、原料与机器；财政资源，如金钱与融资信用；人力资源，包括组织内部成员与其所能运用的外在人力。一般对物质资源和财政资源的概念比较清楚，但对于人力资源的意义则不甚了解。狭义而言，人本身就是资源、能源，可以被运用于搬运物品、制造产品、作战等。但人的作用并非仅仅如此，人的作用还在于能统合其他资源，结合三者的效益，使之脱离纯资源的地位，而创造更高的价值。但要成为有效的资源，必须将人进行有效率运用。因此，人力资源可引申为人所具有的知识、技能、态度、理想、创造力等特质，以及应用上述特质而获得的有所作为。

在一个组织中，各种资源都各有其重要性，然而人力资源更加显得重要。人力资源成为现代社会和组织的战略资源，一方面来源于现代社会的性质——知识和信息社会；另一方面来源于人力资源所具有的特性。人力资源是一种能动资源，在经济和管理中起主导作用和处于中心地位，发起、使用、操纵、控制着其他资源，使其他资源得到合理、有效的开发、配置和利用；同时，它是唯一起创新作用的因素。整体而言，人力资源是一个组织系统的动力。正因如此，维持与提升组织人力资源的质量就成为组织持续经营与发展的战略与活动。

人力资源是现代企业的第一资源，是企业获得竞争优势的根本，关系企业的生死存亡，这已成为中外企业管理者的共识。

第十章　构建现代教育培养体系助力新时代人力资源开发

党的十八大报告提出“努力办好人民满意的教育。教育是中华民族振兴和社会进步的基石。要坚持教育优先发展，全面贯彻党的教育方针，坚持教育为社会主义现代化建设服务、为人民服务，把立德树人作为教育的根本任务，发挥教育在人才培养的主渠道作用，培养德智体美全面发展的社会主义建设者和接班人”。要实现人才总量的增长和人才素质的提高，必须优先发展科学教育事业，树立大教育观，以终身教育理念为指导，构建一个融合职前职后一体化、具有中国特色、充满生机活力的现代教育培养体系；同时，加大人才培养力度，在提高全体人民的思想道德素质、科学文化素质和健康素质的基础上，重点培养人的学习能力、实践能力和创新能力；不断加大对人力资源能力建设的投入，为各类人才不断涌现和充分发挥作用奠定坚实基础，把中国巨大的人口压力转换为人力资源优势。

第一节　现代教育培养体系的内涵与特征

一、现代教育培养体系的内涵

加强人力资源开发和人才培养，要致力于构建一个融职前职后一体化、体现终身学习理念、体系完备、充满活力的现代教育培养体系，其内涵具体表现为以下几个方面。

（一）形成满足国民终身学习需求的现代教育培养体系

现代教育培养体系建设包括正规（Formal）教育和非正规（Non－Formal）教育，而终身学习除正规教育和非正规教育外还包含非正式（Informal）学习。按照终身教育理念，建设全民学习、终身学习的学习型社会，扩大并整合各种教育资源。建立健全学校教育、家庭教育、社会教育相互配合的良性机制，坚持正规教育与非正规教育相结合、学历教育与职业技能培训相结合，尤其要建立健全继续教育体制机制，大力发展非学历继续教育，稳步发展学历继续教育，更新继续教育观念，加大投入力度，重视老年教育，倡导全民阅读。加快教育信息化建设，发展现代远程教育，建设以卫星、电视和互联网等为载体的远程开放继续教育及公共服务平台，公民可以方便地获取受教育机会。各类组织机构要担负起为教育发展提供支持、帮助青少年健康成长的义务，切实履行职责。

（二）构建开放的、结构合理的、有序衔接贯通的现代教育培养体系

在现代教育培养体系框架下，要形成0～6岁完整的学前教育体系，高标准、高质量地实施九年义务教育、高中阶段教育，大力发展职业教育，提高高等教育普及水平，鼓励更多的人接受高等职业教育和高等普通教育，最大限度地满足民众对知识的渴求。要建立国民终身学习的教育体系，促使成人教育和普通教育相互沟通，普通高等教育向成人开放，充分发挥电视大学、电视中专、业余大学、老年大学的作用，使所有人在任何时候都享有接受文化教育和职业技能培训的机会，建立促进个人全面、个性发展的终身教育体系。提高各级各类教育的开放性，形成纵向衔接、横向贯通、协调发展的普通教育和职业教育体系，普通高中和高中阶段职业学校建立以课程为纽带的融通；施行与学历文凭证书并存并用的职业资格证书制度，从机制上解决职业教育的发展问题，同时赋予义务教育后的学生多次选择权。打通普通高中和职校毕业生接受高等教育和高等职业教育的渠道，正确处理好普教与职教、高职与中职的协调沟通关系，构筑普通教育和职业教育之间、中高级职业教育之间的“立交桥”，拓宽人才成长道路。

（三）建立以合理的学科专业分类和课程结构体系为基础的现代教育培养体系

按照《国家中长期教育改革和发展规划纲要（2010－2020年）》提出的“人人成才，多样化成才”的要求，基础教育要坚持中小学课程结构多元化发展方向，鼓励地区和学校根据地方特色和实际条件灵活设置课程，走特色发展道路。职业教育应建立从初级到高级的职业教育体系，中等职教和高等职教作为同一类型教育的不同层次，在课程结构、人才培养方向上要有明确定位和分工，给予职业院校充分办学自主权，使职业院校能在市场引导下，制订合理的专业设置发展规划，科学设置和调整专业，强化实践性教学环节。高等教育应进一步加强同社会的联系，不断引入市场力量介入高等教育专业结构调整，提高高校面向市场自主办学的能力。提高基础研究水平，促进基础理论学科和应用技术型学科的交叉与融合，着力培养厚基础、宽口径的应用型、技术型、创新型人才。

（四）实现多元化投入的现代教育培养体系

推动教育投资主体多元化，建立政府、企业、家庭与个人、社会投入的多元教育投资格局，允许教育机构兴办营利性机构自我创收和依靠国内外贷款。首先，向农村倾斜公共教育资源，缩小城乡、区域教育差距，将公共教育经费的投入、分配和使用置于公众监督下，创造更加公平和更有质量保障的教育产品。其

次，实现教育机构多元化。现代教育培养体系应注重强化学生的实践、创造和就业能力，鼓励行业企业参与办学，扶持薄弱公办学校发展，扩大优质教育资源。同时积极引进优质资源，提高教育交流合作水平，实施走出去战略。最后，教育形式多元化。以往教育机会渠道狭窄，职业教育、成人教育等地位边缘化。依据公办教育促公平，民办教育创特色的总体思想，现代教育培养体系将建立富有弹性的学习制度，打破长期以来教育只满足多数人教育要求、只考虑人们趋同发展需要的硬性学习制度，提供灵活多样的教育形式供选择。

二、现代教育培养体系的基本特征

现代教育培养体系是具备“高效、公平、优质、均衡”功能的理想教育培养体系，它的基本特征可以总结为以下六条。

（一）服务大众，终身共享

现代教育培养体系中，一次性的学校教育被终身教育、终身学习所取代，教育的时间跨度拉长为人的一生，从出生到生命终结都可获得受教育的机会。传统教育体系过于重视正规学校教育，忽视非正规教育，而现代教育培养体系则二者并重。灵活、开放、完备的终身教育既有学校教育又有社会教育，既有正规教育也有非正规教育，是教育在空间方面的延伸。同时，现代教育培养体系面向全民、面向每个人，教育成果惠及全体人民，弱势群体的教育权益得到充分保障。

（二）种类齐全，形式多样

种类齐全体现在构成教育体系的结构要素完整、不缺位，这也是现代教育培养体系发挥其功能的结构性前提。现代教育培养体系下各级各类教育在层级、类型、科类方面结构完整且脉络清晰，提供的教育服务便于获得，可以就地、就近获取，随时获取及个性化获取，每个人能够选择适宜的教育类别和学习形式。现代教育培养体系不仅要求教育类别、学校类型多种多样，而且教育内容、教学方式、教育提供方式也应丰富多彩，以适应经济社会发展和个人发展多方面的需求，其中开展民办教育是提供多样性教育、满足多样化需求的重要策略。

（三）纵横贯通，衔接顺畅

教育的融通性是指教育体系内部不同层级教育的纵向衔接和同一层级教育中普通教育与职业教育的横向沟通。长期以来基础教育的主要作用是为上一级学校输送优秀学生，最终形成层层筛选的金字塔式的精英教育模式，呈现“高等教育大众化背景下的基础教育精英化”怪象，这在某种程度上恶化了薄弱地区、薄弱学校的教育处境。现代教育培养体系应该有更多的利益相关诸如家长、学生、社会团体共同参与，以便更妥善地处理不同层级教育的融通问题，使优质教育资源顺畅地流动起来而非沉淀凝滞。此外，普通高等教育和高等职业教育在我国教育发展中是两个界线分明的独立体系，分属不同的政府部门管理，有不同的发展目标、课程体系，造成大规模重复建设和无序化培养。现代教育培养体系力图革新，在保持普通教育和职业教育各有分工的基础上搭建桥梁。

（四）公平公正，优质高效

“育才造士，为国之本”，完善现代教育培养体系、改革教育体制要围绕提高教育质量、促进教育公平展开。公平公正要求在教育体系内部各级各类教育中配置教育资源时贯彻平等原则、差异原则、补偿原则，通过完善教育体系、提供多样化的教育形式，让全体公民都平等地享有受教育的权利和机会，让每个人的先天禀赋得到充分发展，使所有处境不利的受教育者在教育资源配置上获得补偿。为贯彻平等原则，应保证社会成员有平等的受教育的权利和获取各种教育资源的机会；为贯彻差异原则，应提供因材施教的多样化教育形式；为贯彻补偿原则，应调整教育体系的布局结构，缩小区域间、城乡间教育差距。构建现代教育培养体系也离不开优质的教学质量，教育质量是对教育水平高低和效果优劣的直观评价，最终体现在培养对象的质量上。2015 年，“促进教育公平发展和质量提升”被写进中国政府工作报告，成为教育发展的主旨和总目标，可见优质的教育质量对于保证现代教育培养体系的有效性至关重要。

（五）比例协调，布局均衡

教育的协调性是指教育体系中不同类型教育的结构比例关系的合理性，涉及正规教育与非正规教育、不同层级教育、普通教育与职业教育、学科或专业的结构比例关系等，它直接影响一国教育的质量效能和国际竞争力。构建现代教育培养体系离不开教育均衡化发展，但均衡不等于平均，不代表抹杀个性、无视现实差距和历史传承，在各类教学资源间“削峰填谷”甚至搞“一刀切”。教育均衡发展从宏观层面分析是教育供需的均衡，从中观层面分析是教育资源配置的均衡，从微观层面分析是学校教育过程包括内部课程教学资源配置、教育结果及教育评价的均衡。

（六）灵活开放，兼蓄并包

现代教育培养体系的开放性包括：一是向受教育者开放，为其受教育和学习提供服务和支持；二是向社会开放，主动从社会获取更多资源和支持；三是向世界开放，利用国外教育体系培养急缺人才，吸纳国外财力和智力资源（如通过国际教育援助项目）开展中外合作办学。目前，“慕课”“翻转课堂”“微课”已成为课堂教学改革的流行语，其来势之猛，大有颠覆传统课堂、迎来课堂教学革命之势。现代教育培养体系的灵活性体现为现代教育培养体系应设立政府宏观指导下面向社会的自动调节机制。中国的政治体制可以集中力量办大事，但也存在政府部门间统筹协调不够，社会力量参与不足等问题。现代教育培养体系将灵活调整教育与内外部环境的关系，强调教育内部各职能管理部门、教育部门与其他行政部门之间协调统筹，吸纳社会力量参与管理。

第二节 现代教育培养体系的构建策略

现代教育培养体系要贯彻终身教育理念，整合各种教育资源，建立学校教育、家庭教育、社会教育的良性协作机制，构建完备的基础教育、职业教育、高等教育和继续教育体系，坚持正规教育与非正规教育相结合、学历教育与职业技能培训相结合，加快教育信息化建设，健全重点人才队伍的培养培训体系，使教育培养成为有效便捷的一体化体系。

一、构建现代基础教育体系的策略

基础教育阶段各层级教育在教育理念、课程内容、教学方法和招生评价制度等方面要保持连贯性，根据学生成长规律打造上下融通、衔接顺畅的基础教育体系。

（一）通过自主学习培养学生的创新意识与创新能力

激励教师由以“教师为中心”转向以“学生为中心”的课堂教学模式，积极采用案例分析、情景模拟、问题解决等教学方式，在引起学生兴趣和增加学生体验上花功夫，切实调动学习者的主动性和积极性，激发学生独立思考能力和创新意识。开展促进提高学生创造能力的教学方法的研究与尝试，倡导学生自主探索、合作交流与实践创新，从生活经验和已有的知识出发，在自主探索的过程中真正理解和掌握知识技能、思想和方法。在教学过程中要处理好知识传授和能力培养的关系，注重培养学生的独立性和自主性，支持学生参与创造性问题的探索，激发学生的好奇心与求知欲，引导学生积极质疑、深入研究，培养学生的创造精神和创新思维。

（二）构建多样化的基础教育课程类型结构和课程内容

首先，构建多样化的课程类型结构，促进分科课程与综合课程、学科类课程与活动类课程、学期课程与短期课程、必修课与选修课的合理搭配。其次，构建均衡的科目结构。既要整体设置九年义务教育课程门类和课时比例，又要转变普通高中教育的应试导向，从单纯的升学预备教育转为兼顾升学和就业预备，合理安排必修课和选修课，建立多层次、多类型、多形式的课程结构体系。最后，优化课程内容。增加学生作为普通公民应具备的基础知识、基本素养，打破基于升学的狭隘课程取向，关注学生兴趣和经验，从优秀传统文化中汲取营养，从践行社会主义核心价值观的角度确立培养学生的方向。坚持知行合一，完善“青少年志愿服务制度”，将其纳入学校教育质量综合评价体系和学生综合素质评价指标。

（三）建立健全多元招生考试录取机制

多年来以考分为中心、以选拔淘汰为结果的考试成为落实素质教育的“瓶颈”。2014 年 9 月《国务院关于深化考试招生制度改革的实施意见》指出，要把促进学生健康成长成才作为改革的出发点和落脚点。一要改进招生计划分配方式：提高中西部地区和人口大省高考录取率，增加农村学生上重点高校人数，完善中小学招生办法破解择校难题。二要改革考试形式和内容：完善高中学业水平考试，规范高中学生综合素质评价，加快推进高职院校分类考试，深化高考考试内容改革。三要改革招生录取机制：减少和规范考试加分，完善和规范自主招生，完善高校招生选拔机制，改进录取方式等。要逐步建立中国特色现代教育考试招生制度，形成分类考试、综合评价、多元录取的考试招生模式，健全促进公平、科学选才、监督有力的体制机制，构建衔接沟通各级各类教育、认可多种学习成果的终身学习“立交桥”。

（四）建立基础教育区域统筹协调发展和科学管理的机制

坚持调整教育布局结构，统筹区域教育共同发展。要加强对区域教育协调的领导，建议在教育部建立区域教育协调发展办公室和对应数据库，重点扶持西部欠发达地区，高度关注中部地区公共教育资源短缺问题，确保经费使用到位，鼓励发达地区支援欠发达地区，形成东中西部教育的良性互动机制。教育管理上，中央政府需向地方政府分权。中央职责是统一领导与管理基础教育事业，制订基础教育发展规划、方针政策和基本标准，省级政府承担更多的管办自主权，确定地区教育发展规模、层级结构、投资力度和管理形式等。因此既要强化中央对省级政府教育督导、评估与问责，又要建立相对独立的省级教育督导机构和运行机制，加强各级教育统筹并放权给学校，充分利用公共财政手段管理区域内办学，实现基础教育均衡发展。

（五）推进基本公共教育服务城乡均等化

基本公共教育服务应做到：①兜底线，保障每个孩子有学可上。支持发展农村学前教育，启动第二期学前教育行动计划，提高公办幼儿园和普惠性民办幼儿园覆盖率。健全农村留守儿童关爱服务体系，会同相关部门围绕留守儿童安全、学习、情感等问题提供服务。②保基本，使每所学校都具备基本办学条件。增加农村义务教育薄弱学校改造资金投入，提高农村中小学生均公用经费基准定额，抓好 2013 年实施的乡村学校和教学点教师生活补助政策，使优秀教师下得去、留得住、教得好。③上水平，不断扩大优质教育资源覆盖面。优化学校布局，提高农村学生进入重点大学比例。让更多部属及省属优质高等教育资源惠及农村学生，促进社会纵向流动，形成人才红利。④稳财力，使基本教育公共服务有可靠的资金来源。按照新义务教育法“县级为主，省级统筹”要求，充分考虑县际间财政水平，科学划分农村义务教育“以县为主”“以省为主”和“以中央为主”的投资体制，分类供给。

二、构建现代职业教育体系的策略

十八届三中全会《关于全面深化改革若干重大问题的决定》把加强行业指导能力建设和强化企业参与作为重点，强调充分发挥市场机制作用，调动社会力量广泛参与。《现代职业教育体系建设规划（2014—2020）》又提出以现代教育理念为先导，加强职业教育重点领域和薄弱环节建设，这些纲领性文件为现代职业教育体系的构建指明了方向。

（一）实施职业教育与社会经济联动发展的办学方式

第一，以组建职教集团的方式推进规模化、集团化、连锁化办学。2014 年国务院《关于大力发展职业教育的决定》提出“走规模化、集团化、连锁化办学的路子”，加快职业教育集团化建设和连锁化办学。以品牌职业院校和示范性职业院校为龙头，联合社会办学单位、实训基地、企业或行业组织，促进职业教育产学结合办学模式的探索，在电子信息、机电数控、交通物流、建筑、轻工、化工、旅游、现代艺术、现代护理和现代农业等重要领域率先推动职业教育集团建设，实现职业教育与社会经济的联动。第二，探索合作办学模式。整合各类优质教育培训资源，持续加大对职业教育的投入，优化职业学校办学条件，对校企联合培训进行补贴，形成政府引导、校企参与、共同投入、共享利益的运行机制。同时加强国际合作与交流，扩大中外合作办学，加快职业教育课程国际化和标准化建设，颁布与国际接轨的境外职业资格证书。第三，指引示范性职业学校建设。示范性职业学校要加强内涵建设，成为技能型创新人才培养的重要基地，不妨以现行的“毕业生就业率”考核指标为基础，研究“可持续就业指标体系”，把“就业稳定率”和“就业满足度”等指标纳入就业率考核，激励职业学校以就业为指向进行教学改革和品牌建设。

（二）根据市场需求对职业教育专业结构进行调整

现代教育培养体系要求教育主管部门转变管理思路，协助职业院校根据产业体系优化升级和区域经济发展的需求，建立人才需求预测和专业设置的动态调整机制，制订合理的专业设置发展规划，对社会经济发展紧缺的技能型专业人才重点培育，对劳动力市场供大于求的专业作相应限制。各职业院校要加快与新兴产业对接专业的建设，适时增设新专业，这是改善专业结构的重要途径，也是增加人才有效供给的重要方法。中等职业教育需要提高专业与职业的匹配度，高等职业教育需突破普通高校学科类的专业划分，加强以职业岗位群或行业为主的专业划分，引导学校关注产业政策导向，紧密结合高新技术产业、生产性服务业、文化创意产业、现代制造业等的需求设置专业，加强专业结构对产业结构的支持力度。

（三）加强高中阶段职业教育与普通教育之间的渗透

实现普职渗透可从三个方面入手：一是在中等职业教育阶段加强普通教育。中职教育要加强文化素质的培养，情感、态度、价值观的培养和生活生存能力的培养，贯彻“文化高移、基础宽厚、技能复合、素质全面”的培养目标，运用“宽基础，活模块”模式整合中职课程，实现从终结性上岗预备教育向终身教育的转变。同时，实行开放兼容的选课制和“学分制”，课程安排弹性化，修完规定课程和学分、达到相应水平即可毕业。二是需要在普通高中教育阶段加强职业教育。高中教育要引导学生关注个人兴趣特长与未来职业间的联系，加强职业生涯指导和自我决策能力培养，提高学生的职业意识。课程方案上强调通过综合实践活动培育学生对职业的初步体验，为未来的专业选择、职业选择做好准备。三是职业教育与普通教育贯通。试行综合高中办学模式，为学生提供在普通、职业、专科学校之间的校际互转机会。探索“互通式”职普沟通模式，中职、普高学生可到对方学校学习部分课程，领取学分证明或相关资格证书；或中职、普高学生在各自学校学习一段时间后想接受另一类教育时，学校为其创造条件。

（四）促进中、高等职业教育的纵向衔接

加强中等职业教育和高等职业教育的衔接，在管理体制上应将二者统筹安排。当前高职学校对中职学校的生源比例严格限定，人为割裂了两者关联，必须深化高职学校招生考试制度和转学制度改革，破除招生壁垒，扩大中职毕业生进入高等学校尤其是高职学校深造的机会，高职学校可单独组织对口招生，优先录取中职学校优秀毕业生，对取得相应职业资格证书的中职毕业生免除技能考核。重点推动中高职课程衔接和学制改革，完善五年一贯制、“5＋2”职教贯通等方案，系统构建从中职、专科、本科到专业学位研究生多层次的技术技能人才培养体系。中等职业教育方面，重在稳定招生规模，制订提高学生巩固率的政策措施。高等职业教育方面要破解升格与升级困惑，指导专科层次高职院校科学定位、办出特色。本科普通教育方面，配合高等教育分类考试改革、本科高校转型等工程，探索开展本科层次职业教育，推动教育结构战略性调整。

三、构建现代高等教育体系的策略

加快发展高等教育，应当从扩张规模转向追求质量，提升高校培育人才水平，深度挖掘人才培养的优质教育资源，建设一批高水平特色大学，形成与经济发展和产业结构联动的高校布局和高校学科群，推动高等教育成为汇聚人才的重

要平台和培养人才的重要基地。

（一）调整高等教育层级结构比例

中国高等教育是研究生、专科层级规模小而本科层级规模大的“倒纺锤”型结构，这种教育培养结构使得应用型高级技术人才培养不足，也与国际通行的“金字塔”型高等教育层级结构不匹配。基于我国当前经济社会及国际高等教育发展形势，现代教育培养体系下高等教育应拓宽底部基础，大力发展专科层级高等教育，培养更多应用型技术人才，同时加大对研究生教育发展的支持，满足社会对高层次创新型人才的需求。另外，加强对不同层级、类型的高等学校的分类指导和管理，明确各类学校定位。建议先从省级教育行政区入手创建学分互换制度和学分累计制度，设立不同层级、类型高等学校的学分互认互换机制，并向全国范围推广。鼓励在辖区同等级高校间开展学分和课程互认、师资和教学条件共享、打造区域学习共同体。

（二）健全和完善高等教育类型结构

健全和完善高等教育类型结构，促进各类型高等教育体系的衔接与融通。除办好普通高等教育外，还要大力发展高等职业教育，实现普通高等教育与高等职业教育齐头并进、协调发展。加强政府宏观调控，落实《国务院关于大力发展职业教育的决定》要求，建立以服务为宗旨，以就业为导向，走产学研结合道路的高等职业教育体系。继续加强示范性高等职业院校建设，重点建设一批精品专业、精品课程和实习实训基地。在发挥正规高等教育作用的同时，积极发展多种形式的远程教育和成人高等教育，大力发展民办高校，扩大其办学自主权，加大对民办高校的政策扶持、资金支持和教学质量监控，扩大民办高校研究生教育规模。

（三）加强高等教育学科专业结构调整

加快学科专业结构调整，减少专业供给过剩的学科招生，适当扩大理科类面向艰苦行业岗位、文科类应用性较强专业与复合型专业招生力度。对职业学校而言，应当开展行业人力资源现状调查和需求预测，据此调整职业学校专业目录和招生计划。凡用人部门要求以本科学历为主且人才供给充裕的专业，高等职业院校原则上不再设置并从专业目录中删除；凡用人部门要求以专科学历为主且供大于求的专业，压缩中职同类专业招生。对普通高等学校而言，首先，在沿用目录式管理方式的同时增加目录弹性，预留新学科发展空间。为避免激化市场需求的多样性、多变性与学科目录的单一性、学科性、刚性之间的矛盾，要赋予高校灵活的学科设置权力。其次，引入市场力量完善学科设置委员会和学科评估制度。我国高等教育学科设置委员会分设于高校和行政审批机关，无法代表市场需求，应在学科设置委员会中引入行业代表评判新设学科合理性，改革学科评估制度。

最后，关注学科办学成本，改革拨款制度。当前高等教育拨款制度未能充分体现学科成本差异，改革方向是利用更灵活的拨款方式调控学科规模。

（四）改革高校课程教学内容与教学方式

高校要注重教学内容与企业、社会需求相衔接，灵活调整课程开设方式，由完全在学校内部开设所有课程逐步扩展到与企业、事业、科研机构、社会团体共同设置，增强学生的实践能力。同时，高校要以人才开发导向目录为基础，应用性专业的培养计划及其教学、实践环节应紧密结合实际，把最能反映科技前沿、满足社会需求的知识和技能纳入课程内容。高校要将具有核心竞争优势的学科建设成知识技术创新学科集群，逐步建立通识教育和专业教育有机整合的课程体系，培养学生跨学科的知识结构和大视角的研究思考能力。加强面向学术前沿和实践前沿的学术性、实验性课程和研究性课程设置，在专业教育中探索项目课程、项目研究，锤炼知识运用能力和研究能力。鼓励学生自主选择专业，自主选修课程，自行安排学习进度等。

四、构建现代继续教育体系的策略

非学历继续教育在我国有很大空间，现代继续教育要实行以政府办学为主、社会积极参与、各方联合办学的新体制，发挥高校、政府部门、教育机构、国有大型企业的主力军作用，调动社会和个人参与办学的积极性，利用社会资源开展继续教育。同时打破管理壁垒，在项目审批、资金投放、学业认证上向社会开放，为联合办学提供政策支撑。

（一）充分发挥企业在职业岗位培训和继续教育中的主体作用

依靠企业、行业，举办职工继续教育和职业能力培训，构建企业职工的在岗和轮岗培训制度。行业主管部门主要负责协调和指导行业职业教育，行业协会等可组织行业人力资源预测、制订行业职业教育与培训规划、职工培训和职业技能鉴定、课程教材建设和教师培训等工作，也可举办教育培训机构。大力推进学徒制，对雇佣学徒或者培训学徒众多的企业给予奖励或者政策优惠。建议出台相关政策，让职业培训卓有成效的企业可获得培训补贴、税收减免或其他好处。继续教育的另一大目标群体为农民，目标是通过培训使其初步掌握城镇非农产业就业的技能。为此要实行灵活开放的办学模式，把教育教学与生产实践、社会服务、技能推广结合起来，鼓励“订单”培养，先培训后输出，提高教育服务城镇化建设的能力。

（二）加快非正规教育体系建设

大力推进教育信息化，构建现代远程教育体系。将学习型社会建设纳入国家信息化建设规划，建立覆盖面广、相互沟通、方便学习的远程教育系统，建立国家远程/多媒体教育学习资源库，有选择地引入国际课程教材，作为国家资源库的补充内容，丰富教育体系供给内容和形式。整合广播电视大学、高等教育自学考试机构、独立设置的函授大学及各级教育电视台、电教馆等资源，组建新的开放远程教育办学实体，形成教育资源共享机制。开办多种形式的老年教育，增设老年大学、老年人文体活动中心等福利性教育机构。同时，积极发展社区教育，以社区为依托，加强图书馆、文化馆、科技馆、影剧院、运动场等文体基础设施建设，培育多元开放的社区教育体系和文化传播体系。充分调动社区内组织、单位、家庭和个人参与社区教育的积极性，提高社区教育质量和办学效益。

（三）完善教育培训经费使用机制

在国家层面，应尽早对就业培训政策做顶层设计。各地区要在国家法律法规框架内，根据地方实际，对现有培训管理政策进行梳理、完善，进一步放开经费使用限制，扩大经费适用范围，适当放宽补贴申请条件，简化申请流程。要完善以市场需求为导向的政府补贴培训机制，对强化动手能力培养且市场急需的技能人才培训项目予以政策倾斜，发挥培训补贴政策对高技能人才培养的导向作用。严格规范培训补贴运作和培训过程监管，确保培训质量。在公共就业服务中积极开展对劳动者的岗前培训、岗中培训及离岗后的跟踪调查，树立政府培训补贴与培训质量、促进就业效应的挂钩机制。

（四）建立有效的培训激励机制

严格执行先培训后上岗和在职定期进修制度，支持各用人单位根据在职培训、脱产培训等不同形式，制订继续教育和技能培训的管理办法，健全人才教育培训统计、登记、评估、考核和奖励制度，把培训成效与职务晋升、人才流动、职业转换结合起来。同时，探索建立企业人力资源培训投资经费所得税抵扣制度。此外，制订有关税收政策保证企业培训投入，建议对于超额投入的企业，在税收方面可适当减免。

（五）培育和规范人才培训市场

培育和发展社会化人才培训市场，建设与人才市场供求信息网络互联互通的职业培训网络平台，政府通过这一平台为各类培训机构提供市场信息及相关服务，引导全社会各类培训机构进行公平的竞争。通过完善职业技能考核鉴定制度和职业资格证书制度，确保职业培训的质量，规范人才培训活动。完善培训行业自律及对培训行业的监督管理制度。一方面，加强培训行业自律，推动各类培训机构以自我规范、自我管理为目标，建立培训师职业资格认证制度。另一方面，建立现代教育培训评估体系，制订科学规范的教育培训质量评估和监督办法，培训质量评估和监督的社会中介机构，建立培训机构资质等级申报、评估和年检等管理制度。

五、建立健全各类人才队伍培养培训体系的策略

根据《中共中央国务院关于进一步加强人才工作的决定》和《国家中长期人才发展规划纲要（2010—2020）》，中国业已形成了党政人才、企业经营管理人才、专业技术人才、高技能人才、农村实用人才、社会工作人才六支队伍，围绕人才发展战略目标加强人才学习培训，对统筹抓好六支队伍建设、充分体现人才的价值极其关键。

（一）建设提升党政人才素质能力的教育培训体系

“学者非必为仕，而仕者必为学”。对于党政人才而言，要以学习贯彻《中华人民共和国宪法》《中华人民共和国行政许可法》和《中华人民共和国公务员法》为契机，开展公务员依法行政培训，促使全体公务员依据法定权限和程序行使权力、履行职责和依法处理社会经济事务。以现代行政文化、行政理念为导向，根据《中华人民共和国公务员法》要求，强化公务员职业精神、职业操守和行为规范培养，弘扬求真务实精神，树立科学发展观和正确政绩观，切实提高党政人才的政治理论素养、党性修养和道德修养，坚持执政为民、从严治政，当好人民公仆。认真执行《国家公务员培训暂行规定》，针对不同职务公务员的岗位职责要求，深入推进初任培训、任职培训、专门业务培训、更新知识培训等培训，确立针对各类公务员的系统培训制度，造就一支具有公仆意识、廉洁勤政、适应改革开放和社会主义现代化建设的高素质党政人才队伍。重点开展以公务员基本素质能力、计算机、英语、MPA 核心课程为主要内容的培训，建立公务员培训学分制度，加大滚动培养力度，提高培训质量。注重在实践中提高党政人才能力，每年有计划地抽调部分优秀党政干部到重点项目、重大工程以及矛盾集中、条件艰苦的一线岗位进行挂职锻炼，在实干中提高才能。

（二）建设提升企业经营管理人才素质的教育培训体系

要以提高我国企业的现代化管理水平和国际竞争力为目标，加强企业经营管理人才素质提升的教育培训力度，鼓励企业家赴国内重点高校开展 EMBA 学位、专题课程等培训。充分发挥行业主管部门、行业协会作用，与国内外著名企业集团、培训机构合作，筹办企业经营管理人才培训基地，重点抓好企业职业经理人等高级经营管理人才培训。以大企业为龙头组建企业培训联盟，鼓励支持企业大力开展经营管理人才内部培训，突出案例实战教学，使受训者掌握国际先进管理理念，提升驾驭市场和管理现代企业、参与全球化经营和竞争的能力。倡导和鼓励企业经营管理人员参加在职学习，提高学历层次，定期和不定期邀请国内知名企业家、专家、学者举行讲座。每年资助一批起点高、潜力大、素质好、创新创业意识强的中青年企业经营管理人才深造培养。要有意识地锻炼企业经营管理人

才，提倡在工作中学习、在学习中工作。引导经营管理人才根据企业需求，主动参加培训，充分利用网上教育、远程教育、专题讲座等途径自主学习。

（三）构建分层分类的专业技术人才教育培训体系

围绕社会经济发展需求，以能力建设为核心，以高层次创新型人才为重点，构建分层分类的专业技术人才教育培训体系，要做到：第一，抓紧落实《专业技术人员继续教育规定》，支持各单位建立继续教育统计、登记、评估、考核和奖励制度，把培训与职务晋升、人才流动、职业转换结合起来。第二，构建分层分类的继续教育课程体系。我国专业技术人员分布广、领域多、结构复杂，要根据各自的职业特点、专业要求和岗位需要，分层确定继续教育内容。第三，加强继续教育公共服务体系建设。建立一批国家级专业技术人员继续教育基地，支持发展各类专业化机构，建立“政府调控、行业指导、单位自主、个人自觉”的社会化培训运行机制。第四，大力实施专业技术人员知识更新工程。紧扣我国经济结构调整、战略新兴产业发展和自主创新能力的主题，在装备制造、信息、生物技术、新材料、海洋、金融、生态环境保护、能源资源、防灾减灾、现代交通运输、农业科技、社会工作等重点领域，大规模开展专业技术人员知识更新继续教育。同时，坚持人才培养与科技创新紧密结合，促进产学研的贯通和开放，依托高校、科研单位和大型企业创设一批国家级基地，组建跨学科、跨系统、跨行业的科技人才培养“联合舰队”。

（四）建立高技能人才培养体系

完善企业主体、政府推动与社会支持相结合的高技能人才培养体系。依据《国家职业标准》和行业、企业生产岗位规范，加强职业标准开发，完善技能人才职业资格证书制度，推进技师考评制度改革，打造适应技术进步和劳动力市场需求的动态职业标准体系。按照“需求定向、企业主导、行业参与、政策支持”的原则，实施分类指导的职业培训计划，加强职工岗位技能更新和等级提升的培训，在生产一线提高技能人才的专业理论知识和技术技能水平。加大在重点行业领域建立高技能人才培养基地的力度，带动上下游或同行业中小企业技能人才培养。大力推广“名师带徒”，鼓励企业内技师、高级技师与青年技能劳动者结对，让更多职工在本职岗位上通过技能培训、师傅带教、实践锻炼获得技能水平提升，形成技术技能的传、帮、带，推动高技能人才岗位成才。全面推动建立企业职工培训制度，将职工培训纳入企业发展总体规划。鼓励行业、企业积极开展职业技能培训，扩大行业、企业的多层次技能竞赛规模，以技能培训和岗位实战催发优秀技能人才脱颖而出。注重在科技攻关中培养高技能人才，结合重大工程的实施及重大技术装备的引进吸收平台，支持高技能人才积极参与到生产和科技攻关。

（五）建立农村实用人才培养培训体系

建立农村实用人才教育培训体系，加强农技培训师资力量和农业信息网建设，组织推广先进技术的试验示范工作，加大教育培训力度和覆盖面，切实增加对农村实用人才培训的财政投入，有条件的地方每年应按财政收入的一定比例提取农村实用人才教育培养专项资金。积极引导各类经济组织、农村产业化龙头企业开展岗位培训和技术指导，夯实科技示范基地和优质农产品示范园建设，通过科技示范和成果展示，引导农民自觉学习运用先进实用技术。组织农业实用技术交流活动，鼓励农业技术骨干、科技示范户、种养能手开办农家课堂，进行现场技术指导。强化科技培训、“绿色证书”培训、农村富余劳动力转移就业前培训，采取委托培养、契约培养、选送培养、联合培养、定向培养、挂职锻炼和交流、考察等多种方式，依托农业生产基地建设，加快塑造一批农业科技成果推广专业人才和在农业生产一线具有专业技术特长的农村实用生产能手。组织好新型职业农民培育工程，实施现代农业人才培养计划，发挥好先进典型的示范引领作用，对农业科研杰出人才、有突出贡献的农业技术推广人才、基层优秀生产经营人才给予重点扶持和培训，扶持农村实用人才创业兴业，培育一批在科技致富方面具有示范引领作用的带头能人。

（六）建立完善的社会工作人才培养体系

响应中国社会工作联合会向全国社会工作者发出“在创新社会治理中彰显社会工作的价值与作用”的号召，建立完善的社会工作人才培养体系依托于以下要素：第一，加强社会工作专业教育。加强高校社会工作学科建设，建立理论与实践相结合的社会工作课程体系，编写优质社会工作专业教材，开发精品课程。适度发展高层次社会工作专业教育，加快培养更多的社会工作大学本科生或接受过高职教育的人员。第二，加强社会工作从业人员继续教育。推动社会工作从业人员专业培训和继续教育制度建设，从经费和政策上对社会工作从业人员参加社会工作专业培训予以支持，倡导每年参加继续教育。建议依托有条件的高校、干部学院、培训机构、社会管理与服务机构建立一批培训基地，加大社会工作培训师资队伍建设，实施对培训机构的评估和监督。第三，加强实务操作能力培训。研究开发设计一套具有中国特色、能够提供实境场景、现场训练社工实务能力的软件，服务于社工的实务训练和职业能力培训。改进社会工作从业人员培训方式，推行互动式案例操作教学，通过学习考察、现场观摩、经验交流、专题讲座、实践锻炼等方式，全面提高社会工作从业人员掌握信息技术、调解实际矛盾、应变实务操作等能力。第四，建立健全社会工作人才开发管理制度体系。支持社会工作人才考取国家社会工作师职业资格证书，落实与推广国家社会工作者职业水平评价制度；完善政府购买社会工作服务的运行机制，按照以岗定薪、以绩定奖、按劳取酬的原则，构建薪酬待遇与职业资格等级晋升的联动机制，形成具有市场竞争力的薪酬待遇体系，稳定与吸引优秀人才；建立社会工作人才岗位考核评估制度，依据社会工作岗位职业能力标准，以思想品德、能力业绩、职业操守为核心，定期进行动态的综合考核评估。

第十一章 加快人力资源开发管理的制度创新

在人力资源开发中要牢固树立“人才资源是第一资源”的战略理念，按照党的十七大提出的“创新人才工作体制机制，激发各类人才的创造活力和创业热情，开创人才辈出、人尽其才新局面”的要求，树立人力资源全员开发和以用为本的理念，不断创新人力资源开发管理制度，坚决破除束缚人才发展的制度障碍，着力营造良好的人才发展综合环境。同时，不断调整优化人力资源结构，实现产业发展与人力资源发展的有效衔接和协调互动，促使人力资源和经济社会互动、协调发展。以人才培育为主渠道，激发人才活力，提高人才能力，用好用活现有人才，做到人人尽显其才，不拘一格选才，促使全社会创新智慧竞相迸发，加快形成人才竞争比较优势。

第一节 构建完备的人力资源开发管理政策法规体系

开发人力资源，走人力资源强国之路，当务之急是要建立完备的人力资源开发管理政策法规体系。要坚持以人为本和协调发展，创造人人平等发展、充分发挥聪明才智、积极参与经济社会发展的制度环境。要加快创新培养、评价、使用、流动、激励、保障等各项人力资源开发政策制度，完善人力资源开发管理的有关政策法规，建设符合国情、与国际接轨的人力资源开发制度体系，以制度建设为抓手，着力营造有利于人才公平竞争的制度环境，提高人力资源开发管理的科学化、民主化、法制化水平。要从基于优惠的政策倾斜向营造规则的制度环境转变，从对不同区域、不同所有制企业、不同身份人才实行区别政策。向实行统一、稳定、透明的政策转变，从不公平的竞争环境转向公平的竞争环境，打造一个促使人人得以发展的制度环境。

通过 5 到 10 年的努力，在全面梳理国家现有的人力资源开发管理法律法规和政策性文件的基础上，建立健全人力资源开发管理工作的法律法规、规章和政策，逐步完善具有中国特色、以“六支队伍（党政人才、企业经营管理人才、专业技术人才、高技能人才、农村实用人才和社会工作人才）”为主体、以人力资源开发各环节（培养、评价、流动、使用、激励、保障等）为主线的政策法规，形成一个“门类齐全、结构严谨、协调和谐、体例科学”的人力资源开发政策法规体系，使人力资源开发管理工作的各个方面与环节有法可依。同时，逐步提升人力资源开发工作的立法层次，将人力资源开发管理工作纳入法制化轨道，为建设高素质人才队伍提供法制保证，把全社会各类人才的积极性和创造性引导好、保护好、发挥好，用环境凝聚人才，用机制激励人才，用法制保障人才，大力推动人力资源强国建设，促进各类人才全面成长，真正使一切劳动、知识、技术、管理和资本的活力竞相迸发，一切创造社会财富的源泉充分涌流。

一、构建完备的人力资源开发管理法规体系

改革开放以来中国陆续出台人力资源开发管理的法律法规，逐步形成以《中华人民共和国宪法》为根本依据，以《中华人民共和国劳动法》《中华人民共和国公务员法》为核心，以《中华人民共和国劳动合同法》《中华人民共和国就业促进法》《中华人民共和国劳动争议调解仲裁法》《中华人民共和国社会保险法》为主体，其他单项法律和行政法规为组成部分的人力资源开发法规体系框架。一是健全促进就业和劳动者权益保护的法律制度。二是健全各类人才开发管理的法律法规体系。

改革开放以来中国在实践中逐步进行人力资源开发管理的法律法规建设，但从目前的情况来看，人力资源开发管理的法规体系建设尚不完善，人力资源开发管理的法制化进程亟待提高。问题集中表现在：人才政策多，人才立法少；体制内立法多，体制外立法少；管理公务员和专业技术人员的法规多，管理高技能人才、农村实用人才和社会工作人才的法规少；人事争议仲裁、要素参与分配、海外及国内智力引进、人才安全、人才流动的社会保障衔接、人才兼职等方面的“空白点”亟待填补。同时，人力资源开发管理的法律法规不能满足时代发展需求，原有一些法规的实施背景已不合时宜，部分条文中的人力资源覆盖范围已发生变化，有待修改与增删。2013 年《中国青年报》社会调查中心就“怎样才能吸引更多走出去的优秀留学人才回流”对 1223 名有海外留学经历者进行了专项调查，结果显示 66.7%的受访者首选健全法制。因此，要依据《中华人民共和国宪法》和《中华人民共和国行政许可法》规定，全面梳理国家现有的人力资源开发管理的法律法规，进一步制订有关人力资源开发管理的法律法规，建立严谨科学的人力资源开发管理法规体系，推进人力资源开发管理的法制化进程，以法治精神代替“权力包办”，增强人力资源管理工作的规范性和有效性，具体而言要做到以下四个方面。

（一）建立健全人才培养法规体系

构建完备的人力资源开发管理法规体系，涵盖各类人才及人才开发的各个环

节（培养、评价、流动、使用、激励、保障等）。制订企业经营管理人才培训相关法规，规范企业经营管理人才培训制度，提升经营管理人才的现代经营管理水平。制订继续教育相关法规，加强专业技术人才继续教育和应用人才的职后培养的制度规范。制订职业培训相关法规，建立健全现代职业教育培训体系，完善职业技能培训制度。出台终身教育相关法规，加快构建终身教育体系，促进学习型社会的形成。

（二）建立健全人才使用和流动法规体系

制订《企业经营者管理条例》，规范经营者选用程序、职责、评价、工资福利、激励约束、监督检查、处分等。制订《企业经营管理人才流动管理条例》，规范和促进企业经营管理人才的合理流动。制订《竞业禁止条例》，维护公平合理的竞争秩序，确保人才有序流动。制订《人才信息管理条例》，推动人才市场和用人单位的信息共享。制订《专业技术人员管理条例》，规范专业技术人员聘用、行为准则、准入与职业选拔标准。制订《海外人才聘用管理办法》，规范海外人才引进和使用。制订《国家重要人才安全保障条例》，提高重要人才待遇，保障重要人才权益，维护重要人才安全，有效防止国家重要人才流失。

（三）建立健全人才激励法规体系

中国人才激励机制正处于新旧交替和创新发展时期，呼唤通过改革来实现与时代同步发展。推动工资支付立法，积极研究出台《工资法》《工资支付规定》等法律法规，建立健全与工作业绩紧密联系、鼓励人才创新的分配制度和激励机制，加强收入分配的宏观调控和法制化管理，规范收入分配秩序。出台《国家公务员工资管理规定》，建立职务与级别相结合的公务员工资制度，建立公务员工资正常增长机制。适时推出国家功勋荣誉和政府表彰奖励的相关法规，统一荣誉称号、规范奖励标准和荣誉待遇，对为国家和社会发展做出杰出贡献的各类人才给予崇高荣誉和嘉奖。

（四）建立健全人才保障法规体系

政府应切实成为组织者与主导者，调动人力、财力、物力，为中国人才的战略安全提供强有力的保障。完善《中华人民共和国社会保险法》，建立健全统一的社会保障制度，明确国家、单位和职工等社会保障主体之间关系及其权利与义务。在此基础上，不断修订完善养老保险、医疗保险、失业保险、工伤保险、生育保险等单项行政法规；也可以在条件成熟时按社会保险的各个险种分别制订单行法。抓紧研究《反就业歧视法》，按照“法律面前人人平等”的原则，消除人才歧视现象，特别关注妇女、残疾人、少数民族、农民工等弱势群体的就业平等权。

二、建立科学规范的人力资源开发机制

眼下，人力资源开发各个重要环节的政策瓶颈尚未得到有效突破，这种局面将制约人才创造力和潜能的发挥，抑制人才的激情和活力。面对激烈的国际人才竞争，党的十八大及时发出“广开进贤之路，广纳天下英才”的号召，致力于打造人才“梦之队”。短短的一年多时间内人才工作呈现出快马加鞭的态势。

（一）建立适应市场需求的人才培养机制

创新人才培养机制，坚持“自主培养为主，外部引进为辅”的培养原则，通过制订有效的岗位继任者和后备人才甄选计划，全面建立起各行各业的人才梯队，大力营造自主创新的优良环境，为中国可持续发展提供足够的人力资源支撑。深化各项改革的过程，也是我们造就规模宏大、素质优良的人才队伍，由人才大国迈向人才强国的过程。同样，对各行各业人才来说，也需要在全面深化改革的大熔炉中历经磨炼，勇于担当改革浪潮“弄潮儿”。

1. 鼓励实施学校与企业联合的人才培养机制

探索建立以校企合作为主要方式，学科专业链与产业链对接为主要支撑的应用型人才培养机制。高校人才培养计划要按照产业发展与技术创新的要求，以人才开发目标为导向，动态调整和改进专业设置，促进形成与学校特色学科、优势学科紧密相连的企业集群，推动区域经济协调发展和产业结构调整，实现学校与社会联动培养创新人才和城市发展紧缺人才的新格局。政府要为校企合作培养人才搭建平台，加强统筹协调，支持高校加快与重点产业相关的学科建设，并为校企合作教育提供专项经费补贴。鼓励企业直接参与应用型人才培养的全过程，全面建立高校、职校与企业的办学伙伴关系，鼓励校企合作培养人才，共同研制教学标准和教材，共同实施教学过程和评价，共同投入资金或装备，创设企业培训基地，同时由企业提供职业院校学生就业岗位。推进“校企联盟”行动，在创新技术研发、加快科技成果转化、共建技术创新平台的实践中加快产业化人才培养速度。

2. 探索实施实践式企业创新人才培养机制

优秀的企业创新人才必须经历重大工程和技术创新的实践才能成长，因此要注重在解决企业发展中的复杂问题、应对重点项目和重大工程的实践中培养科技人才。企业要促进创新人才培养与项目工程建设的有机交融，以企业重大工程项目和科技项目为载体，为人才提供创新实践和施展才华的平台，采取产业聚才、项目育才、核心人才带动等多种方式培养创新人才。鼓励企业加大对科技人才、重大项目的资助力度，促使优势资源向核心人才和关键项目倾斜。在做好项目考核评价工作的同时，做好科技人才的业绩考核和奖励，使项目工程也成为人才筛

选工程、培育工程、激励工程。深化企业创新实践基地建设，在有条件的大型企业设立博士后科研工作站和博士实践基地，组织和引导在站博士后与企业合作开展项目研究，实现企业科研项目与高层次科技人才的对接。引导企业利用高等教育、中等教育和职业培训等教育机构的优势，为企业量身定做培训项目，不断提升企业在职人才的能力和素质。

3. 深入实施产学研结合式的科技人才培养机制

加大人才培养与产业化的对接力度，以企业为主体，以市场为导向，以项目为抓手，以产、学、研、用为纽带，充分发挥高校学科综合与基础理论的优势、科研院所研究实力与创新资源的优势、企业实践平台与技术研发的优势、中介机构信息与服务的优势，构建基地—项目—人才一体化的科技人才培养机制，加强和促进产学研的融合。同时，鼓励科研院所、大专院校、企业的科研人员进行贯通交流，着重培养应用科学类、工程技术类科技人才的技术创新能力与科技成果转化能力。鼓励企业将研发机构和人才培训基地设在高校，鼓励高校与企业共建重点实验室和研究基地。

4. 积极实施开放式的国际化人才培养机制

构筑开放式的国际化人才培养模式，强化人才国际化能力素质建设，在国际竞争与运行中培养大批具有全球竞争力的优秀人才。支持用人单位与国际知名高校、跨国企业、国际组织合作，联合建立海外培训基地，通过民间出访、商业性交流等多种渠道，学习国际先进的实用技术，提高专业素质。探索以实习和任务驱动的方式培养科技人才，要求赴境外的人才在国外工作、实习期间，通过完成行业内的科技项目或任务的方式，更多地接触国外同行的前沿科研技术，提高人才培养的针对性和实效性。鼓励与促进各类人才参与国际科学技术合作交流，参与国际重大科技计划、科技工程、学术研究等活动，参加国内举办的各类国际化教育培训活动，让人才有更多的机会参加各类国际合作、培训学习与实践交流。

5. 推广实施自主研修式的人才培养机制

支持和引导各类人才进行自我设计、自我管理、自主投入的自主研修式培养。用政策引导支持人才积极参与社会教育培训机构开设的研修班，包括英语、计算机、专业培训课程等。根据各个专业领域设计科技项目专题研讨主题，组织相关专业的科技人才参与在线主题研讨与发布。加强远程教育和在线培训，动员人才自主进行在线学习，使得人才能够不受时间和场地的限制自主选择课程，在网上实现教、学、考、管等学习考核功能。倡导全民阅读，倡议每人每年认真阅读一定数量的专业书籍或公共基础书籍，同时提供交流分享读书心得的机会。鼓励人才自主参加大学或社会举办的各类讲座，撰写个人研修报告，总结研修成效。

6. 推进学习型社会的建设

营造良好的终身学习氛围。倡导终身学习理念，树立“每个人都可以学习，每个人都需要学习”的氛围。根据终身教育的要求，在开发新教育资源的同时，整合利用社区内现有的各类教育、文化、科研、体育等资源，如：科技馆、少年宫、文化馆、图书馆等，统筹规划安排，实现教育资源共享。搭建学习平台，包括机构、网络、制度的平台。建立社区学院和社区学校，通过网络提供终身教育的信息平台，设计各类丰富多彩、形式多样的学习活动，促进社区教育、科技、文化、体育、健康、闲暇等活动的整合。不断改善全民终身教育的学习环境，包括学习条件（场所、设施、资源）、学习渠道、学习形式、学习制度等，满足不同年龄、职业、学历人群的个性化需求，做到“人人皆学、时时能学、处处可学”。

（二）建立科学的、社会化的人才评价机制

建立科学的人才评价机制，是科学考量人才的贡献和业绩，有效地选拔人才、合理使用人才的关键所在。因此，要坚持德才兼备原则，改革人才评价方法，完善人才评价标准，建立以业绩为重点，由品德、知识、能力等要素构成的人才评价体系，使各类人才的贡献和业绩都能得到公正合理的评价，尤其在创新型人才评价上要遵循科学规律，评价关注的应是人才未来的水平与成果，而不是既往的业绩、知识、贡献。在筛选范围上，过去多在体制内、区域内寻找发现人才，现在是在全国乃至全球范围内寻找发现人才，择天下英才而用之。

1. 建立重在群众认可的党政人才评价机制

修其心治其身，而后可以为政于天下。评价党政人才要坚持群众公认、注重实绩，把群众的意见作为考核评价的重要尺度。因此，必须加快探索建立符合科学发展观和正确政绩观的党政领导班子和领导干部绩效考核评价体系。具体来说，要研究制订一套科学的党政领导班子和领导干部绩效考核评价指标体系，建立健全不同层次、不同类型党政人才的岗位职责规范，建立以工作实绩为主要内容的考核指标体系，细化党政人才的考核评价指标，力争做到准确反映考核对象的品行、才能和工作绩效①。改进党政领导干部考核方式和方法。党政领导干部的考核评价要重公平、重程序，政府组成部门的主要领导干部定期接受任命机关的述职评议。规范考核工作程序，把考核评价置于干部和群众的监督之下，评价方式采取组织考察与民主测评相结合。同时，健全党政领导干部问责制，制订党政领导干部责任追究制度，明确行政决策过错责任追究范围、过错责任划分与承担，以及过错责任追究程序。

① 陈登才，梁春鸿．人才战略—强国富民兴党的重要战略［M］．南京：江苏人民出版社，2004.

2．建立市场认可和出资人认可的企业经营管理人才评价机制

准确评价企业经营管理人才的管理水平和经营业绩，既是做好经营者选拔任用工作的前提和基础，也是对整个企业运营进行有效管理的重要手段。建立国有企业经营管理人才综合考核评价办法，关键在于建立以市场和出资人认可为核心，以任期目标责任制为依据，以业绩为标准的评价机制。要加快探索建立市场认可和出资人认可的国有企业经营管理人才综合考核评价办法，需做到：一是要设立一套业务独立、运作规范、手段先进、方法科学的企业经营管理人才评价体系；二是要建立企业经营管理人才资质社会化评价认证制度和资质等级认证评价制度，用统一、规范的标准来评价职业经理人的任职能力和道德信用；三是要完善企业经营管理人才经营业绩评价指标体系，结合企业的运行特点，研究制订能够准确反映经营管理业绩的企业经营管理人才任期目标和考核评价体系；四是要积极开发适应不同类型企业经营管理人才的考核测评技术，适应生产型、流通型、金融型等不同类型企业的特点。

3．建立社会和业内认可的专业技术人才评价机制

建立重在业内和社会认可的人才评价机制，健全以社会管理和公共服务为核心的职称管理制度，形成面向全社会的科学、分类、动态的专业技术人才职称制度。加快研究出台《关于深化职称制度改革的意见》，整体设计新的职称分类框架，进一步深化职称制度改革，完善专业技术人才职务任职办法，落实用人单位在专业技术职务（岗位）聘任中的自主权。借鉴和引进国外职业能力认证标准和办法，推动职业资格证书的国际互认。积极探索符合各种不同人才评价特色的评价方法，不断提高专业技术人才评价的专业水平和技术含量，大力开发和应用人才能力测评、业绩评估等现代人才测评手段，逐步形成产业化的人才评价体系。培育专业的人才评价机构和人才中介服务组织，开发多元、开放的人才测评技术并结合先进的评价方法，创建具有中国特色、符合现代人才特点的评价体系，不断提高人才评价机制的科学性和合理性。

4．健全高技能人才评价机制

改进技能人才的考核评价方式，进一步健全技师考评制度。加大技师、高级技师培训、考核与评聘改革工作力度，按照“统一标准、自主申报、社会考核、企业聘用”的原则，进一步扩大对社会通用性强的职业（工种）的技师和高级技师的考评范围。重点考核技能人员执行操作规程、解决生产问题和完成工作任务等方面的实际工作能力，突出评价高技能人才“解决生产难题的能力”“学习新工艺、新技术的能力”，结合企业生产经营实际情况，强化在工作现场、工作过程中进行考核。同时，以年度中国技能大赛为龙头，积极组织多层次、多形式的职业技能竞赛，健全技能人才考核评价体系。尤其是要以完善技能人才职业资格

证书制度为抓手，充分发挥职业资格证书制度在引导高技能人才培养方面的重要作用，逐步扩大职业资格证书的覆盖面，促进职业资格证书制度与就业制度、技能人才培养制度和企业劳动工资制度相衔接。

（三）建立有利于公平竞争的人才使用机制

进一步深化人才选拔任用制度改革，建立以公开、竞争、择优为导向，有利于优秀人才脱颖而出、充分施展才能的选拔任用机制。

1. 深化党政领导干部选拔任用制度改革

完善党政领导干部公开选拔、公推共选和竞争上岗制度，有计划地推出领导干部岗位进行公开选拔，竞争上岗，保证优秀人才走上领导岗位。党政领导干部选拔任用必须坚持群众公认原则，以扩大民主为核心，进一步完善干部选拔任用工作程序，充分运用好民主推荐、民主测评、民主评议等方法，广泛听取干部和群众的意见，充分了解民意，切实尊重民意，让更多的人能够拥有举荐人才的权利和机会，让更多的人能够参与人才的发现和鉴别，落实好群众对党政领导干部选拔工作的知情权、参与权、选择权和监督权，克服在少数人中选人、靠少数人选人的局限性。进一步解放思想，扩大视野，拓宽渠道，创新方法，面向社会选拔优秀人才担任党委、政府部门领导职务，建立开放的党政人才选拔任用机制。切实施行党政领导干部任期制，明确党政领导干部连续任职以及担任同一职级的领导职务不得超过的最高年限，实现领导干部任用有期、到期必下，从而解决在法定工作年龄范围内事实存在的领导职务终身制问题。完善党政领导干部正常离任退出机制，破除职务、职级终身制，规范健全党政领导干部超龄退出、竞争退出、考核不胜任退出、自动辞职、引咎或勒令辞职等相关制度。加大对党政领导干部选拔任用的监督力度，建立责任制和责任追究制，明确民主推荐、干部考察、讨论决定等各个环节的责任主体和责任内容。

2. 建立企业经营管理人才市场选拔机制

优秀的企业经营管理人才必然在激烈的市场打拼中孕育，在竞争中成长。民营企业、合资企业在遴选管理者方面充分自主，实践探索亦卓有成效，但国有企业经营管理者的选任始终沿用党政领导干部的任命模式，标准不明，方式单一，选择面窄，这与企业作为市场竞争主体参与竞争的现状极不相称。因此，要改革和完善国有企业经营管理人才产生方式，按照市场化原则，建立国有企业领导人组织选拔、市场配置和依法管理相结合的选拔任用制度，形成“能上能下、能进能出、全面开放”的筛选机制，加快国企经营管理者的产生途径从“组织配置”为主向“市场配置”为主的转变。推进国有出资人代表适度竞争上岗和企业经营人才市场化选拔，促进所有候选者平等参与公开竞争，确保企业经营管理人才素质的不断提高。同时，完善国有资产出资人代表和经营管理者考核评价、聘任和退出机制，全面实行企业经营管理者聘任制度。完善对出资人代表和企业经营管理人才的业绩考评机制，对国有资产出资人代表，要重点考核其资产（资本）运营状况和在企业重大问题等方面的决策情况，以及解决历史遗留问题的贡献度；对经营管理者，重点考核其贯彻董事会决策情况和经营状况。

3. 深化事业单位用人制度改革

建立怎样的用人制度关系到实施人才强国战略的成败，2014 年《事业单位人事管理条例》（中华人民共和国国务院令第 652 号）的颁布实施有利于转换用人机制，搞活用人制度，打破人才流动的体制壁垒和身份障碍。具体来说，一方面应以健全聘用制度和岗位管理制度为重点，实现人员能进能出、职务能上能下、待遇能高能低的机制转换，促进由“单位人”向“社会人”转变，固定用人向合同用人转变，由身份管理向岗位管理转变，畅通人员流动出口，拓展人员正常退出渠道，形成优秀人才能够脱颖而出的用人环境。另一方面，完善岗位设置管理规范，把加强政府宏观管理与落实单位用人自主权有机地结合起来。明确事业单位岗位设置管理的政策框架与操作路径，建立分行业的事业单位岗位设置配套实施办法与具体问题处理办法。加快事业单位领导人员专业化、职业化进程，试行事业单位关键岗位和国家重点项目负责人全球招聘制度。2015 年《事业单位领导人员管理暂行规定》（中共中央办公厅，2015 年 6 月 2 日）颁布，对于健全事业单位领导人员选拔任用机制和管理监督机制，建设一支符合好干部标准的高素质事业单位领导人员队伍，推动公益事业又快又好发展，具有十分重要的意义。

（四）建立贡献与报酬相匹配的人才激励机制

要彻底打破束缚人才激情与活力的收入分配模式，建立工资稳定增长机制，坚持按劳分配与按要素分配相结合，打破行政主导和部门分割，确立市场在项目选择、经费分配、评价成果方面的主导作用。鼓励按岗定酬、按任务定酬、按项目定酬、按业绩定酬，探索根据知识、智力、资本、技术、管理等要素按贡献参与分配的激励机制。

1. 建立党政机关人员奖励制度

要完善党政机关收入分配办法，规范机关收入分配秩序，探索旨在长效激励的职业年金制度和福利制度。2015 年 3 月国务院颁布《机关事业单位职业年金办法》，规定单位按本单位工资总额的 8%、个人按本人缴费工资的 4%缴纳职业年金费用，作为机关事业单位基本养老保险的补充，表明职业年金制度在我国已经从理论构想进入了实际执行阶段。建立科学的晋升机制和监督机制，合理设置职级结构，增强职级的激励作用。逐步建立综合体现各种职责、能力、业绩、年功等因素，职务与职级相结合的公务员工资制度。

2. 完善事业单位岗位绩效工资制度

坚持按业绩、贡献确定绩效津贴和实行竞争上岗、按岗定酬的收入分配制度，研究制订事业单位绩效工资与绩效考核挂钩的操作办法，搞活事业单位内部收入分配机制，重实绩、重贡献，强化对特殊岗位和优秀人才的激励力度。坚持以人为本和人才优先的科学理念，坚持以创造良好的制度环境凝聚人才和激励人才的改革魄力，坚持将打造充满活力和具有国际竞争力的人才制度优势作为改革方向。

3. 建立完善国有企业工资调控制度

企业强化以岗位工资为主体的基本工资制度。完善企业工资增长指导线，根据经济发展的需要，重点加强行业工资增长指导线的研究，调节行业间的工资差距，促进低收入行业工资增长，控制高收入行业工资增长。推行国有企业工资调控制度，完善国有企业工资总额管理办法，对国有企业工资实行分类管理，对功能类和保障类国有企业，根据所承担的职能及社会服务特点，参照工资指导线增长工资；竞争类国有企业综合考虑工资指导线、企业经营状况及工资水平等因素，建立工资合理增长机制；对工资水平过高的国有企业，适当调节工资增长幅度。同时，建立国有企业工资内外收入监督检查制度，对工资水平过高、增长过快、内部差距过大的企业进行重点检查，督促国有企业控高、提低。

4. 探索建立生产要素按照贡献参与收入分配

制订知识、智力、资本、技术、管理等生产要素按贡献参与分配的指导意见，明确资金来源、分配范围、实现途径、审核程序、鼓励措施、争议处理等。完善职务奖励制度，建立和完善人才拥有的专利、专有技术等知识产权作价参与经营和分配。支持将人才资本和科研成果，包括知识、管理、专利、商标、科技发明和原创科研成果等无形资产转化为货币或股权，完善科技成果作价入股、科技成果折股、股权奖励、股权出售、分红权、科技成果收益分成，探索以股权、虚拟股等形式参与分配的激励制度，实现科技成果参与分配。企事业单位可根据实际情况，选择多种生产要素参与分配的形式，如对掌握核心技术、为企事业中长期发展做出突出贡献的科技人员和管理人员进行分配激励，同时在分配比例上可以大胆倾斜，突破常规。也可采取协议工资、项目工资、专项津贴、一次性奖励、兼职收入等，实现智力要素参与分配。此外，大力支持有条件的企业对企业经营管理人才和产品开发关键岗位的技术骨干根据贡献给予一定的股权、期权激励。

5. 建立健全人才表彰奖励制度

强化人才表彰奖励制度的法律法规保障，从顶层立法、系统立法和专项立法三个层面展开，突出核心制度立法和制度规范，形成从国家到地方相衔接的法律法规体系。其中顶层立法是赋予表彰奖励制度最高法律权威，系统立法是指实体性法规与程序性法规有机结合，专项立法是指根据不同的领域和行业特点制订专门奖励法规，扩展奖励制度覆盖面。在全面梳理政府和民间各种荣誉称号与奖励项目的基础上，合理配置奖项，树立精品意识，形成一个既协调各方利益，涵盖面广，又有鲜明层次的荣誉奖项体系。建立统一的管理协调机制，健全国家层面表彰奖励管理系统，地方政府的表彰奖励管理系统和其他被授权奖励主体的表彰奖励管理系统，建成主体明确、权责对称、沟通良好的责任体系。为防止奖励可能出现的暗箱操作和贿选弊选，必须全方位地构筑监督体系。首先，从法律制度上明确监督的主客体及其相互关系，强化人民代表大会及其常务委员会监督，重视舆论监督，提高奖励透明度。其次，内部监督与外部监督并行。内部监督是指政府系统内部对奖励行为的监督，包括奖励执法监督、监察监督、审计监督，以及规章和规范性文件备案监督。外部监督指的是其他国家机关、社会团体、企事业单位及公民个人对政府奖励行为的监督。最后，事前监督和事后监督并举，避免奖励工作出现较大失误或即使出现失误也能及时纠正。充分利用媒体影响力，加强舆论宣传，加大人才奖励表彰的示范和引领功能，最终使荣誉称号和表彰奖励项目形成品牌效应。

（五）建立合理有序的人才流动机制

人才流动带来人才活力，只有通过市场，人力资源才能真正实现合理配置，人才方可找到最能发挥自身价值的地方。这是加快形成具有国际竞争力的人才制度优势，推动我国由人才大国迈向人才强国的体制保证，有利于为全面深化改革提供有力的人才支撑。促进人才有序流动，关键要为人才流动扫除政策障碍，建立促进人才合理流动的机制，促进人才在体制内外、各支队伍间合理流动。

1. 建立党政机关跨部门、跨系统人员交流机制

建立党政机关跨部门、跨系统人员交流机制，每年根据机关部门编制确定一定比例的人员进行交流，参与交流的人员接受分类培训，然后进行统一转岗交流。同时，积极探索组织安置和市场配置相结合的办法，拓宽交流人员的交流渠道，促进党政机关干部在不同部门之间、不同系统之间的流动。参与交流的人员，可以自主择业和创业，也可以接受统一组织的转岗培训和任职再培训。

2. 建立促进“人才队伍”之间的合理流动交流机制

实现人才队伍的统筹规划、综合开发，就必须打通各类人才队伍特别是党政人才、企业经营管理人才、专业技术人才三支队伍间的交流屏障，引导人才合理有序流动，促进这三支队伍的交流贯通。要研究制订促进三支队伍间交流的具体办法，切实解决身份、从业资格、职称、职级等方面的障碍，解决人才流动中涉及的相关权益问题，打破阻碍人才流动的体制性障碍。研究制订党政人才参与市

场竞争、到企业任职的办法；疏通具有较好专业背景和较强管理能力的党政人才到学校和科研机构任职或兼职的渠道，研究解决职称资格；制订企事业单位人员进入党政机关工作的管理办法等。探索机关、事业、企业社会保险的衔接办法，做好社会保险转移接续工作，为非公有制企业人员提供更高的养老福利，促进各支队伍间社会保险待遇的相对平衡。支持广大离退休专业技术人员、管理人员以献计献策、返聘等形式服务于非公有制经济组织。

3. 健全人才竞业禁止制度

梳理政策法规中对有关商业秘密、技术秘密保护的规定，建立人才竞业禁止制度，合理界定竞业禁止的范围和对象，确定竞业禁止年限，规定劳动者在劳动关系存续期间或劳动关系结束后的一定时期内，不得生产同类产品或经营同类业务且在具有竞争关系的其他用人单位兼职或任职，也不得自己生产与原单位有竞争关系的同类产品或经营同类业务，规范人才流动的秩序。

（六）建立广覆盖多层次的人才保障机制

完善的社会保障体系是社会和谐稳定的安全阀，是衡量就业质量的重要因素。要根据“全覆盖、保基本、分层次、可持续”的指导原则，建立健全与经济社会发展水平相适应的社会保障体系。

1. 建立覆盖城乡所有从业人员的社会保障体系

各类人才都要纳入社会保障体系覆盖范围，覆盖范围不仅限于国有、集体企业和机关事业单位的职工，还要覆盖合资企业、外商独资企业、私营企业、个体工商户等多种所有制形式的从业人员。参与基本社会保险方面要实现规则公平，在参保、缴费、待遇享受等方面均适用同等规则。在养老金计发上，要完善办法，更多体现长缴多得、多缴多得、晚领多得，体现公平性。制订人才在党政机关、事业单位和企业单位之间流动时社会保险关系的接续、社会保险基金的转移和按实际工作年限分段计算养老金的办法，消除人才流动的障碍，鼓励人才在党政机关、事业单位和企业单位之间合理流动。同时，建立多层次的保障体系。用人单位和各类人才在参加基本保险的基础上，应建立和参加补充保险和商业保险，逐步建立由社会保险、补充保险、商业保险构成的多层次、全方位的人才保障体系。

2. 加快人才福利的制度性改革

逐步将各种福利由实物化、隐性化向货币化、规范化转变，稳步提高各类人才整体的福利待遇水平。当今社会，不同员工会有不同的选择偏好，传统的福利制度已不能满足需求，为此必须提供多样化的福利项目，使福利效用最大化，以最终实现薪酬管理的支持和激励功能。因而，以人性化管理为指导思想，在总体分配框架内，能够向员工提供多种福利组合的弹性福利制值得推崇。弹性福利制是有别于传统固定式福利的新员工福利制度，又称“自助餐式的福利”，即员工可以从用人单位所提供的一份列有各种福利项目的“菜单”中自由选择其所需的福利。

3．推行人事劳动争议的磋商申诉机制

多年来事业单位工作人员的合法权益得不到有效保障，既挫伤职工安心干事业的积极性，也给管理者带来诸多困扰。《事业单位人事管理条例》规定工作人员作为平等主体可以依照《中华人民共和国劳动争议调解仲裁法》等有关规定处理与单位的人事争议，同时对不适用调解、仲裁的考核结果、处分决定或不服的人事争议，可以通过申请复核与申诉方式解决。这两条解决人事争议的途径，既能够有效维护个人的合法权益，又有利于维护国家对公职人员的纪律要求。《事业单位人事管理条例》（2014 年 2 月 26 日国务院第 40 次常务会议通过）对事业单位人事管理工作中的违法违纪行为做出严格规定，不仅赋予个人投诉、举报的权利，而且明确事业单位人事综合管理部门、主管部门和监察机关及时调查处理和监管的责任。对违反规定的行为明确了具体的法律责任，有利于纠正用人上的腐败现象和不正之风，维护人事管理的公平公正。

第二节　构建完善的人力资源发展服务体系

改革开放以来，我国大力培育和发展人力资源市场，实现人力资源从统包统配的计划配置到双向选择的市场配置，赋予用人单位自主选择权和劳动者个人自由择业权，发挥市场机制在人力资源配置中的基础性作用。目前，我国各地基本形成以各级人才服务中心、职业介绍中心、大学生就业指导中心为基础的人力资源市场配置服务体系，积极提供求职招聘、劳动人事代理、就业指导、职业培训、创业指导、社会保障、劳务派遣、人才测评、人才搜寻、管理咨询和服务外包等多种业务，人力资源发展服务水平和能级均得到显著提升。

一、构建完善的人力资源公共服务体系

我国不断加强城乡统筹的人力资源公共服务体系建设，为人力资源开发的可持续发展营造良好的服务环境。

（一）构建完善的人力资源公共服务平台和服务网络

全国各地要充分整合资源，打破行业、部门、地区和所有制界限，构建由行政协调、公共服务和社会中介三个层面相结合的社会化、网络化的人力资源服务网络，建立组织网络化、功能社会化、服务产业化和竞争市场化的运作系统，为单位和各类人才提供全方位服务。完善人力资源公共服务平台和服务网络，加强

人事人才公共服务的标准化建设，实施公共人力资源服务产品的标准化管理。创建统一的人力资源事务咨询服务平台，加强基层人事人才公共服务网络建设，扩大人事人才公共服务窗口覆盖面，实现一点受理、多点服务。加快开发人力资源公共服务产品，引导人力资源服务机构开发与人才培养、流动、配置等环节配套的服务项目和产品，积极为各类人才提供人事代理、社会保险代理、企业用工登记、劳动人事争议调解仲裁、人事档案管理、就业指导、证照办理等公共服务，不断提升人事人才公共服务的能级水平。

（二）建立统一规范的人力资源市场

全国各地要以“联网贯通、差别定位、互为代理、定期会商”的思路推动人才市场和劳动力市场贯通，打造机制健全、统一规范、信息畅通、服务周到的人力资源市场。建立人才市场与劳动力市场信息交换运行机制，实现各类市场信息的联网贯通。推动人力资源市场的功能整合，统一人才市场与劳动力市场服务标准，对档案管理、供求信息发布、人事代理、派遣等业务，形成面向用人单位和个人的规范化服务。健全市场政策法规体系建设，规范各市场参与主体行为，加强对人力资源市场的监管，规范人力资源市场秩序。

（三）建设人力资源信息服务平台

收集各类人才的市场供求信息，加快建设人才分类信息库，健全人力资源年度统计调查和定期发布制度，重点调查高层次人才需求、高校及大中专毕业生供求、人才市场供求状况。整合各类人才信息资源，加快企业人才信息化改造步伐，加强全方位的社区信息化建设、服务和管理，加快完善卫生、教育等社会事业重点领域的信息综合服务功能。完善人力资源基础信息数据，健全就业、社会保障等基本数据库，实现科学化、集约化、便捷化管理和服务，扩大人才信息网络规模，重点保障人才信息安全。建立社会化、公益性、开放式、覆盖全、安全性高的人才资源信息共享机制，提高信息使用效率，推动社会经济发展。

二、加快人力资源发展市场化服务体系建设

《国家中长期人才发展规划纲要（2010—2020年）》提出：“在建立统一规范、更加开放的人力资源市场基础上，发展专业性、行业性人才市场。健全专业化、信息化、产业化、国际化的人才市场服务体系”。但2014年发布的《关于加快人力资源服务业的意见》才是首个关于人力资源服务业的政策文件。实践中，我国人力资源服务体系涵盖人事代理服务、人才招聘服务、人才测评服务、高级人才寻访服务、人力资源外包服务等在内的服务业态，形成包括隶属政府的人力资源服务机构、国有人力资源服务企业、中外合资人力资源服务企业、民营人力资源服务企业等在内的多层次、多元化格局。在政策鼓励和市场需求带动下，人

力资源服务企业已上规模，却尚显稚嫩，相比国际水平在服务产品、服务能级、服务能力有很大差距。亟需提高人力资源服务业的专业化、信息化、产业化和国际化。

（一）整体规划产业发展前景

推动市场化人力资源服务体系建设必须坚持“产业发展与经济转型升级相结合、规范管理与行业自律相结合”的原则。2013 年，中国以现代服务业为代表的第三产业 GDP 首次超过第二产业。作为其中一支劲旅，中国人力资源服务行业发展逐渐呈现产业化、国际化、信息化等特色，为此需要加强人力资源服务业发展的综合统筹。由于人力资源市场服务体系的每个领域隶属于不同职能部门分管，建议人力资源和社会保障部（以下简称“人社部”）担任人力资源服务业发展的主管部门，明确其在人力资源市场建设、发展人力资源服务业和统一市场监管中的职责，调整和完善市场管理体制。由人社部牵头编制我国人力资源市场服务体系的专项发展规划，对发展战略目标、战略方向、战略步骤、重点领域、重大载体平台、组织保障体系等进行总体谋划。由人社部协调商务部、工业和信息化部、财政部、国家税务总局等部门，制订完善的产业引导政策、宏观调控政策、行业准入政策等产业发展政策体系，加强人力资源服务业发展政策的统筹整合，打破目前条块分割的局面。人力资源服务产业园是人力资源服务业空间集聚的一种新兴形式，作为人力资源配置市场化的一个重要标志，我国人力资源服务产业园的建设呈现星火燎原之势，2012 年时，国家级人力资源服务园区仅有中国上海人力资源服务产业园区、中国重庆人力资源服务产业园、中国中原人力资源服务产业园区、中国苏州人力资源服务产业园 4 家，但 2013 年后各地国家级人力资源服务产业园继续提速，布点范围再次拓展，与此同时，省级、地市级人力资源服务产业园遍地开花。

（二）放宽市场准入条件以加快市场主体的培育壮大

加快转变政府职能，重点强化政府的市场管理和公共服务职能，破除自身利益，分离公共服务和营利性服务，实现管办分离、政事分开、事企分开。整合公共服务机构，统一制度管理、服务标准和信息系统。推进人力资源服务业向市场开放，探索降低人才中介、科技中介、金融投资和管理咨询等领域民营、外资市场主体的准入门槛，研究出台降低民营、外资等市场主体的注册登记准入条件（资本规模、出资构成、人员组成、控股比例等），减少民营、外资等市场主体的进入限制，充分调动市场主体进入人力资源服务业的积极性和企业发展人才服务业的积极性，培育一批具有一定数量规模、资本实力、市场影响力的专业化人力资源服务主体，加快形成政府宏观调控、市场主体竞争、公共服务完善、行业自律规范的一体化人力资源服务市场运行格局。鼓励各种社会资本进入人力资源服务产业，吸引外资人力资源服务机构与国内相关机构合作，以扩大服务外包、管理咨询等服务业对外开放为重点，通过引进国外优质产业资源和技术模式，加快提升人力资源服务业的国际化水平。探索外资控股设立中外合资人才中介机构的政策，通过政策引导积极吸引国际知名人力资源服务机构进驻，逐步放开对外资人才中介服务机构的业务限制。

（三）积极培育知名品牌企业

不断提升高端服务产品的供给能力，提高人力资源外包服务、人力资源战略决策、人力资源管理咨询、人员培训测评、猎头服务等高端产品比重，支持人力资源服务机构积极创新产品，进一步放开业务类型，放松业务限制。人才中介、金融投资和管理咨询等人力资源服务领域的多种业务项目要尽可能地向所有市场主体开放，取消在人才中介、科技中介、金融投资等人力资源服务领域存在的从业主体限制，如应允许国内外人才中介机构开展包括人事档案管理、因私出国政审等人事代理事项在内的业务；支持民营企业与政府部门合作，参与人才招聘、职称评审、人才培训等项目外包服务业务；加快金融投资领域部分有限制的业务内容向中小金融机构开放。同时，积极扶持国内有规模、有名望的人才中介机构拓展国际人才中介业务，推进人才中介国际化品牌建设。整合提升现有公共性和市场化人力资源服务机构，通过兼并重组、战略合作、要素倾斜等形式，大力发展一批规模实力强、商业模式优、运行水平高、品牌影响大的人力资源服务专业机构，鼓励在薪酬设计、人才测评、人才培训、人才管理咨询等领域进行服务创新并形成若干具有自主知识产权的产品，打造具有国际竞争力、能够在国内、国际两个市场配置资源的人才中介“航母”，培育具有示范价值的品牌项目和具有复制效应的运行机制，并在全国推行连锁经营。

（四）加大人力资源服务业的产业扶持政策力度

在把人力资源服务业明确列入国家产业目录的基础上，将人力资源服务业作为现代服务业重点发展项目，把促进现代服务业发展的优惠政策全面延伸到人力资源服务业，围绕产业目录、统计口径、从业标准、行业标准和品牌认证等环节，制订鼓励离岸服务外包、引导外资从事离岸外包业务和适度限制外资进入劳务派遣等。2014 年底，人社部和国家发改委、财政部联合下发了《关于加快发展人力资源服务业的意见》。围绕人力资源服务法规体系建设、公共服务政策、产业扶持政策等，制订人才中介、科技中介、金融投资、管理咨询等行业的专项法规及配套条例，推动人力资源服务业规范、有序、健康发展。参照国家关于支持现代服务业和服务外包发展的有关政策，根据人力资源服务企业增加数、营业收入、税收等形成的经济贡献度，尽快启动产业政策体系构建。争取现代服务业财税政策试点和政策创新试点工作，放宽人力资源服务业股权及投资限制条件，制订并落实包括房租补贴、贷款贴息、税收优惠、财政支持、服务创新、中小企业融资、培训补贴等在内的一揽子政策和配套措施。同时，加大对人力资源服务企业研发平台的财政支持，支持企业开发高级猎头、高端培训、服务外包、管理咨询、市场拓展等产品，延伸高端产业服务链，提升企业效益。

（五）促使各类优秀人才向人力资源服务产业集聚

制订实施人力资源服务的人才引进和培养计划，建立人力资源服务业从业人员考试和培训制度，形成国家统一的从业人员职业资格制度，完善人力资源服务业职业标准，重点探索建立服务外包、管理咨询、培训、测评等专业领域职业资格认证，把人力资源服务业从业人员纳入专业技术人才认证范围，形成人力资源服务业专业技术水平评价体系。编制人力资源服务业专业人才开发目录，打造一批以产业经营及管理人才、专业顾问（咨询、测评、职业咨询等）和市场运作（市场、营销、策划）人才等为重点的人才队伍。通过组建人力资源商学院模式，加强高等教育和职业教育人力资源专业发展，建立一批人力资源服务业人才培养培训基地。建立健全与国际接轨的人才使用、流动、评价和激励机制。建立完善人力资源服务业高层次人才信息库，定期引进或者委托引进紧缺急需的国际化人才，特别是有海外著名人力资源服务机构从业经验的优秀人才。加快产业人才及职业经理人群体塑造，运用市场化机制有序引进一批具有国际视野和产业意识并精通产业运营管理的职业经理人团队，同时通过产业人才群体塑造为人力资源服务产业发展提供有力的职业化人才队伍保障。

三、构建完善的科技创新服务体系

当前，我国科技创新公共服务体系运行机制及科技资源配置的有效共享机制均有待完善。政府科技工作管理部门“重大型成熟企业、轻中小型高新技术企业”的取向尚未根本转变。科技资源共享能帮助企业充分利用资源，实现技术、知识、人才和信息资源的完整对接和融合；在国家层面上，以国家战略产业的发展需求和提升地区高端产业的技术创新能力和核心竞争力为出发点，持续整体提升国家的自主创新能力和国际竞争力。

（一）建立科技资源配置的共享和协作机制

为贯彻全国科技创新大会精神，落实《关于进一步加强火炬工作促进高新技术产业化的指导意见》，加快推动科技创新服务体系建设，2013 年科技部火炬高技术产业开发中心制订了《科技创新服务体系建设试点工作指引（试行）》。2014 年底中央专门颁发了《国务院关于国家重大科研基地设施和大型科研仪器向社会开放的意见》，要求加快推进科研设施与仪器向社会开放，进一步提高科技资源利用效率。今后，要加快建设高效共享的创新服务体系，建立科技资源配置的共享和协作机制。以重点实验室、工程技术中心等公共技术领域平台建设为重点，促进大型科学仪器、重要科研设备和公共实验室的开发共享，引导国家和社会力量，到高科技园区和民营企业相对集中的区县，建立科研基础设施、专业技术服务中心和科技数据、技术标准信息库等基础性平台，实行科技公共设施“零门槛”开放制度，为人才科技创业提供服务。同时，推动科技型企业、研发机构孵化基地建设，依托科技情报机构、高等院校和图书馆等联合建立专业化、资源共享的科技数据库和科技信息网。

（二）建设科技创新研发服务平台

由政府出资兴建一批公共实验设备、技术装备平台、行业技术中心、区域技术中心、虚拟科技研究开发中心、行业技术创新服务中心等科技创新公共服务平台，进一步完善科技资源共享的条件和技术交流的平台。各地已建成的科技创新公共服务平台要发挥实效，提高使用效率。推进企业、高校和科研机构的产学研合作，鼓励各类企业和组织建立各种形式的科技研发联盟。加快建立适合科技型企业特点的信息和共性技术服务平台，支持科技型企业孵化基地建设。鼓励支持各地区面向当地的产业发展方向和企业创新研发需求，进一步优化重点实验室、工程实验室、工程（技术）研究中心等研发基地布局。加强国家级科研机构、高等院校和大型企业的战略合作，共同建设大科学工程、研发和产业化基地，形成对创新科研成果转化的稳定支持机制。

（三）加快培育技术市场发展

根据科技部统计，2014 年中国技术合同成交额 8577 亿元，近 30 万项技术成果通过技术市场转移转化，中国技术市场开放满 30 周年。数据显示，中国技术市场合同成交总金额已从 1984 年的 7 亿元增长到 2014 年的 8577 亿元，近十几年来年均增速约 15%。《技术市场“十二五”发展规划》明确提出，为进一步利用技术市场优势，培育和发展若干新型现代科技服务业态，力争到 2015 年技术合同成交额突破 10000 亿元。为此要进一步完善科技成果交易平台功能，健全技术交易网络，充分发挥技术产权交易所的作用，健全技术产权交易运营制度，推动科技创新团队科技成果转化。大力培育发展技术市场和科技中介组织，拓宽科技成果推广平台和转化平台，加快科技中介服务机构为企业提供科技咨询、技术推广、科技成果转化和技术转让等专业化服务。加快科技创新中介服务体系建设，对与技术转让、技术开发相关的技术咨询、技术服务获取的收入免征营业税，大力发展技术经纪人制度。

（四）加强知识产权的保护、运用和管理

知识产权保护执行力不足会影响创新的积极性，对此要加强知识产权保护的法制建设和执行力，加强专利保护、竞业禁止和科技人员流动中技术秘密管理等相关法律法规的制订和完善，形成有偿使用研究成果和专利的社会氛围。同时，加强商业秘密、技术秘密保护，杜绝恶意挖角，防止侵害企业知识产权的行为，规范人才流动秩序。充分发挥行业协会的作用，赋予其维权、监督职能。培育多种形式、不同层次的知识产权专业服务机构，形成融交易服务系统、信息服务系统、保障服务系统为一体的知识产权服务体系。同时，要加强知识产权的保护、运用和管理，加强市场秩序监管，改善技术成果应用推广的法治环境，细化相关法律法规，增强可操作性和透明度，让执法部门为企业从事技术创新和成果应用保驾护航。探索建立重大科技、经济活动知识产权审议机制，加强战略性新兴产业知识产权保护，推动建立产业专利联盟，鼓励通过转让、许可等各种方式促进知识产权成果产业化、商用化。注重对专利的转移和运用，对原创性自主知识产权的转化在科技计划安排和经费投入上予以倾斜，对具有市场前景的专利技术实施项目给予资金支持。修订完善专利资助办法，加大对企业申请专利、申请发明专利和国际专利的支持力度，强化对知识产权的政策扶持，引导企业运用知识产权提升竞争力。企业要切实保障创新人才作为专利发明人或设计人的权益，在税后收益中提取一定比例作为报酬。完善专利信息平台及应用服务系统和专利预警、维权援助机制，鼓励拥有自主知识产权的创新团队积极参与国际标准、国家标准和行业标准制订，防范应对国际技术壁垒。

四、构建完善的人才创业扶持体系

当前，创业发展的条件和环境亟待改善，瓶颈主要体现在创业投融资渠道不够畅通、创业企业经营运行成本偏高、对创业企业的公共服务效率低下等。中共十八大报告提出“促进创业带动就业”，《中共中央关于全面深化改革若干重大问题的决定》明确要求“完善城乡均等的公共就业创业服务体系”。创业孵化基地是公共就业创业服务体系的重要组成部分，是落实创业政策、开展创业培训和创业服务的重要阵地。人力资源和社会保障部于2012年认定首批全国创业孵化示范基地，并于2014年下半年认定第二批全国创业孵化示范基地。总体来看，国家和地方支持创业、鼓励创业的举措已蔚然成风。

（一）完善创业企业投融资服务体系

较成熟企业而言，初创企业需投入更多的资金，风险也更大，而且一些小微型创业企业实力较弱，社会信誉度不高，融资较为困难。为此，要增加财政对创业企业尤其是科技创业企业的稳定投入，建立创业企业投融资平台，完善投融资运行机制，拓宽企业投融资渠道。要研究制订地方国资创业投资管理办法，完善评价激励机制和风险退出机制。通过培育与扶持融资担保机构，通过国有融资担保机构，积极为创业企业提供融资担保业务，降低银行信贷风险及管理成本。建立完善国有担保机构融资担保免责机制和风险补偿机制，对形式合法的融资担保坏账进行免责处理。当然，更重要的是发挥市场力量。

（二）整合资源降低创业商务成本

大力发挥政府创办孵化区的优势，通过降低创业经营场地租金、给予租金补贴、提供免费创业场地及减免其他行政杂费等措施，降低初创企业的商务成本。一是要着力降低创办企业的场地租金和住房成本。增强租金补贴力度，为创业企业直接提供一定的租金补贴。扩大各个创业园区、留学生创业园区（截止2013年底，全国共建成各级各类留学人员创业园280余家，其中人力资源和社会保障部与地方政府共建创业园43家，入园企业超过2万家）的规模，多预备创业载体。2015年1月国务院常务会议，确定支持发展“众创空间”的政策措施，为创业创新搭建新平台。同年3月，国务院办公厅发布《关于发展众创空间推进大众创新创业的指导意见》，将加快构建众创空间作为首要任务。另外，还可配套一定数量的生活住房、设立廉租房解决创业者自己和核心员工的基本住房问题。二是着力降低创业企业的用人成本。建立适应创业企业特点的劳动合同政策和社会保险政策，可通过实行灵活工时制度、岗位共享、培训政策补贴、缓缴部分险种的社会保险费、给予就业补贴或社会保险费补贴等措施，减轻企业创业阶段的用人成本压力。

（三）对科技创业项目实行鼓励性税收激励优惠政策

对初创阶段的小微型科技创业企业的税收优惠政策时限，由通常的2～3年延长到4～5年，减免创业初期未盈利阶段的增值税或营业税，切实减轻税收负担。对科技人才创业项目实行企业研发投入的税前扣除等激励政策。对于科研成果产业化取得重大利润的科技型企业，可在若干年内免征地方税收。为鼓励企业研发，建立企业所得税返税制度。提升科技创业企业职工教育经费提取比例，加强对科技人才培养的税收支持。对创新创业人才的收入实施灵活的个人所得税征收办法，探索在税前列支企业年金、补充性商业保险等项目，尽可能避免双重征税，并设立政府专项资金给予一定的政府奖励性补贴。对科技创新人才以技术入股、期权激励所获得的股权收益，减征或免征个人所得税。

（四）提高人才创业服务效率

提升政府审批管理效率，建立企业创业发展服务体系，提高面向创业企业的服务水平。可从以下方面着手：一是提高政府行政管理部门审批服务效率。改革工商登记制度，推进工商注册便利化，简化企业注册审批程序，缩短企业注册审批时间。在全国全面实施商事制度改革取得明显收效后，国务院又研究部署进一步深化商事制度改革，推进大众创业、万众创新。作为“双创”的助推器，深化商事制度改革正在为中国经济孕育新的起飞“风口”。二是加强政策宣传和信息沟通。由政府整合信息资源，建立权威的创业咨询服务信息网站，规范发布创业扶持政策和相关信息，促使政策宣传能及时到位。通过推进大型专业网站建设和信息发布平台建设扩大信息提供量，提高专业化程度，节约科技创业者获取信息所花的时间、精力和资金投入。三是建设优质高效的人才创业服务体系。建立科技创业人才服务“绿色通道”，简化人才创业发展、资格评价等方面的审批程序，充分发挥政府部门在咨询服务方面的作用，为创业者提供项目申报、办公场地、注册登记、方案设计、风险评估、开业指导、融资服务、人才资源服务、市场开发、知识产权保护等服务。

第三节　优化人才发展综合环境

环境之于人才，犹如水之于鱼。某种意义上说，环境影响甚至决定着人才的追求方向和目标选择。各级党委、政府要增强竞争意识和忧患意识，重视人才环境建设，把人才发展综合环境营造纳入重要议事日程，确立“一把手”抓“第一资源”的工作机制。要以更加开放的姿态和胸怀接纳全球各种优秀文化和优秀人才，不断改善人才发展综合环境，以宽松宽容的社会环境、良好的居住环境，吸引各类人才。

一、健全人力资源宏观管理体制

人力资源是现代社会与经济发展的第一资源，科学高效的人力资源宏观管理已成为各国增强综合国力的核心议程。此处人力资源宏观管理是指国家（或政府）通过分析人力资源社会总供求的市场运行行为和配置机制，运用经济、法律、行政等宏观管理手段，对全国范围或某一地区的人力资源供求、结构、配置等方面进行宏观的规划、调整、干预，使得人力资源总量达到均衡，结构得到优化，并与国家或地区的经济结构和产业结构相适应。

（一）健全人力资源管理工作体制

明晰职责，统筹协调，形成人力资源开发管理工作的整体合力。其中，各级组织部门作为牵头抓总部门；人力资源和社会保障部门要发挥职能部门优势，在构建人才服务体系、推动人才队伍建设等方面履行职责；各级党政机关和企事业单位发挥好培养、吸引、使用人才的主体作用；工会、共青团、妇联等人民团体和各类社会组织要发挥好自身优势，为人才队伍建设发挥辅助作用。同时，还要注意加快转变政府职能，变“管理人才”为“服务人才”。不少地方政府在人才工作中干预过多，“管”的痕迹明显，没有按照市场经济规律来服务企业、服务人才。未来，政府人才管理职能要向提供优质公共服务、创造良好发展环境转变，围绕用好用活人才，把服务企业、服务人才这篇文章做足。

（二）完善人力资源开发服务的网络体系

完善人力资源开发管理工作领导体制，加强各地人才工作领导小组办公室的职能，由其负责人才工作的宏观指导、综合协调和监督检查，形成横向配合、上下联动的工作格局。建立党委、政府“一把手”抓“第一资源”的目标责任制，把人力资源开发管理工作纳入经济社会发展总体规划，列入经济社会发展主要指标。还要把人力资源发展纳入各级党政领导班子的重要考核内容，提高各级党政领导班子综合考核指标体系中人力资源开发管理工作专项考核的权重。加强督促检查，总结推广典型经验，及时发现和解决存在的问题，保证人才队伍建设各项任务落到实处。就人才管理机制自身而言，突出问题是仍然有很多“大锅饭”，物质激励不足，精神激励更不够。从根本上说，要形成“四个尊重”（尊重劳动、尊重知识、尊重人才、尊重创造）的制度和文化，着力改进人才的激励分配制度和荣誉表彰制度等。

（三）加强人力资源发展规划及规划的监测评估工作

各地人才工作领导小组要负责人力资源发展规划实施的统筹协调和宏观指导，制订各项目标任务的分解落实方案和重要政策、开发平台、重大计划的实施办法，建立人力资源发展规划实施情况监测指标体系和监测报告制度，明确责任主体，形成完善的监测、评估、考核机制。加强督促检查，充分发挥各方面的积极性和主动性，共同推动规划的组织实施。认真做好人力资源发展规划的纵向对接和横向融合，加强与国家人力资源发展规划的对接，与当地国民经济和社会发展规划的衔接，与科技规划、教育规划和各类产业规划的配套互通，建立健全人力资源发展规划的动态调整和有效落实机制，形成上下对应、左右协调、互为衔接、落实有效的人力资源规划体系。

二、优化人才生活居住环境

（一）多渠道地解决人才住房问题

在房地产价格偏高的城市实施“人才安居工程”，在坚持市场化运作的前提下，通过政府资助和调控，缓解人才住房难问题。探索实施高层次人才住房补贴和奖励政策，对高层次人才住房进行综合资助，对急需引进的高层次人才，可由行业主管部门和引进单位一次性给予购房补贴或优惠购房政策。加快推进人才公寓、专家楼、公租房、人才会所建设，完善经济适用房覆盖人才的政策运行机制，多渠道解决各类人才阶段性住房需求。实行优秀人才租房补助制度，建立由政府、用人单位和人才三方共担的住房补贴机制。在产业集聚区、高科技园区、大学园区，集中建设人才公寓，在土地出让金、建筑容积率等方面给予政策倾斜，支持单位自建租赁房。将公共租赁住房覆盖青年职工、引进人才和外来务工人员。研究出台住房公积金支付房租的政策，缓解房价压力，灵活解决人才住房难题。

（二）加强人才的生活保障和配套服务

进一步加强人才的生活保障和服务，完善中、高级职称人才健康体检、考察学习、医疗休养制度，帮助解决就医、子女入学、家属就业等方面的实际困难。优化医疗环境，深化医疗改革，加强社区卫生服务中心建设。优化教育环境，积极培育优质教育资源，普遍提升中小学教育水平。优化文化环境，加强文化载体建设，满足各类人才的精神文化需求。2013 年《出境入境管理法》实施，逐步建立了我国移民出入境法律制度，但该法律制度存在着体系不健全、制度不完善、竞争力不强与经济社会发展互动性不够等诸多问题。有鉴于此，需要加紧制订、完善中高层次人才出入境、居留等优惠政策；简化出入境手续、降低居留门槛，为外国人才来华工作提供便利，以此平衡外流的人才。

（三）加强城市生活配套设施建设

应该建立完善的城市基础设施，优化人才生活环境，进一步加大公共配套设施的建设力度。花大力气解决城市交通结构不合理的问题，加强交通设施建设，大力发展轨道交通，提高公共交通运营效率，以公共交通的发展缓解城市交通拥堵现象，倡导步行、骑车等绿色出行习惯的形成。

三、优化社会人文环境

当前，社会创新氛围仍需进一步培育。企业的创新意识不足，有的企业经营者安于现状，对眼前利益关注强，长期发展的创新动力弱，在创新精神、风险意识、竞争观念及开放兼容等人文价值取向方面均与创新型国家建设要求有较大差距。同时，创新文化培育力度不够，社会创新氛围不浓，社会对创新缺乏应有的理解和支持，鼓励创新、宽容失败的氛围远未形成，人才开拓创新的进取心和创业热情不足。

（一）确立科学人才观和人力资源全员开发的理念

人力资源是软实力，环境建设却需下硬功夫。对于人才来说，舆论环境、工作环境、生活环境三者缺一不可。确立以人为本的理念，突破唯“职称＋学历”的人才评定误区，坚持以品德、知识、能力和业绩为衡量的主要标准。树立人力资源全员开发的新理念，深度开发每个人的价值，在竞争中发现人才、使用人才、造就人才，做到不拘一格选拔人才，为每个人提供一个公平竞争的舞台，进而推动形成社会尊重人才、人才服务社会的良性互动格局，使每个人的创造潜能得到最大发挥。用良好环境凝聚人才，用优质服务吸引人才，用合理待遇激励人才，从而为中国经济行稳致远集聚更大力量。

（二）营造鼓励创新、宽容失败的社会风尚

积极培育创新意识和创新精神，大力倡导敢于创新、敢冒风险和宽容失败的精神，为人才实现创新创造有利条件。要打破因循守旧的保守思维，努力形成探索进取、自强不息的社会风尚与全民共识。新加坡凭借宜居环境、教育公平、创业宽松、学术自由、文化包容等优势，已在全球延揽了大量高端人才。中国人事科学研究院原院长吴江在总结人才培育策略时提到："最好的人才环境是法治环境，最有竞争力的人才政策是开放政策，最能激发人才创新活力的舞台是宽容失败。"可见，营造宽容失败、鼓励争鸣的创新氛围，允许人才创新失败与给予更多的物质支持同等重要。

（三）培育重才、爱才的舆论氛围

大力宣传中共中央关于人才工作的方针政策，牢固树立人才资源是第一资源的理念，借助网站、报纸杂志、广播电视等媒体，宣传优秀人才的先进事迹和人才工作的先进经验，提高全社会对人才工作的知晓度和认同度。大力提倡企业树立"尊重人才、信任人才、团结人才"的管理理念，积极营造"鼓励创新、支持创业、尊重创造"的企业文化氛围，创造学术争鸣、宽松自由的学术环境，鼓励企业支持创新人才大胆探索、勇于创新，并以共同的文化、成就感和认同感凝聚科技创新人才。营造关心人才、爱护人才、理解人才，努力为各类人才提供开放、宽容、宽松的舆论导向，培育鼓励创新的社会风尚，最大限度地满足各类人才身心健康、相互交流、学习提高、创新创造的需要，营造集体体验，聚焦"名利双收"，激发人才建功立业的热情。

参考文献

[1] 葛玉辉. 人力资源战略与规划 [M]. 北京：电子工业出版社，2021.

[2] 周施恩，刘俐伶，唐军等. 人力资源管理导论 [M]. 北京：首都经济贸易大学出版社，2021.

[3] 郭云贵. 人力资源管理 慕课版 [M]. 武汉：华中科学技术大学出版社，2021.

[4] 周路路，王德才. 人力资源测评 [M]. 南京：南京大学出版社，2021.

[5] 郑惠珍，杨保军，蒋定福. 人力资源管理实务 [M]. 北京：经济管理出版社，2021.

[6] 王文军. 人力资源培训与开发 [M]. 长春：吉林科学技术出版社，2020.

[7] 杨丽君，陈佳. 人力资源管理实践教程 [M]. 北京：北京理工大学出版社，2020.

[8] 杨宗岳，吴明春. 人力资源管理必备制度与表格典范 [M]. 北京：企业管理出版社，2020.

[9] 上海市劳动和社会保障学会. 人力资源和社会保障管理实务手册 [M]. 上海：上海社会科学院出版社，2020.

[10] 张绍泽. 人力资源管理六大模块实操全案 [M]. 北京：中国铁道出版社，2020.

[11] 蔡黛沙，袁东兵，高胜寒. 人力资源管理 [M]. 北京：国家行政学院出版社，2019.

[12] 陈锡萍，梁建业，吴昭贤. 人力资源管理实务 [M]. 北京：中国商务出版社，2019.

[13] 何伉. 人力资源法务指南 [M]. 上海：上海社会科学院出版社，2019.

[14] 祁雄，刘雪飞，肖东. 人力资源管理实务 [M]. 北京：北京理工大学出版社，2019.

[15] 曹科岩. 人力资源管理 [M]. 北京：商务印书馆，2019.

[16] 田斌. 人力资源管理 [M]. 成都：西南交通大学出版社，2019.

[17] 徐艳辉，全毅文，田芳. 商业环境与人力资源管理 [M]. 长春：吉林大学出版社，2019.

[18] 周颖. 战略视角下的人力资源管理研究 [M]. 长春：吉林大学出版社，2019.

[19] 李涛. 公共部门人力资源开发与管理［M］. 北京：中央民族大学出版社，2019.
[20] 王晓艳，刘冰冰，郑园园. 企业人力资源管理理论与实践［M］. 长春：吉林人民出版社，2019.